火树铁花报春归

——攀枝花市对口帮扶木里藏族自治县工作实录

（2010—2022）

攀枝花市对口帮扶木里县工作组／编著

顾问／攀枝花市第六批对口帮扶工作组
主编／胡孝军　高升洪　杨勇攀
成员／杨学平　王春梅　李　静　李正国
参编／王发奎　张　欣　王　丹　廖　华
　　　郑　辉　何　雯　赵冬阳　肖　亮
　　　陈利民

西南财经大学出版社
中国·成都

图书在版编目(CIP)数据

火树铁花报春归:攀枝花市对口帮扶木里藏族自治县工作实录:2010—2022/攀枝花市对口帮扶木里县工作组编著.—成都:西南财经大学出版社,2023.10

ISBN 978-7-5504-5589-4

Ⅰ.①火… Ⅱ.①攀… Ⅲ.①扶贫—工作概况—四川—2010-2022 Ⅳ.①F127.71

中国国家版本馆 CIP 数据核字(2023)第 069900 号

火树铁花报春归——攀枝花市对口帮扶
木里藏族自治县工作实录(2010—2022)
HUOSHU TIEHUA BAOCHUNGUI——PANZHIHUA SHI DUIKOU BANGFU
MULI ZANGZU ZIZHI XIAN GONGZUO SHILU(2010—2022)
攀枝花市对口帮扶木里县工作组　编著

策划编辑:李邓超
责任编辑:李特军
责任校对:陈何真璐
封面设计:墨创文化
责任印制:朱曼丽

出版发行	西南财经大学出版社(四川省成都市光华村街55号)
网　　址	http://cbs.swufe.edu.cn
电子邮件	bookcj@swufe.edu.cn
邮政编码	610074
电　　话	028-87353785
照　　排	四川胜翔数码印务设计有限公司
印　　刷	四川五洲彩印有限责任公司
成品尺寸	170mm×240mm
印　　张	22.75
字　　数	421千字
版　　次	2023 年 10 月第 1 版
印　　次	2023 年 10 月第 1 次印刷
书　　号	ISBN 978-7-5504-5589-4
定　　价	68.00 元

序言

"民亦劳止，汔可小康。"脱贫、小康、共富，是中华民族的千年夙愿，是纵跨人类历史长河的共同愿景。百余年来，特别是党的十八大以来，中国共产党带领人民与贫困作斗争，充分发挥中国特色社会主义制度优势，汇聚形成了举国脱贫攻坚的强大合力和磅礴伟力，创造了全面建成小康社会的人间奇迹，阔步迈上了全面建设社会主义现代化国家的新征程。伟哉！壮哉！

众志千帆举，共赢万木春。时间上溯到 2010 年，攀枝花市按照省委、省政府统一部署，正式结对帮扶凉山彝族自治州木里藏族自治县，两地正式成为"亲戚"。攀枝花与木里，一个在攀西裂谷，一个在凉山深处，在实现脱贫攻坚、奔向共同富裕的伟大征程中，一道跨越发展，双向奔赴美好，结下"攀凉兄弟情、攀木一家亲"的深厚情谊，谱写了帮扶共进的时代篇章。

"青山一道同云雨，明月何曾是两乡。"自 2010 年以来，攀枝花市委、市政府坚决扛起政治责任，始终按照"省委要求、攀枝花所能、木里所需"的总体要求，把木里事当自己事、视木里人为自家人，围绕资金支持、产业合作、人才交流、技术对接等方面，累计支援木里县资金 3.74 亿元，实施帮扶项目 207 个，选派干部人才 331 人，其中社会组织、爱心企业、爱心人士参与帮扶未算。13 年来，一个个产业项目在木里落地生根，不仅实现了"输血"，也实现了"造血"；一群群来自攀枝花的干部人才扎根木里，与当地群众手拉手、心连心一起干，有力助推木里脱贫摘帽、乡村振兴和各项事业发展。

"一部史诗，必然有一种精神在生发、在延续、在传承；一部史诗，也必然有着指引后人奋发向上的价值力量。"攀枝花对口帮扶木里的工作，虽然只是这部伟大史诗中的一个篇章，只是伟大时代浪潮里的一朵浪花，但一样令人动容，一样不可或缺。在这13年中，一段段动人的帮扶故事说不尽、道不完，一个个无私奉献的身影前赴后继、接续奋斗，值得我们书写、值得我们铭记。为此，我们编著了这本《火树铁花报春归——攀枝花市对口帮扶木里藏族自治县工作实录（2010—2022）》，通过帮扶缘起、领导关怀、主要成效、真情帮扶、经验做法五个篇章的描述与思考，以报告文学的形式如实记录、真情表达，其目的是尽可能完整真实地把这段历程记录下来、留存下去，让所有亲历者、见证者和读者永远感念党恩、铭刻深情、颂扬先进、笃定前行。

帮扶结硕果，前程风光好。相信在未来的日子里，在习近平新时代中国特色社会主义思想的引领下，"攀木一家亲"的乐章会越奏越响亮，携手共奋进的道路会越走越宽广。

目录

第一篇　帮扶缘起

第二篇　领导关怀

第三篇　主要成效

第四篇　真情帮扶

第五篇　经验做法

第一篇

帮扶缘起

第一章 四川省脱贫攻坚背景

历史，经过时间长河的沉淀，让后来者往往看得更加清晰。

在四川省凉山彝族自治州（以下简称"凉山州"）彝海结盟纪念馆内，一块"中国工农红军布告"的展板上这样写道："中国工农红军，解放弱小民族。一切夷（彝）汉平民，都是兄弟骨肉。"

这是 1935 年 5 月，长征中的中国工农红军在横断山区，向彝族老乡发出的宣言。薄薄一张纸，字字千钧重。随后，刘伯承与小叶丹歃血为盟，大军快速推进，抢占安顺场，飞夺泸定桥，在当年石达开全军覆没的大渡河畔，历史没有重现，红军杀开一条血路，顺利北上。

15 年后的 1950 年，历史翻开了新的篇章。

中国共产党百万雄师气势如虹，兑现诺言，解放凉山全境，砸碎奴隶制千年枷锁，大凉山在社会制度上"一步跨千年"。

在百年历史长河中，无论是弱小还是强大，无论是身处顺境还是逆境，中国共产党"让人民过上好日子"的信念始终不渝，从不动摇，"为中国人民谋幸福、为中华民族谋复兴"的初心使命坚如磐石，从未改变。

2018 年 2 月，习近平总书记深入大凉山腹地考察脱贫攻坚工作。他与村民代表、驻村扶贫工作队员围坐在火塘边，饱含深情地说："我们搞社会主义，就是要让各族人民都过上幸福美好的生活。""无论这块硬骨头有多硬都必须啃下，无论这场攻坚战有多难打都必须打赢，全面小康路上不能忘记每一个民族、每一个家庭。"

在历史的关键时刻，世代贫困的大凉山再次响彻党的庄严承诺，新时代"彝海结盟"随之而来。

四川省委、省政府认真贯彻落实习近平总书记关于扶贫工作的重要论述和对四川工作系列重要指示精神，牢记习近平总书记视察凉山彝族自治州和阿坝藏族羌族自治州时的嘱咐，坚持把脱贫攻坚作为最大的政治任务、最大的民生工程、最大的发展机遇，聚焦"两不愁、三保障"，下足"绣花"功夫，决战贫困顽疾。"上下同心、尽锐出战、精准务实、开拓创新、攻坚克难、不负人民"，从雪域高原到盆周僻壤，从悬崖绝壁到横断山区，四川人民弘扬脱贫攻坚精神,向千年绝对贫困开战,全省 5 700 多名帮扶干部驰援大凉山,苦干 3 年,坚决攻克深度贫困堡垒!

千年,梦圆今朝。

历经千难万苦,2020 年 11 月 17 日,凉山州最后 7 个贫困县宣布脱贫摘帽。这一次扔掉的枷锁,叫"绝对贫困",实现了第二个"一步跨千年"。

天地为鉴,山河作证。四川省作为全国脱贫攻坚的主战场,从 2013 年到 2020 年,从大小凉山彝区到高原涉藏地区,从秦巴山区到乌蒙山区,从集中连片特困到插花式贫困,历经 8 年接续奋斗,全省 88 个贫困县全部摘帽、11 501 个贫困村全部退出、625 万建档立卡贫困人口全部脱贫,消除了千百年存在的绝对贫困和区域性整体贫困,脱贫攻坚战取得全面胜利!

"川"越贫困,"蜀"写传奇。这是四川人民的光荣,是中华民族的光荣,是中国共产党的光荣!

第二章　木里藏族自治县县情

木里藏族自治县（简称"木里县"）位于四川省西南部、凉山州西北部，与甘孜州稻城县、凉山州盐源县以及云南省玉龙县等 10 县（市）接壤，建县前为木里宣慰司，1953 年成立木里藏族自治区（县级），1955 年改为木里藏族自治县（归属西昌专区管辖），1978 年并入凉山彝族自治州，2020 年退出贫困县序列，是香格里拉核心区、茶马古道支线重要节点，是全省涉藏地区面积大县、人口大县、资源大县、经济强县和全国全省最稳定涉藏县之一。全县面积 13 252 平方千米，占凉山州总面积的 22%，有藏、彝、汉、蒙古等 25 个民族，总人口 13.9 万人，其中藏族人口 4.58 万人，占总人口的 33%，是四川省唯一的藏族自治县和全国仅有的两个藏族自治县之一。

木里在哪里？从地理位置上看，木里县位于东经 101.25 度，北纬 27.90 度。

以攀枝花市为坐标，汽车沿着大山向北行驶 7 小时，经省道 216 线两盐路，282 千米外就是木里县。

在近距离触摸木里县前，我们对木里县的了解，仅来自那本著名的小说《消失的地平线》。美籍奥地利探险家约瑟夫·洛克曾于 20 世纪初 3 次探访木里县，并把他的游记发表在《美国国家地理》杂志上。此文章激发了作家詹姆斯·希尔顿的创作灵感，完成了小说《消失的地平线》的奇异构思，成就了香格里拉在世界范围的美丽传说。作为香格里拉环线上的重要一环，木里县因此闻名于世。

因为书中的描绘，木里之于我们是那样美丽而神秘，我们虽未到过木里，却早已心向往之。

走进木里县——"黄金王国""植物王国""森林王国"，当这片土地上的资源被逐一发现时，木里县的富庶让我们吃惊，而"国定贫困县""国家扶贫工作重点县"的现状也让我们震惊。在这里,富庶与贫困竟如此奇异地纠缠在一起。

木里县很大。木里县(见图2-1)面积13 252平方千米,约为攀枝花市面积的1倍,仅有13.9万人在此居住生活,县辖6个镇、21个乡(5个民族乡)、110个行政村、4个社区、9个牧场,与四川、云南两省10个县(市)接壤,县域南北间的实际距离约270千米。

图2-1　木里县玛娜茶金

木里县很富。木里县是汇聚绿色资源、绿色食品、绿色能源的"绿色宝库"(见图2-2)。木里县现有林业用地102.75万公顷,森林覆盖率69.86%,活立木蓄积量1.49亿立方米,占全省的10%、全国的1%。此外,木里县野生动植物资源丰富,是长江上游重要水源涵养林,是"全国森林资源大县""天然动物园"。木里县物产丰富,盛产虫草、松茸、牦牛肉、藏香猪、藏香鸡等原生态绿色食品;水能资源富甲一方,在太阳山脉、宁朗山脉、贡嘎山脉的峡谷之中,分布着雅砻江、木里河,天然径流量为58.13亿立方米。在雅砻江滚动开发的大型电站中,锦屏、卡拉、杨房沟、孟底沟等就在木里县。木里县现已建成水电站21座,总装机1 229.2万千瓦,占全州的35%、全省的16%、全国的3%,是全省全州绿色清洁能源集群的重要支撑。

图 2-2　木里县"绿色宝库"

木里县很美。肃穆的佛塔、精美的唐卡、飘动的经幡、颇具特色的民风民俗……这里是佛教文化重地，有木里大寺、康乌大寺等 3 个大寺、14 个小寺。此外，木里县多种自然景观交融一体、多元民族文化和谐相融，有恰朗多杰、"贡嘎之眼"玛娜茶金、香格里拉湖、贡巴拉神山等自然风光（见图 2-3），有藏传佛教文化、纳西东巴文化、摩梭母系氏族文化、秦汉遗民服饰等民族文化资源，被誉为"香格里拉之源"。

恰朗多吉雪山

是她傲然挺立的胸膛

寸冬海子明珠

是她宁静深情的眼睛

这里有巴登拉姆女神亘古不变的守望

这里有洛克当年三度探访留下的足迹

这里

充满传说

山歌飞扬

长满青稞和格桑花

这里

粗犷、静谧、圣洁、壮美

这里是你梦想之旅的诗意家园

这里是最后的香格里拉

图 2-3　木里县自然风光

　　但是，在 2010 年以前，木里县全县有 12 万多农业人口，年人均纯收入仅 3 546 元；全县 97 个贫困村、7 391 户贫困户、33 772 名贫困人口；贫困发生率最高时达 25.8%。木里县 16 个乡、7 个牧场不通电，大多数的乡和牧场没有固定电话，有的甚至不通移动电话，每到寒冬和雨季，不少乡镇和村组基本与世隔绝——县上开个会，通知要提前半个月下达。2004 年以前木里县没有一个大学生，2012 年高考木里县本科上线人数仅有 12 名。一位教育局相关负责人长叹："木里教育比攀枝花落后二三十年。"此外，木里县缺医少药，一个小手术，木里人都只能到 200 多千米外的州府去做。"工业小县、农业弱县、财政穷县"是对木里县的真实概括。纵贯木里县的省道 216 线被木里人称为"最差的省道"——进入木里县的每个弯道都必须按喇叭，越往木里县走，即便是技术最娴熟的司机驾驶最好的越野车，最快的速度也只能开到时速 40 千米。木里县全县的混凝土路不足 10 千米，2 个乡、7 个牧场不通公路，即使是已通公路的乡，因公路等级低，晴通雨阻，一年也只有半年时间能正常通行。被雅砻江阻隔的三桷桠乡没有公路，5 000 多人出行全靠骑马或走路。美丽的木里亟须被世人再次认识，而这次世人看到的，应该是富饶丰足、幸福美满的木里！

第三章 攀枝花市对口帮扶缘起

自 2010 年开始，攀枝花市深入贯彻党中央涉藏地区工作会议精神，认真落实省委、省政府对口支援涉藏地区经济社会发展的工作要求，紧紧围绕省委"一条主线，三个加强"涉藏地区工作思路，推动木里县政治、经济、社会各项事业发展，对木里县开展对口援助。攀枝花市以项目资金为帮扶引擎，以精准脱贫为主攻方向，全力助推木里县脱贫攻坚。攀枝花市委、市政府成立了由市委书记、市长任"双组长"，多名市领导担任副组长，32 个市级部门主要领导和 5 个县区主要领导为成员的帮扶工作领导小组，领导小组下设项目组、资金组等 7 个工作组，分门别类开展工作。

13 年来，攀枝花市对木里县的帮扶付出了真情实意、真金白银。"2010 年以来，木里县在产业发展、基础设施建设和民生方面发生了天翻地覆的变化。这些变化的取得，与攀枝花市的无私援助是分不开的。"木里县委副书记、县长杨单祖说，"攀枝花市先后投入 3.74 亿元资金，推进交通、教育、医疗、产业、民生保障等领域 207 个项目落地木里县，极大地改善了木里县的发展条件，为木里县打赢脱贫攻坚战奠定了坚实基础。"

2022 年 8 月，在四川省凉山州木里县乔瓦镇簸箕箩村木里县农业产业示范园里，150 亩（1 亩≈666.67 平方米）的金丝皇菊像一块巨大的金色地毯铺在田野上。"现在正是金丝皇菊的采收时节，村民们的腰包里又增加了一项收入！"木里县委书记高峰说。

这样的丰收，离不开攀枝花市对木里县的帮扶。实现产业振兴，帮助当地村民增收致富，始终是帮扶工作的着力点。在打赢脱贫攻坚战和推进脱贫攻坚与乡村振兴有机衔接的过程中，木里县一直是攀枝花市的对口帮扶县，至今，攀枝花市已先后派出六批工作组援助帮扶。

攀枝花市是国家现代农业示范区。面对木里县落后的农业现状，帮扶工作组经过反复调研、论证，并结合木里县当地农村经济的实际，多方会商达成一致看法，即引入攀枝花市发展现代农业的经验，围绕农民增收和市场需求，编制了"木里县农业产业园示范规划"，将木里县农业示范园分为种养循环示范区、农业产业种植示范区、农业产业核心展示区 3 个特色区域。

攀枝花市第六批对口帮扶工作组领队高升洪介绍说，2020—2023年，攀枝花市陆续投入近2 000万元用于解决木里县示范产业升级、要素集聚、经营转变、科技创新等问题，在基地提升、品种选育、融合发展上下功夫，建成了梯次错落有致、景观格局各异的现代农业示范园，全力打造现代农业提质增效的增长极。截至2022年年底，园区解决了簸箕萝村220余名村民的务工问题；曾经的8户建档立卡户，现在实现了每户年均增加收入6 000元，有效巩固了脱贫成果。

谈到服务业发展时，木里县藏祥阁农特产品商贸有限公司负责人杨夏娜高兴地说："目前，我们经营状况良好，仅2022年，就与攀枝花市相关企业签订了380多万元订单。"

攀枝花市对口帮扶工作组十分重视木里县第三产业的发展。2021年，帮扶干部用一周时间走访了木里县服务业企业（个体）28户，找到了多个薄弱点，如部分企业对统计知识掌握不全，导致数据漏报，没有政策激励措施，企业扩大经营意愿不强，等等。找准问题后，帮扶干部热烈讨论后一致认为：应借鉴攀枝花市经验，建立企业走访、部门联动、定期研判、政策激励四个机制，助推木里县服务业发展。"新机制很管用，短时间内就激发了企业的活力。"木里县委书记高峰介绍，木里县2021年实现升规企业3户，2022年上半年，全县服务业承压上涨，增加值实现11.7亿元，对全县地区生产总值贡献率为16.9%。

以上是记者周越、李正国2022年8月21日在《人民网》发表的采访报道，标题是《援藏帮扶见实效："攀枝花经验"在木里藏族自治县"开花结果"》。

这样的事例很多。

十三年来，攀枝花市先后派出六批帮扶木里县工作组，队员们每天都在书写扶贫帮乡的宏大叙事，可歌可泣的动人故事每天都在发生，过去那部千年不换的剧本，到了新时代，发生了翻天覆地的改变，实现一步跨千年。我们的帮扶干部人才，发扬无私奉献、艰苦奋斗的攀枝花精神，谱写了新时期又一曲壮丽的时代凯歌。

诗人咏叹：

世界上最威猛的雄鹰，

在这条充满血气的峡谷，

也只是一片轻飘飘的鸿毛。

撷取任何一朵大怒江的浪花，

都比滚烫的钢铁还要凝重。

万千树的攀枝花，

把锁不住的英雄气，

吐纳得鲜血淋漓。

正是这些有血气的攀枝花人，把一片沟壑纵横的亘古荒原，用不长的时间，建成了一座现代化的钒钛之都；还是这些攀枝花人，2008 年 5 月，汶川大地震，同年 8 月，市域遭遇本土发生的 6.1 级强震后，依然义无反顾援建千里之外的广元旺苍县，这得有多大的气魄和胸怀啊。

写到这里，作者的脑海里情不自禁突显出那首脍炙人口的诗篇：

"风雨送春归，飞雪迎春到。已是悬崖百丈冰，犹有花枝俏。俏也不争春，只把春来报。待到山花烂漫时，她在丛中笑。"

这是一首著名的咏梅词，凌风傲雪，铁骨铮铮，面对当年风云变幻的国际国内形势，开国领袖写下了上面那些豪言壮语。

这是国家形象。

十三年来，前前后后、源源不断的攀枝花帮扶干部人才，他们如梅花一般，雪胎梅骨，胸怀宽广。不，他们比梅花更平凡，更普通，他们并不芳香怡人，没有动人的疏影横斜，也没有诗意的暗香浮动，他们来自大山深处，来自田间地头，来自园区工地，来自农舍民居，一身臭汗，一脸沧桑，衣着粗疏。他们的父辈，当年为了国家战略，为了钢铁基地，为了开国领袖放心睡个好觉，他们从全国各地奔赴三线建设前线，于人迹罕至的不毛之地，逢山开路，遇水搭桥，而日常生活，却是三块石头架口锅，帐篷搭在山窝窝。1965 年冬，邓小平同志亲临攀枝花市视察三线建设，盛赞"这里得天独厚"。实践证明，这句话，指的不仅仅是这里丰饶的矿产资源，应该还包含了当年那些在艰难困苦的条件下，工人和知识分子们用热血和汗水浇铸出来的开拓创新的时代精神。

今天，钢城的继承者们在异地他乡，在康巴涉藏地区，跟他们的前辈一样，为了新的国家战略，为了木里县人民脱贫致富，他们筚路蓝缕，呕心沥血，这个群体，更像金沙江畔那一棵棵高大挺拔的木棉树，在众芳摇落之时，铜干虬枝，火树红花，熊熊似烈焰腾空，灿灿若红旌入画，扎根贫瘠，不畏寒冬，他们是一株株生命力顽强的木棉树，是一朵朵横空绽放的英雄花，更是以天下为己任豪迈务实的攀枝花人！

这是群体形象。

汗浇山岳改天地，火树铁花报春归。

第二篇

领导关怀

第四章　靠前指挥

自 2010 年以来，在攀枝花市委市政府的坚强领导下，攀枝花市委组织部深入贯彻落实党中央和省委、市委相关要求，积极组织实施好对口帮扶木里县工作。市委市政府高度重视帮扶木里县的工作，市领导多次前往木里藏族自治县，调研我市对口帮扶工作开展情况，看望慰问帮扶干部人才，召开对口帮扶工作会议，围绕对口帮扶重点工作进行对接会商。

2012 年 7 月 12 日。攀枝花市委书记刘成鸣率市级相关部门负责人到木里县考察对口支援工作。

2012 年 7 月 13 日，攀枝花市—凉山州（木里县）对口支援工作交流座谈会在凉山州木里藏族自治县举行。攀枝花市委书记刘成鸣，凉山州委副书记、州长罗凉清出席座谈会并讲话。

2014 年 6 月 5 日，攀枝花市委常委、市委组织部部长熊伟率攀枝花市慰问团赴木里县看望攀枝花市第二批对口帮扶干部人才。

2014 年 4 月 22 日，市委副书记、市长张剡率队深入凉山州木里藏族自治县，调研我市对口帮扶工作，看望慰问正在该县工作的攀枝花市帮扶干部人才。

2015 年 6 月 10 日，攀枝花市委常委、市委组织部部长熊伟率攀枝花市慰问团赴木里县看望攀枝花市第三批对口帮扶干部人才，对接考察对口帮扶工作（见图 4-1）。

图 4-1　木里县对口帮扶工作座谈会

　　2016 年 8 月 27 日，攀枝花市凉山州对口帮扶工作座谈会在木里县举行。州委书记林书成主持座谈会并讲话。攀枝花市委书记张剡出席座谈会并讲话。

　　2016 年 8 月 28 日，攀枝花市委书记张剡率市级有关部门负责人到凉山彝族自治州木里藏族自治县，与凉山州委书记林书成对接对口帮扶工作，看望慰问攀枝花市帮扶干部人才（见图 4-2）。攀枝花市委常委、市委秘书长吴成钢，副市长李仁杰，凉山州委常委、组织部部长张伟，凉山州人大常委会副主任熊正林，攀枝花市第三批 37 名帮扶干部人才出席座谈会。

图 4-2　看望慰问帮扶干部人才

　　2017 年 10 月 20 日至 21 日，攀枝花市委书记李建勤率攀枝花工作组一行，赶赴凉山州木里藏族自治县，检查指导攀枝花市援建项目，调研对接对口援扶暨深度贫困地区脱贫攻坚工作，看望慰问攀枝花市第四批对口帮扶干部人才。

　　2019 年 3 月 15 日至 16 日，攀枝花市委书记贾瑞云率市委有关领导和市级有关部门重要负责人到木里县看望慰问我市帮扶干部人才，调研督导我市对口帮扶工作开展情况（见图 4-3），并与凉山州委副书记龙伟进行座谈，围绕今年对口帮扶重点工作交换了意见。攀枝市委常委、秘书长吴成钢，市委常委、组织部部长林建国参加座谈会并陪同调研。凉山州人大常委会副主任、木里县委书记张振国向调研组一行汇报工作并陪同调研。

图 4-3　调研督导对口帮扶工作开展情况

2020 年 5 月 24 日至 25 日，市委副书记、市长虞平率市级有关部门负责人，前往凉山彝族自治州木里藏族自治县，调研我市对口帮扶工作开展情况，看望慰问帮扶干部人才（见图 4-4）并召开对口帮扶工作联席会议，围绕今年对口帮扶重点工作进行对接会商。

图 4-4　看望慰问帮扶干部人才

2020 年 9 月 16 日至 18 日，市委常委、宣传部部长江海率市级有关部门负责人，前往木里县看望慰问帮扶干部人才，考察我市对口帮扶有关项目，开展文化艺术交流活动。

2021 年 10 月 14 日，攀枝花市政协副主席、民革攀枝花市委会主委魏渠河率队赴凉山州木里藏族自治县看望慰问帮扶挂职民革党员（见图 4-5），并考察调研木里县农业产业示范园等援建项目。

图 4-5　看望慰问帮扶挂职民革党员

2021 年 11 月 4 日至 5 日，市委书记张正红率队前往凉山彝族自治州木里藏族自治县，凉山州委副书记沙文陪同调研并出席座谈会，调研对口帮扶工作，看望慰问帮扶干部人才（见图4-6），并组织召开对口帮扶工作会，市委常委、组织部部长姚彬参加调研并出席座谈会，市委秘书长许军峰陪同。

图4-6 调研对口帮扶工作，慰问帮扶干部人才

2022年10月31日至11月1日，市委副书记、市长虞平率队前往凉山彝族自治州木里藏族自治县，调研对口帮扶工作，看望慰问帮扶干部人才，并出席攀枝花市—凉山州（木里县）对口帮扶工作会议（见图4-7）。凉山州委常委、副州长杨复晗陪同调研并出席座谈会。

图 4-7　慰问帮扶干部人才，召开对口帮扶工作会议

　　2023 年 2 月 22 日，凉山州委书记虞平来到木里藏族自治县，看望慰问攀枝花帮扶干部人才（见图 4-8），了解帮扶干部人才的工作和生活情况，就帮扶工作进行调研。

图 4-8　看望慰问帮扶干部人才

第三篇

主要成效

第五章　产业发展一步一个新台阶

　　木里县坚持"兴产业、建园区、聚合力"的发展思路，截至 2022 年年底，木里县已建成现代农业园区 3 个、农民合作社 444 个、家庭农场 244 个，发展中药材 5 300 亩、魔芋 6 710 亩、羊肚菌 7 890 亩、皱皮柑 9 134 亩、珍红辣椒 9 919 亩，完成粮食总产量 33.62 万吨、蔬菜总产量 10.5 万吨、肉类总产量 8.04 万吨、水果总产量 1.8 万吨，实现种养殖业产值 57.03 亿元。木里县工业经济提速增效，水电工业龙头引领，全县实现工业增加值 109.95 亿元，占 GDP 的比重为 41.33%；累计建成电站 21 座、总装机 1 229.2 万千瓦，占全省的 16%、全国的 3%；杨房沟水电站全部机组投产发电；卡拉水电站实现开工建设；风能、光伏发电等产业有序推进；第三产业日趋活跃。木里县立足优势旅游资源，建成旅游休息区 16 个、旅游扶贫示范村 4 个、民宿 95 家、藏家乐 30 户、游客中心 3 个、自驾游营地 6 个、智慧旅游中心 1 个，实现旅游总收入 10.98 亿元，入境旅游人数达 180.78 万人次。木里县电商经济也加快发展，建成电子商务产业园区 1 个、电商服务中心 1 个、村级服务点 60 个、电商企业 43 家，线上线下交易额突破 1.5 亿元。此外，木里县有获得 SC 资质企业 4 家、"四川扶贫"商标企业 8 家、外贸进出口资质企业 3 家；取得有机产品、有机转换产品认证 4 个。"四川黄金"第一股于 2023 年 3 月 3 日成功上市。木里县被评为"国家级电子商务进农村示范县"。

　　广大帮扶干部人才把攀枝花市发展历程中积累的成功经验，特别是产业优化升级、招商旅游、发展特色农牧业等方面的经验，创造性地运用到了帮扶工作中，有力地推动了木里县的经济发展。

一、挖掘特色优势，推动产业发展

　　帮扶干部采取"项目+技术"的方式，因地制宜协助木里县确立并加快推进特色种养殖、生态旅游等优势产业发展规划，提高产业竞争力。

（一）实施特色种养殖工程

帮扶干部在木里县"三河一江"沿岸24个乡镇分气候带援建的"中草药基地"1万亩，形成了产业示范带；"高原牦牛引种"项目引进九龙优良种牦牛500头，形成了牦牛优势产业带；"特色藏猪、藏鸡养殖基地"项目，发展5个藏猪规模养殖场、20户藏猪规模养殖户，建立藏鸡繁育场1个、藏鸡养殖专业合作社4个。2017年，攀枝花市计划投入产业帮扶资金635万元，重点用于帮扶木里县发展食用菌推广种植、牲畜暖棚示范户建设等5个特色产业项目。截至2022年7月底，帮扶工作组已利用攀枝花帮扶项目资金和各级技术人才，在木里县推广种植羊肚菌累计近1 000亩，在木里县的雅砻江水系、木里河水系投放裂腹鱼、鲈鲤等鱼苗共计27.4万尾，预计产业发展项目建成后，将带动29个乡镇的约1 000户贫困户户均年增收近2 400元，有力推动木里县特色农牧产业发展和藏族群众增收致富。

（二）实施特色旅游发展工程

攀枝花市专门成立"攀枝花市文广旅局对口援助木里县旅游发展工作领导小组"，帮助木里县对《木里藏族自治县旅游发展总体规划》进行了修编，牵头落实涉藏地区农（牧）家乐工程中藏家乐的选址、规划、立项、建设周期和资金筹措等事宜，对木里县旅游招商引资项目进行了包装指导，培养培训旅游人才270人次，为木里县旅游业发展奠定了坚实基础。同时，帮扶工作组创新开展商务帮扶工程，双方共同签订《商务援藏战略合作协议》，建立"商务帮扶"新模式，首次在对口帮扶工作中引入民间资本，双方已有两家企业建立合作关系，实施"跨区域或反季节农产品产销衔接冷链配送中心"项目，投资137.6万元，建成50吨牧区特色农副产品冷藏库和200立方米的冷藏保鲜库，有效解决了木里县外销农牧产品以及攀枝花市新鲜瓜果蔬菜入木销售的储藏难题。此外，帮扶工作组积极推动木里县与攀枝花市达成商务合作协议，为涉藏地区企业与攀枝花市企业经济合作牵线搭桥，帮助涉藏地区农牧业产品向外输送，帮助落实招商引资项目3个、落实投资2.9亿元。

帮扶干部充分利用攀枝花市旅游业、电子商务、加工业、现代物流等产业优势，深化合作交流，努力实现从"输血式"帮扶向"造血式"帮扶转变，从定向帮扶向互利合作转变，实现双方资源互补和互利共赢。此外，帮扶工作组组织攀枝花市农业龙头企业到木里县进行实地考察，促进项目资金在木里县落地生根；利用攀枝花市招商引资平台和渠道，挖掘和包装木里县发展项目，实现攀枝花市与木里县项目同包装、同宣传、同招商。

实例1：对口帮扶在路上——再牵手，攀木情深共振兴

持续十多年，攀木情在帮与扶中愈加深厚。"听说乡里要建个皱皮柑种植园，还要安小火车。"2022年5月31日，木里县依吉乡村民们对即将来到家门口的新东西议论纷纷。村民口中的"小火车"正是在攀枝花市米易县、盐边县已经应用的单轨运输车。

攀木两地地形地貌相似，多山地，集中连片的土地少。刚到木里县，工作组队员、挂职木里县农业农村局副局长的袁野就发现，木里县产业发展中，畜牧业情况较好，但种植仍是短板，"要想乡村振兴，产业一定要活起来"。他和队员们商量，要大力提升种植业短板。

袁野介绍，依吉乡皱皮柑产业示范园项目面积约500亩，运用现代科技，使产业发展节本增效，"种植户不用再背着农资或者果子跑1.5千米，最多走300米就可以，采摘期也不用再花一天五六百元雇人了"。

不仅有皱皮柑产业示范园项目，攀枝花市第六批对口帮扶工作组还通过8个产业项目，以技术指导、基础设施提升等为重点，创新开展商务帮扶，产业协作提振发展信心。

木里县项脚蒙古族乡（简称"项脚乡"）历史上曾是木里项氏土司的粮仓，被誉为木里县的"鱼米之乡"。5月份的一个上午，村民金米在大棚里照料着长势良好的西瓜："再过10来天就熟了可以卖了，我们这里的水好、土好，西瓜甜得很！"

金米所在的这座西瓜大棚，位于项脚乡项脚村的现代农业产业园区。"这个园区是2017年建成的，是攀枝花市参与援建的产业项目之一。"项脚村党支部书记王海清说，园区内有高标准农田52亩、大棚50亩，除了种植蔬菜、水果外，还引入了羊肚菌培育技术，园区年产值达200万元。

在脱贫攻坚政策的支持和木里县委、县政府的引导下，在攀枝花市委、市政府等帮扶单位的支持下，项脚乡采取"村集体经济+农户+合作社"的模式，在项脚村打造了现代农业产业园区（见图5-1），实现了项脚乡经济收入的突破。

项脚乡党委书记纪友胜说，现代农业产业园的建立，既保障了木里县城的蔬菜供应，又为全乡带来了稳定的经济收入。

这样的结论在项脚村特色种植专业合作社社长郭朝明口中得到印证："原来运输时间太长，导致农产品运到木里县城都不新鲜了。而产业园区建起来后，外面的蔬菜水果就很难打进木里市场了。相比而言，我们的农产品新鲜可口，更受老百姓欢迎。"

图 5-1　木里县现代农业产业园区

郭朝明是项脚乡第一个被派到攀枝花市米易县学习专业种植技术的人才，靠着过硬的种植技术，他成了合作社的社长。

有了更新的理念，项脚乡人不仅走出去学技术，还从攀枝花市米易县请来了种植技术员杨远洪手把手地教村民。

如今，村民们每天在园区工作不仅能挣到 80 块钱的劳务费，还能学到先进的现代种植技术，这让他们有了更多追求美好生活的底气。在园区工作的达娃卓玛说："我刚学习一年，现在差不多学会如何科学种植了，等到自己有资金和技术了就自己种。"

脚踏实地地干，真心实意地帮，项脚乡的产业发展路越走越宽。如今，项脚乡围绕全乡产业发展规划一步一个脚印地往前走。以现代农业产业园为例，根据规划，到 2020 年，该园区实现园区务工人员 200 人左右，园区总投资超过 500 万元，建成高标准大棚 200 亩以上，年产值达 800 万元以上。

"通过不断地努力，我们要让项脚乡成为木里县越来越多人羡慕的'鱼米之乡'。"项脚乡党委书记纪友胜说。

实例2：高原长出灿烂金丝皇菊花海

木里县农业产业示范园（见图5-2）选址在乔瓦镇簸箕箩村难民村自然点，跨越海拔 2 280~2 746 米。从木里县城出发，沿着一条挂壁村道行驶 30 多分钟便能到达。

由于海拔低、光照时间长、气候温暖，簸箕箩村一直以来都是木里县城的"菜篮子"，那为何还被称为难民村呢？"1998 年，洪灾席卷了镇上多个村小组，村民们只能选址重建家园。农户逐渐增多且因搬迁村民多受自然灾害影响，'难民村'因此而诞生。"在赶往园区的路上，攀枝花市第五批帮扶工作组领队、木里县委常委、副县长朱明高讲起簸箕箩村的故事，"这里曾是村民们生活下去的希望，如今我们再造一个乡村振兴新希望。"

沿着平整路面向园区深处行驶，最终停在一处开阔地旁，下车就能看到一大片金丝皇菊正开得灿烂。朱明高介绍道："这就是园区试种的百亩金丝皇菊，6月底开始栽种，3个多月就出了大片。"

2022年11月份，凉山州木里县农业产业示范园里，一片片橙黄的金丝皇菊竞相绽放，巴登拉姆农业投资有限责任公司负责人忙着招呼前来打卡的游客品尝香茶。这片示范园，是攀枝花市对口帮扶木里县的重要支点。

示范园占地100亩，分为种养循环示范区、农业产业种植示范区、农业产业核心展示区，放眼望去，景观各异，错落有致。

为了助力示范园提档升级，来自攀枝花市的帮扶干部围绕当地农民增收，紧盯市场需求，将小小皇菊发展成大产业。

攀枝花市第六批工作组领队、木里县委常委、副县长高升洪说，自园区建成以来，解决了簸箕箩村220余名村民的务工问题，"去年种植的100亩金丝皇菊产干花900千克，产值达54万余元。周边农户发展餐饮、住宿等旅游观光的收入也跟着多了起来"。

在位于凉山州木里县乔瓦镇簸箕箩村的农业产业示范园里，村民们正忙着采摘金丝皇菊（见图5-2）。

图5-2　村民采摘金丝皇菊

其中，不光有采摘的村民，还吸引了不少游客。"前两天在朋友圈看到有人晒了照片，今天特意来赶花期，没想到这么美。"美景引得家住木里县城的杨次让举起手机连连按下快门。在她看来，这个昔日的"难民村"有了成为乡村旅游打卡地的潜力。

园区里的金丝皇菊不光极具观赏价值，为木里县增添了一道靓丽风景线，还为村民带来了实实在在的经济收益。紧挨着花田，加工厂房里同样热火朝天。"快来尝尝我们木里县的金丝皇菊味道如何。"厂房外的遮阳篷下，当地村民端起沏好花茶的杯子塞进记者手里。花朵在杯中慢慢舒展，茶汤清新又甘甜。来自木里县巴登拉姆农业投资有限责任公司的基地负责人告诉记者，花还没烘干，就已经拿到了不少市场订单。2023年，帮扶工作组成功创建木里县首个州级农业产业示范园区，带动全县4 100余户农户稳定增收。

二、深耕产业建设，推进项目发展

一是全力打造农业产业示范园。攀枝花市持续投入资金700万元，帮助木里县农业产业示范园改善基础条件、集聚要素保障、提高科技含量、转变经营理念、大胆开拓创新，现已建成接待中心和甜黄精、金丝皇菊种植基地，配套安装金丝皇菊烘烤设备；并通过"公司+基地+农户"模式，让群众实现"家门口"就业，带动40余户农户增收，其中8户建档立卡户实现户年均增收6 000元。二是聚力培育农民专业合作社。帮扶工作组立足本地农业产业结构和特色优势产品的实际，加强调查研究，精心规划选点，投入资金419万元，精准培育9个农民专业合作社，已发展入社农户680余户，集约化、专业化、规模化种植羊肚菌、中草药和养殖生猪、牛、羊、马，形成新型农牧经营体系，带动农户810余户持续增收。三是着力建设文旅设施项目。帮扶工作组新建和改造藏寨民宿5户，在克尔乡宣洼村修建罗布林卡旅游驿站，村容村貌发生"蝶变"，文旅产业形态得到质的飞跃，基本形成集乡村集市、藏民俗风情体验、休闲度假为一体的新型农文旅产业综合体。

实例3："产业之变"让脱贫致富有了稳定支撑

在下坪子村安置点旁，每家每户种植了苹果和林下产业；发展良好的羊厂、鸡厂，牲畜被集中饲养起来，用科学的饲养和管理方法让集体经济不断壮大；大棚蔬菜战胜了寒冷的气候，拓宽了产业发展的路径……一项项变化，是下坪子村脱贫攻坚以来产业大发展的真实写照。

过去受到海拔高、土地贫瘠的影响，下坪子村耕地以种植土豆、荞麦、青稞和玉米为主，蔬菜很少。不少农户缺少技术、资金、经验等，很难形成农业产业化经营，无法形成规模效应。每亩土地毛收入约在 500~1 000 元，基本处于"保本"状态，农产品主要是自产自消。

"以前，我们一年四季吃点蔬菜和水果都非常困难。记得小时候，我第一次吃到亲戚从远方带来的苹果高兴了很久，而再吃到那个味儿，已经是十几年后了。"下坪子村金长生说，当地气候并非不能种植苹果，只是在过去当地人思维落后，一代代人"坚持""传统"，广种薄收普遍存在，种植的作物只能勉强糊口度日，收入无从谈起。

开展脱贫攻坚以来，该村以嫁接核桃和花椒、种植良种马铃薯、引进广东佛山苹果等产业为基础，大力发展本土养殖业，促进贫困户增收。

通过实施核桃、花椒规模化发展战略，帮扶工作组争取在每个村民小组扶持两户以上经果林种植示范户，帮助示范户解决技术、资金、产品销售等核心问题，以点带面，带动全村群众发展经果业，形成一定规模；引导农民养殖藏香猪、藏香鸡，培育和扶持 1~2 户养殖大户，示范带动全村，壮大养殖规模，形成产品市场；通过发展建设鸡场、羊场等集体经济，补齐"空壳村"的发展短板，使村民有长效稳定的分红收入；通过农民夜校和技术培训，让群众掌握一门技术，并通过东西部协作帮扶，越来越多的年轻人到广东等发达地区务工，实现"短平快"的务工收入；通过为群众提供公益性岗位，让部分特殊困难群众在家门口便能挣钱。

数据显示，开展脱贫攻坚以来，通过"大产业"的发展，当地群众从人均收入不足 2 000 元一跃到人均收入 5 000 元以上，而随着新兴产业的不断成熟以及集体经济的做大做强，未来发展前景无限广阔。

三、扩展援建领域，推动经济发展

帮扶工作组完成木里中心"智慧旅游"建设，创建省级旅游扶贫示范村 5 个，成立旅游合作社 2 个，建成藏家乐、星级民宿达标户 100 家；全年接待游客 27.6 万人次，实现旅游总收入 1.6 亿元；培育电子商务企业 10 家、微商网店 300 家，建立县级电子商务服务中心 1 个、县级电子商务产业园区 1 个、片区物流运输中转站 5 个、乡村电子商务服务点 10 个，开辟省外销售点 1 个，实现销售额 1.1 亿元；完成小微企业技改 30 户，获得 SC 食品生产许可证企业 4 家，取得大类产品有机产品、有机转换产品认证证书 10 个，取得"四川扶贫"商标企业8家；取得外贸进出口资质企业2家；完成省级商贸流通脱贫奔康示范县项目建设；20家企业、个体工商户电商经营销售额突破100万元；第三产业拉动GDP增长0.4个百分点。

实例4：村民学成"土专家"乡村振兴找到新路径

"你看，如果花瓣被虫子咬过，一定不能要。"今年28岁的村民彭佳佳在农业产业示范园（见图5-3）工作了4个多月，在攀枝花市东区农业农村和交通水利局高级农艺师袁晓辉的指导下，已经对花朵日常养护、采摘和挑选颇为熟练。在家门口找到了每天有100元收入的工作，她感到非常满足。

图5-3 木里县农业产业示范园

2018年簸箕箩村如期脱贫，但离乡村振兴、产业兴旺还有很大的距离。2020年11月，在攀枝花市对口帮扶木里县工作座谈会上，两地干部对当地下一步的发展达成共识：打造一个木里县农业科技示范展示点、乡村振兴先行示范点、脱贫攻坚成果展示点、农业生产辐射带动点和文旅融合发展示范点。

想起攀枝花市西区一家企业经营金丝皇菊情况不错，再加上两地自然环境相似，帮扶干部萌生了把攀枝花市的花栽到木里县来的想法。不到一年，来自攀枝花市的32万株花苗，就在木里县的土地上绽放开来。

通过采用"企业村集体经济农户"的方式，簸箕箩村党支部领办专业合作社，园区内农户以土地、资金等资源入股，共同发展产业。"这里原来种的是玉米，亩产不到千元。但现在，金丝皇菊栽种快三个月，人均已经有7 000~8 000元的收入了。"

果树修剪、中草药种植、金丝皇菊种养……帮扶干部袁晓辉每天扎在花花草草里，带出了不少"领头雁"，村民李正华就是其中一位。

因看好园区发展，李正华主动将自家25亩土地流转进村集体经济，跟着袁晓辉边学边试，现如今已经基本掌握了种植技巧，"没想到我成了村里的'土专家'，不仅自己致富，还能带着乡里乡亲一起往前奔。"李正华高兴地说。

除了种植金丝皇菊、羊肚菌、甜黄精，产业园区还建起木里县首座科技大棚（见图5-4），控温控湿、水肥一体，正对十多种中药材进行育苗。

图5-4　木里县科技大棚

"用创新的思路把本地优势产业做强做大，把短板补齐，激发木里县的发展动力。"农业产业示范园有10年的建设期，下一步将继续加大投入，扩大种植示范区，提升科技示范区，让这片现代化农业产业示范园成为木里县农村美、农业强、农民富的动力源。

凉山州把发展特色产业作为改变落后生产耕作方式的一场革命，长短结合、因地制宜，大力发展以核桃为主的"1+X"生态林业、"果薯蔬草药"农牧业+电商、乡村旅游等产业，推动产业脱贫这条"主干"茁壮成长，让51%的贫困户通过产业实现了脱贫。

如今，走进凉山州农户家中，院子里跑着鸡、鸭、鹅，圈里养着猪、牛、羊，田间地头硕果累累。西昌葡萄、会理石榴、雷波脐橙、盐源苹果、金阳青花椒等注册了"四川扶贫"公益商标的特色优质农产品，通过电商等各种渠道走上了城里人的餐桌，让大江南北的群众交口称赞。此外，利用消费扶贫周等平台，凉山州特色农产品累计销售超过 30 亿元，惠及贫困县乡村人口 30 万人。

通过多栽多种多养，凉山州累计新增"1+X"生态林业产业基地 1 683 万亩、马铃薯 35 万亩、优质高原水果 68 万亩、冬春早市夏秋高山错季蔬菜 42.1 万亩、苦荞 9.4 万亩、中药材 12.1 万亩。更为重要的是，全州规划建设了 118 个现代农业产业融合示范园区，现代农业产业为接续乡村振兴打下了坚实基础。

实例 5：授人以渔　造血扶贫

"授人以鱼不如授人以渔"，在对口帮扶中，攀枝花市更注重由"输血式"扶贫变"造血式"扶贫。

郭朝红家住木里县项脚乡，曾是建档立卡贫困户，家里有四口人，两个孩子都是在校学生。2017 年，在攀枝花市帮扶资金的资助下，他试种了 2 亩羊肚菌，仅此一项的收入就近两万元，郭朝红一家当年就实现了脱贫。2018 年，郭朝红把羊肚菌种植面积扩大到了 5 亩。

木里县项脚乡党委书记纪友胜谈道："攀枝花市的援建资金，今年就是给我们 35 亩的羊肚菌前期标准化种植。通过 35 亩的建设，我们村民就迅速地行动起来，从 35 亩扩大到了 600 亩，今年收成也比较好，每亩可以产五六十千克干品羊肚菌，我们农户的户均亩收入达到了 8 000 元以上。"

要真正使村民脱贫致富，产业的引领和带动作用十分关键。2010 年以来，根据木里县特殊的地理、气候条件，攀枝花市全力帮扶木里县发展特色种植、养殖业，共投入资金 2 053 万元，培育羊肚菌近 2 250 亩、中药材种植基地 3 000 余亩，栽培黑木耳段木 28 万棒、建设农家果园 140 个、大棚及高标准露天蔬菜种植基地 100 多亩，年产值 3 244 万元；同时，还建成一批养牛场、养猪场、养鱼场，资助农户引进大量种猪、种羊，不断壮大养殖规模。即培育种植养殖大户，让产业能手发挥示范带动作用，使更多的村民积极投入其中，通过发展产业实现脱贫致富。

木里县地处青藏高原和云贵高原结合部，独特的地理位置造就了木里县绝美的自然风光。同时，木里县又是一个藏、汉、彝、纳西、蒙古、苗等 25 个民族共生共荣的民族团结大家庭，呈现出十里不同风、百里不同俗的民风民貌。攀枝花市在对口帮扶工作中，围绕木里县"旅游强县"战略，大力扶持木里县发展旅游产业，拓宽农牧民的增收渠道。

　　木里县大寺是木里最大的藏传佛教寺庙，在康巴涉藏地区具有特殊地位，是旅游开发的绝佳景点。不远处这座由攀枝花市出资 75 万元建设的木里县瓦厂镇桃巴自驾游营地和游客中心已经建成，即将投入使用。

　　这位正在接待游客的蒙古族大哥叫王小强，他是木里县项脚乡村民。2018 年，王小强在自家住宅的基础上建起了这座 900 多平方米的藏寨农家乐。农家乐设施齐备、环境优美，独具民族特色，能一次性接待 60 名游客。当年，王小强的农家乐纯收入达到 6 万余元。

　　"我建这个农家乐的时候，资金非常紧张，攀枝花市帮扶工作组支持了 5 万元钱，帮我建设农家乐。我们现在这个农家乐的生意是越做越好了，我们非常感谢攀枝花。"木里县项脚乡藏寨农家乐业主王小强高兴地说到。

　　像王小强一样由攀枝花市出资帮扶打造的藏寨农家乐，在木里县一共有 16 家。同时，攀枝花市还不断加强当地旅游基础设施建设，不仅增加了村民的收入，改善了生活，更重要的是优化了木里县的旅游环境，提高了旅游服务水平和档次。

　　就业是民生之本。多年来，攀枝花市大力实施就业帮扶工作，定期为木里县提供就业信息，组织专场招聘会，依托易地搬迁、涉藏地区新居、通村道路改造等工程，鼓励贫困家庭劳动力在家门口灵活就业。在全县 32 个摘帽贫困村开发乡村保洁、保安、护林、道路维护等公益性岗位 256 个，优先安排贫困户中的就业困难家庭就业。与中国农业银行木里县支行开展合作，设立返乡创业贷款基金专户，对符合条件的创业人员发放返乡创业贷款。

　　2010 年以来，攀枝花市依托人才优势，提供智力支持，培训培养木里县干部人才和专业技能人才，先后有超过一万人次参加了教育、医疗、旅游、农牧、金融、交通等领域的专业培训，组织大量木里县干部人才到攀枝花市党政机关、企事业单位挂职锻炼、跟岗学习。这些经过专业培训培养成长起来的本地干部人才，开阔了眼界，转变了观念，学习了新技能，为木里县的可持续发展提供了重要的人才智力支持和发展后劲。

第六章 教育帮扶让未来更有希望

在习近平总书记关于扶贫工作的重要论述指导下，从 2012 年起，攀枝花市贯彻落实党中央、国务院关于脱贫攻坚的重大决策部署，按照四川省委、省政府关于对口帮扶贫困地区的思路，着力改善木里县办学就学条件，积极推进木里县义务教育均衡发展，充分发挥教育脱贫"治贫先治愚"的基础性、"扶贫先扶智"的先导性、"阻断贫困代际传递"的全局性作用，统筹推动发展教育脱贫任务的各项工作，高质量完成教育脱贫攻坚目标，为脱贫攻坚作出了重要贡献。

受独特的地理、民族、人文、交通等客观因素的长期影响，木里县的教育发展受到一系列客观因素的制约，存在师资缺乏、教师队伍建设滞后、信息闭塞、学生基本素质较低、教学水平低等问题。经过 13 年攀枝花市教育援建，攀木两地共同努力，木里县教育事业在办学条件、师资队伍方面取得了显著成绩，教育质量稳步提高，教育服务保障经济社会发展基础更加牢固，为木里县长足发展和长治久安提供了有力支撑。

一、办学条件明显改善

加强校园基础设施建设，筑牢教育均衡发展之基。过去的木里县存在教育软硬件建设严重滞后，普遍存在上学难、基础教育水平低、教育设施条件差、教育资源分配不均等问题，导致学生的学习水平普遍偏低。攀枝花市援建木里县积极改善教育环境，土石操场被塑胶跑道代替，崭新校舍拔地而起……如今，走进木里县各中小学校，触目所及都是整洁的校园环境、焕然一新的校舍、标准的运动场、配备齐全的功能教室……每一所学校，都是一道美丽的风景。

（一）推进教育基础设施建设

2012 年以来，攀枝花市先后投入教育帮扶资金 6 571 万元，实施项目 17 个，积极推进木里县义务教育学校标准化建设。从 2012 年起，攀枝花市先后参与木里县幼儿园、宁朗乡中心校、木里县中学校园建设等，截至 2023

年，完成木里县中学高中部基础设施、县中学初中部运动场、城关二小、县幼儿园、县教培中心综合楼等项目建设和宁朗乡、沙湾乡、卡拉乡、茶布朗镇等中心校改造提升项目。攀枝花市援建木里县中学办公楼、学生宿舍的基建项目完成后，县中学高中部校舍总建筑面积达 32 839 平方米，功能完善，环境优美，可满足 2 460 名寄宿制学生就读，改善了基本办学条件，木里中学成功申创全州示范性普通高中。

（二）配备教学设施设备

攀枝花市文化、教育、体育等单位、个人为木里县捐赠学习用品、体育器材、多媒体设备和图书，开展各类学习帮扶活动，为义教学校按标准配套各类设施设备，课桌椅、图书、计算机教室等。此外，攀枝花市为木里藏族自治县中学新校区（高中部）每间教室都配备了多媒体教学设备，包括多媒体讲桌、音响、投影仪等，并安装了液晶电子教学黑板。截至 2022 年年底，木里县中学有高中部、初中部两个校区。初中部有教学楼 2 幢，综合楼 1 幢，男、女生住宿楼各 1 幢，师生食堂 1 个，标准化物理、化学、生物实验室各 2 个，语音教室 1 间，计算机教室 1 个（70 台计算机），图书室（藏书 74 705 册）、阅览室各 1 间，200 米环形跑道运动场 1 个。高中部有教学楼 2 幢，综合楼 1 幢，实验楼 1 幢，行政楼 1 幢，教师周转房 2 幢，男生住宿楼 2 幢（床位 1 500 个），女生住宿楼 1 幢（床位 960 个），师生食堂 2 个，标准化物理、化学、生物实验室各 2 个，音乐教室、美术教室各 3 间，计算机教室 3 个（150 台计算机），图书馆 1 个（300 多平方米，藏书 9 万多册），200 平方米塑胶篮球运动场 3 个。

经过脱贫攻坚，木里县办学条件得到极大改善，在深入实施教育基础设施项目建设后，学校硬件设施不断完善，设有计算机教室、学校图书室及图书、实验室及教学仪器配备、音体美设备、交互式班班通设备、同步课堂、智慧教室、学生课桌、床、衣柜等设备；彻底消除中小学 D 级危房，科学调整学校布局，累计建成中小学 36 所、幼儿园和幼教点 164 所，乡乡有标准中心校，村村有学前教育设施，城乡、校际办学条件差距进一步缩小。

实例 6：最靓丽的风景是学校

距离 2016 年高考还有不到半个月的时间，凉山州木里县木里中学高三学生尼玛翁秋挑灯夜战，做最后冲刺。在凉山州木里藏族自治县木里中学高三理科一班，尼玛翁秋的成绩排名靠前，今年高考，她给自己定了目标，争取考上一所重点大学。尼玛翁秋家在学校 10 多千米外，上高一的时候，学校没有宿舍，需要每天起早贪黑地走读，非常耽误学习时间。尼玛翁秋所就读的木里中学,属于攀枝花市对口支援建设的学校之一。

　　教育的健康发展需要良好的教育环境。2012年攀枝花市援建木里中学(见图6-1)教学大楼、学生宿舍。2014年,攀枝花市援建、投资1 500万元的木里县中学两栋学生宿舍楼投入使用,有效改善了2 000多名学生的住宿环境。走进宿舍内,两排浅色的衣柜、4张结实的高低床整齐摆放,阳台上有盥洗间和单独的卫生间,还专门设置了钢架晾晒衣物。尼玛翁秋住进了宿舍,告别了每天来回20多千米的走读生活。

　　如今,走进木里县木里中学,焕然一新的教学大楼、宽敞明亮的学生宿舍,国旗飘飘,书声朗朗……处处让人耳目一新。在木里县中学校园,办公楼外墙上的"攀枝花援建"5个大字在阳光下闪闪发光,成为一道靓丽的风景线。漫步校园,窗明几净,鸟语花香,到处是崭新的希冀、青春的风韵、和谐的律动……

图6-1　木里中学

实例7:最快乐的地方是学校

　　幼儿园项目总投资1 000万元,攀枝花市援建资金150万元。项目在乔瓦镇于2012年开工建设,2013年竣工投入使用,建设教学综合楼、幼儿园食堂及附属设施设备等,面积3 656平方米,可供510名学生入园就读,发展了城区学前教育,缓解了城区幼儿"入园难"问题。

　　一进入幼儿园(见图6-2)就是一个宽敞的操场,操场的左边塑胶地面上,安放了一座小型儿童乐园;操场右边是一排三层楼房,在墙体嵌有一块石碑,上面镌刻着一朵攀枝花包容着格桑花,藏汉双语写着"攀枝花援建"。教室分为三间,干净整洁、宽敞明亮。一间是教室,有白板、电脑操控台、小桌椅、藏式柜子和各种早教设备等；一间是孩子们的卧室；一间是卫生间。幼儿园还设有藏汉"双语班"。

图 6-2　木里藏族自治县儿童在攀枝花市援建的幼儿园里快乐上课

二、教师业务能力提高

抓住教育扶贫的牛鼻子，积极开展师资扶贫。教育精准扶贫的核心目标，就是要大力提升贫困地区教育水平和质量，强教先强师，大力提高贫困地区师资水平，改善贫困地区教育软环境，将扶持贫困地区教育由"输血"方式转化为"造血"方式，使得贫困地区的教育提升和稳固能实现可持续发展。攀枝花市援教以改善教育观念和提高教师队伍素质为抓手，通过革新教育观念、输入先进经验，促进木里县民生整体优质发展；建立攀枝花市与木里县基础教育同师资、同备课、同督学机制，开展跟岗跟校研修和送教送学活动，夯实培训，深化教研。

（一）做深支教帮扶

13 年来，依托学校教学能手、学科带头人、骨干教师等资源，攀枝花市累计选派 80 名攀枝花教师，到木里县中学、木里县民族中学、乔瓦镇二小等学校开展教育帮扶。其中，老师余中玉到木里县支教时间长达七年，老师汪绍伦支教时间长达五年，他们发挥自身优势，结合地方实际，坚持有所为有所不为，为当地教育发展提供有益补充和强劲智力支持。

坚持名师典范引领。通过攀枝花市教师上讲台讲"示范课"和对木里县老师的"公开课"进行点评,鼓励教师队伍探索出团队和个人更优化的教学方法,提升木里县中小学整体教学水平。通过"传、帮、带"示范课示范引领、科组课题指导、备课组教研引领,推动资源共享,为帮扶学校建立师德高尚、业务精湛的学习型、创新型教师队伍夯实基础,促进双方相互借鉴学习,激发帮扶学校教研动力和活力。

支教的老师们,时间短、任务重,有的每周19节课加2节教研活动共21节。但是他们没有抱怨,认真备课,很快进入了工作状态。鉴于基础相对薄弱的学生,老师们从基础抓起,每堂课力求生动有趣、形式多样,以便学生能接受和理解新知识,并利用课余时间加强和学生的沟通交流,及时了解学生的情况。他们立足帮扶学校实际,开展适合本校的教研,最大限度地将新的课程理念运用于教学,在所支教帮扶的学校迅速开展班级教育教学管理、科组教研科研、课题引领等方面工作,以自身教学成效与帮扶学校的教师的教育理念互学互鉴,互相促进提高。此外,他们还利用民族文化资源,发展具有木里县特色的教育,如地方地理、民俗文化、民间音乐、民间传说等。

实例8:七年帮扶路 一生帮扶情

"从孩子眼里闪着的光芒,能感受到他们对读书的渴望。"连续支教7年的余中玉说,希望用坚守和责任圆木里县孩子的读书梦,也为当地教育事业贡献自己的绵薄力量。余中玉是攀枝花市对口援助木里县教育人才中的普通一员,从2010年以来,攀枝花市教育系统先后选派7批103名优秀管理干部和教师到木里县开展支教工作。2014年以来,10余名优秀教师人才选择到木里县长期支教,其中余中玉老师到木里县支教的时间长达七年,汪绍伦老师支教时间长达五年,截至目前,仍有3名优秀教师奋战在木里县教育一线。

2014年7月14日,余中玉坐上了去往木里县的汽车。上班第一天,她便担任了木里县中学校长助理,同时任一个初中班的班主任,还成了另外两个班的英语老师(见图6-3)。初到木里县,她根据自己的教学方式,为所带班级量身定制教案,她生动、风趣的教学形式让她的英语课一度成为孩子们最喜爱的一门课程。

七年来,余老师被学生们称为"余妈妈",学习生活中有困难、有心事,大家都会向余老师倾诉,余老师也会不遗余力地提供必要的帮助。因为余老师早已把学生视为自己的孩子,希望他们能有个美好的未来。

帮扶时间是有限的,个人的精彩并不圆满,和本地教师分享教育心得,传授教学经验,余老师早已把学校当作自己的家,她要为这里留下自己毕生的心血。

图6-3　余中玉赴木里县支教

（二）做细跟岗帮扶

对口接受木里县教育管理人才和中小学骨干教师跟岗跟校研修，是攀枝花市对口帮扶木里县教育专业技术人才培养工程之一。每年由木里县教育和体育局选派5名学校校长、教导主任等学校管理干部到攀枝花市城区优质学校挂职跟岗培训1个月，选派多名骨干教师到攀枝花市城区优质学校跟岗研修学习。

2012年，木里县选派的10名教育管理人才和中小学骨干教师，到攀枝花市5所城区中小学跟岗跟校研修。攀枝花市各接收学校对跟岗教师在业务上进行细心指导，在生活上关心他们，让他们在攀枝花市安心学习、愉快生活。

截至2022年年底，攀枝花市教育系统各学校接收来攀跟岗学习的木里县受援学校教育教学管理人才共计1 500余名，其从学校文化建设、制度建设、教学常规管理、课改工作开展、德育管理等方面进行指导。

2022年，凉山州木里藏族自治县乔瓦镇小学跟岗观摩交流学习教师团队，来到攀枝花市第一小学校开展跟岗观摩交流学习，交流团参观学校五彩创客空间、麦田童画艺术长廊等校园文化建设成果，详细了解学校的校园文化建设情况。通过参加学校周一的晨会、观摩周一全校各班级开展的主题班会、班级心理健康教育主题班会、大课间冬季长跑活动等，了解学校的教育教学常态化活动开展情况；深入课堂观摩市一小教师的常态课，了解学校的常态课的组织教学、教师课堂的教学风格。此外，老师们还观摩了东区第八届课改大会"美好课堂"的磨课教研活动；参加了"城乡教育一体化平台——攀枝花市云端石榴联盟学校"组织的"专递课堂"展示活动；观摩了攀枝花市第一小学校与攀枝花市南山实验学校、盐边县渔门镇中心校之间通过网络搭建的专递课堂展示课，并在课后参加联盟学校举办的"教学信息化共同体项目推进研讨会"，交流联盟校组建联盟校的宗旨、章程和规划，与乔小分享了联盟校的"三圈"理论，建议乔小能够规划加入联盟校，以成员的身份分享"攀枝花市云端联盟校"的教育教学成果,为木里县和攀枝花的教育教学交流搭建更加便捷的空中交流平台,为促进木里县的教育教学发展作出贡献。

(三)做实结对帮扶

确定攀枝花市大河中学与木里县中学组成帮扶对子;米易县一中等六所初中(九年一贯制学校)分别与木里县六所初中(九年一贯制学校)组成帮扶对子;攀枝花市仁和区东风小学等 28 所小学(乡镇中心校)与木里县 28 所乡镇小学组成帮扶对子;攀枝花市仁和区幼儿园与木里县幼儿园组成帮扶对子,即加强"对子校"教育管理、教学改革等交流与合作。

2014 年,由市委组织部、市教育局主办、木里县教育局协办的"攀枝花市教育局对口援助木里县教育人才培养工程——教学质量提升培训"在木里县城关小学开展。攀枝花市共派出由小学语文、小学数学 10 名骨干教师、7 名管理人员及工作人员组成的培训团队,在木里县教育局的协助下,对木里县 65 名小学语文教师、72 名小学数学教师进行培训。

2017 年以来,攀枝花市大力开展"36+36"对口帮扶木里县学校支教工作。5 年来,攀枝花市各学校派出学科教师 1 968 人次,通过开展学科结对、上示范课、专题讲座、学生手拉手等方式,组织中小学教育教学管理人才赴攀跟岗培训、工作坊研修;定期组织攀枝花市学科带头人、名师骨干到木里县开展教研交流活动,组织木里县义务教育阶段语文、数学学科骨干教师赴攀进行短期集中培训;选派木里县教育行政管理干部参加由攀枝花市教育和体育局组织的教育系统行政管理干部赴复旦大学能力提升培训班。

2021 年,作为攀枝花市对口帮扶木里县教育的又一项重要举措,木里县教师培训与教研中心组织教研中心教研员和部分薄弱学校管理人员 23 人赴攀枝花市,进行了为期 4 天的木里县中西部协作项目暨攀枝花市教育科研培训学习活动。培训主要通过专题讲座、专家引领、小组探究等形式进行。来自西区教育系统的管理专家、教科研专家、各中小学校的名师们给学员们带来了 8 堂精彩的讲座与分享。授课专家们重点从教育质量监测与提升、课程建设、学校科研管理、课堂教学、教师发展、学生评价以及教研员和学校管理者自身的示范与引领等方面给培训班的学员们作了全方位、多角度、多层次的讲座培训与特色案例分享,既有高大上的教育理论建构,又有接地气的听评课指导,使学员们受益匪浅、感悟颇多。课堂上,全体学员认真听讲,带着各自急需解决的问题,在学习中寻找答案,并与专家们积极互动交流,进一步解决问题。课后,学员们积极对当天所学课程进行认真回顾、反思,并通过建立微信群、QQ 群的方式进行交流。培训结束后,每位学员撰写了心得体会,谈收获、谈思路、谈方法,将所学所悟进一步转化为行动指南,以巩固培训成果。

2022年，攀枝花市新教师入职培训在市花城外国语学校开班。来自东区、西区、仁和区、米易县、市直属学校以及凉山州木里县的421名新教师参加培训。此次入职培训由市教育和体育局主办，市教育科学研究所、中国教师教育网承办。培训以"立德树人守初心　铸魂育人担使命"为主题，采取"集中培训+网络研修"的方式，通过讲座、实操、学员展示等形式，带领新入职教师了解攀枝花市教育，多角度、多维度地认识、理解、接受、热爱即将从事的教师这一职业，引导大家熟悉教学常规，学习如何组织课堂教学，提高大家总结、提炼、表达和创新的能力。同时，新教师还将参加丰富的网络研修，学习新课程、新教材、新方法、新技术，强化师德教育和教学基本功训练，不断提高教师育德、课堂教学、作业与评价设计、实验操作等能力。

（四）高校对口献智

木里县非师范专业教师接受攀枝花学院专业技能培训。2017年木里县第二批非师范专业教师专业技能培训（见图6-4）在县培训和教研中心多媒体教室正式开班。来自全县22个乡镇学校和1所民族学校的95名教师，接受由攀枝花学院人文社科学院组织实施的面对面现场实训。12名专家级大学教师在两个星期内，为木里县小学老师提供现代教育技术、教育学与教育技能、教学技能训练、微课实训、学校管理与校园文化建设、教育心理学、教育法规与职业道德等数项专业技能实训。此次培训项目属于本年度攀枝花市对口帮扶木里市的20个脱贫项目之一（木里县人才培训项目），由木里县教科局承办。

图6-4　木里县非师范专业教师专业技能培训

2020年，由攀枝花学院王曙光校长带队攀枝花学院组织专家赴木里县开展教育培训。为贯彻落实党中央脱贫攻坚决策部署和省委市委有关脱贫攻坚工作要求，进一步发挥攀枝花市人才智力优势，攀枝花学院与凉山州木里藏族自治县组织开展教育帮扶活动，此项帮扶活动任务为协助木里县教体科局开展全县中小学教导主任、教研组长和县教研员共计120人的培训。攀枝花学院从攀枝花市基础教育系统邀请5名专家参加了此次帮扶活动。

实例9：扶贫扶智　教育先行

"扶贫先扶智"，针对三桷垭乡鸡毛店村大部分中年和小部分青年没有读过书、文化水平不高的情况，攀枝花学院教师刘忠良和驻村工作队同事一起开办了农民夜校。通过在村部大规模集中授课，或到小组小规模分散讲授，或到村民家中走访指导等，坚持每个月授课两次，内容包括劳动技能培训、国家政策宣传、致富思路指点，以及卫生习惯、健康知识等，较大提高了村民的整体素质，为村民增加收入提供了方法和思路。

2018年冬天，刘忠良陪同攀枝花学院马克思主义学院党组织负责人在鸡毛店村开展帮扶活动时，看到村民沈拉坡家女儿沈旺英在寒冷的冬季穿着拖鞋，直接用冰冷刺骨的山泉水洗头，他们的心被深深地触动了……经过一番了解和交流，他们决定要结对帮扶沈旺英。除了向沈旺英捐赠衣物和学习用品等物资外，在学院的协调安排下，沈旺英于2019年2月开始到攀枝花市外国语学校就读，免费接受更加优质的教育。经过一年多的学习，沈旺英取得了较大的进步，并表示自己要进一步深造。

鸡毛店村幼教点（村小）教学设施缺乏，课外书籍很少，教学条件非常差。在刘忠良的积极反映下，攀枝花学院于2018年组织捐赠了一台智能电视、一台投影仪和若干教具（见图6-5）。2019年，刘忠良协助攀枝花学院马克思主义学院党支部多方筹款，向村幼教点捐赠了一台冰箱以及每个小孩一个书包和一个水杯、每位老师一个背包和一个保温水杯，鼓励老师们扎根乡村教育事业；他还积极动员自己的学生和朋友等为村幼教点捐赠了文具60套、书籍200多册。2019年端午节，他给每个小孩寄来了粽子，在普及中国传统文化的同时让孩子们感受到社会的关爱。

为改善村民的文化生活，刘忠良和驻村工作队同事向西昌市教科局申请资金，购买了一套电影放映设备，刘忠良把自己的电脑捐赠给村部，并利用私人关系为鸡毛店村低价购买了篮球架和乒乓球台，捐赠了羽毛球拍、乒乓球拍等体育健身设施，村民们聚在一起看电影、跳舞和打球的同时，也能学到很多知识。

图 6-5　攀枝花学院向鸡毛店村幼教点捐赠

三、教育水平大幅提升

知识改变命运，同时也改变着木里的未来。目前，我国的学前教育快速发展，义务教育全面普及，普高教育大踏步前进。截至 2022 年秋季学期，木里县有中小学 36 所，其中，高完中 1 所，有在校生 1 808 人；单设初中 2 所，初中在校生 5 696 人、初中适龄人口入学率达 99.85%；小学 33 所，小学在校生 11 953 人，小学适龄儿童入学率达 99.87%；村级教学点 3 个；幼儿园 33 所，村级幼教点 131 个，学前幼儿 5 236 人，学前幼儿入学率达 90.7%。

2010 年木里县上线人数仅有 6 人，只有 2%、3% 的升学率，在凉山州排名倒数第三、第四。2014 年，木里县高考重本上线 2 人，结束了木里建县 60 多年无人上重本线的突破。2016 年，木里县的高考取得了历史性突破，文化本科硬上线 42 人（重本 2 人），这是木里县高考本科上线人数首次达到两位数；2018 年，升学率在凉山州已经达到了 20%，实现文化本科硬上线 81 人（重本 8 人），已经排到了前七名。2021 年，木里县本科上线人数突破百人大关，本科硬上线 126 人，重本硬上线 21 人；2022 年，本科上线人数较 2021 年增加 37 人，高考上线人数再创新高。

（一）教研提质

组织攀枝花优秀教师到木里开展"木里县高中教育阶段教学工作"诊断式培训，按照《攀枝花市对口帮扶木里藏族自治县五年实施规划（2012—

2016 年)》，"高考备考及高二学习指导工作"是攀枝花市对口帮扶木里专业技术人才培训工程的重点项目之一，也是秉持攀木两地"真情帮扶、长期帮扶、智力帮扶"的重要表现形式。教学培训工作的开展，不仅为攀枝花市进一步了解木里高中教学现状，精细制订今后的援助计划提供了支撑，也为木里县中学教师搭建了相互交流学习的平台，有力促进了中学教师整体教学水准的提升。

2012 年，高中学科讲师团在木里县中学开展了高中语文、数学、政治、历史、生物、化学六个学科的优质课展示、互动交流和答疑活动，进一步提高了木里中学高中教师教学技能，对其学科教研活动的开展起到了促进作用。

2015 年，攀枝花市教科所高中各学科教研员一行 10 人赴木里藏族自治县中学，开展 2015 年"高考备考及高二学习指导工作"，对木里藏族自治县中学的教师进行教学培训。攀枝花市教科所高中各学科教研员一行，分头深入木里县中学各学科课堂进行随堂听课，听课范围涉及高一、高二、高三年级。各学科教研员课后与木里县中学任课教师、各年级学科组教师进行深入交流，就木里县高三年级最后冲刺复习组织、学生学习方法、答题技巧和心理辅导进行了详细指导。木里县中学教师深受启发，表示将就如何提高课堂教学的有效性进行总结反思，争取 2015 年高一、高二教学成绩有新进展，高三年级参加高考有新突破。

2017 年，由攀枝花市大河中学和市教科所联合组建的专家团到达木里中学，对木里中学高三备考复习进行培训，木里中学管理干部、教师近 90 人和高三学生 100 人参加了培训活动。培训中，语文、数学、英语、物理、化学、生物、历史、地理等学科的专家通过听评课、主题交流等方式为木里学科教学把脉诊断，在高三后期分析和高中学科教学系统设计等方面为木里中学的各位教师提出建议；语文、物理、历史、政治等 4 个学科专家上了 5 节示范课。木里中学管理干部和老师们认为，本次培训对教学存在的问题把握得很准确，各专家提出的系统性建议操作性很强，如果实施到位，将对木里中学的高中教学带来深刻的变革。大河中学是攀枝花千人支教计划中与木里中学结对帮扶学校，两校之前也进行过教学交流往来。本次高考备考培训拉开了两校教育合作交流培训的序幕，形成了大河中学帮扶木里中学教育教学改革与发展的长效机制，开辟了对木里中学教育培训新路径。

木里县教育体育和科学技术局相关负责人表示，攀枝花实实在在的帮扶显著提升了木里县义务教育教学质量和木里县中学高中部的教育教学质量，为木里教育带来了质的飞跃。

（二）管理提质

通过抓好教学管理来促进教学质量提高。在攀枝花市对木里县的帮扶中，攀枝花市主要从学校的教学管理入手，对管理制度、教研组织、课堂实施等方面提供针对性的帮扶。攀枝花市组织专家到木里，专家与学校领导、教务主任、教研组长和一线教师进行面对面交流，通过走、看、听、访等形式认真了解各校的教学情况。通过"查问题，找原因，提对策"的方式，确定帮扶要从源头抓起，以规范学校教学管理为切入点，围绕教学管理、教学组织、教研活动、校本研修、学生学习等方面，制定精准帮扶对策。

2012 年，市教育局组织直属学校（单位）优秀校长及部分学科优秀教师组成送教团队，到木里县开展中小学校长培训和高中学科教研培训。市教育局送教团队对木里县的 35 名中小学校长分别就有效课堂、学校管理、教师队伍建设和德育管理四个方面举行专题讲座，这不仅拓宽了中小学校长的视野，也更新了教育管理理念。

2014 年，来自凉山州木里县的 15 名中小学校长到攀枝花市跟岗培训，学习学校教育、德育、科研、安全等管理经验。此次跟岗培训是 2014 年攀枝花市对口支援木里专业技术人才培养工程实施计划的组成部分。攀枝花市中小学校着重展示了如何抓好学校安全和教学质量这"两条生命线"，如何抓好学校文化建设、高效课堂建设、信息化建设和三支队伍建设等"四大建设"，为中小学校长"传真经"。木里县 15 名中小学校长在跟岗培训中快速转变角色，积极参与学校的教育教学等管理工作，高标准完成学习任务，做到了学以致用、学有所获、学有所悟。

2017 年，攀枝花市举行凉山州木里县中小学教导主任到攀跟岗培训启动会，市教育体育局培训科、市教科所、市教育培训中心的负责人，木里 5 所义务教育学段学校教导主任，仁和、盐边、米易教育培训中心负责人和接受跟岗培训任务的 5 所学校校长参加会议。会上，市教育体育局相关负责人希望跟岗研修的木里教导主任们，通过学习得到提高成长，自觉主动地参与跟岗学校研修活动，将本次研修成果带到学校教学管理实践中，学有所获。同时，县区局教培中心、支援学校和市教育培训中心要关心来攀跟岗研修的教导主任们，选好导师，高质量地完成本次培训项目。会后，木里跟岗培训教导主任们随 5 所学校校长奔赴跟岗岗位，开始一个月的研修。

通过不断改进管理做法，提升工作效能，木里县学校的教学管理的转变促动了教学质量的提升，切实提升了木里县学校管理和教学教研水平，改善了木里县教育软环境。

实例 10：冬日暖阳沐人心　教学帮扶显真情

2022 年 11 月 7 日，仁和区东风小学七位教师踏上了木里县瓦厂镇小学的帮扶之旅。

如图 6-6 所示，在课堂教学中，老师们使出浑身解术，以学生为本，重视课堂教学的生成，与孩子们频频互动，教给孩子们学习的方法，将东风小学的教育教学理念展现。孩子们坐姿端正，精神饱满，时而静心自学，时而热烈讨论，孩子们认真学习的态度、精彩的发言与演示让在座的老师赞叹不已。

图 6-6　仁和区东风小学教师在木里县瓦厂镇小学教学活动

（图片来源：攀枝花教育和体育官网）

献课活动结束后，老师们相聚在会议室，交流教学中的疑点、难点、试题命制等教育教学问题（见图 6-7），整个交流活动务实、充实、坦诚，充分展现了相互扶持、共同发展的帮扶目的。

图 6-7　仁和东风小学与瓦厂镇小学交流会

（图片来源：攀枝花教育和体育官网）

2022 年 11 月 9 日，仁和区五十一公里小学三名教师长途跋涉，来到木里县牦牛坪小学开展帮扶活动。

碧空如洗，阳光灿烂。2022 年 11 月 10 日上午，五十一公里小学的老师与牦牛坪小学的师生们相聚一堂。如图 6-8 所示，阳光下，五十一公里小学的老师们代表学校为孩子们送去了文具盒、水彩笔等学习用品，鼓励孩子们努力学习，走出大山，学习更多的文化知识，为实现伟大的中国复兴梦想贡献自己的力量！

图 6-8　五十一公里小学与牦牛坪小学交流活动

（图片来源：攀枝花教育和体育官网）

在教研活动中，开展了中低段语文教学工作经验交流、班主任工作经验交流和学校教学管理工作经验交流。会上，老师们讨论热烈，对中低段教学中拼音、识字、写字、朗读等教学经验进行探讨，对"整体输入"教学有了一个清晰的认识。通过管理工作经验分享，也让牦牛坪的领导和老师们明白工作要相互配合，才能有质量地完成学校工作。

四、"9+3"免费教育计划有效实施

"9+3"教育计划，即在9年义务教育的基础上，对藏族地区孩子提供3年免费的中职教育。这是四川探索少数民族地区教育事业发展的一项创举。根据相关政策，可对符合"9+3"教育计划条件的学生，每人每年免除学费2 000元，在前两年，每年生活补助3 000元，第三年生活补助1 500元。此外，政府还在交通、住宿、书本等杂费上，给每生每年补助1 500元，新生还有冬装补助300元。党的好政策，重新点燃了贫寒学子的读书梦。

自2009年四川省实施藏族地区"9+3"免费教育计划以来，木里县已累计有2 100余名学生毕业于攀枝花市建筑工程学校和攀枝花市经贸旅游学校。这些来自木里藏族地区的孩子在攀枝花市学到了一技之长，提升了个人素质，为实现就业脱贫打下了良好的基础。据统计，"9+3"计划的毕业生，有的考取了机关企事业单位职位，有的应征入伍，而更多毕业生由攀枝花市两所中职学校推荐就业，人数达1 238名。累计选送4 786名学生接受"9+3"免费职业教育，实现就业率89%。有利于实现"一人就业，全家脱贫"。

实例11："9+3"免费教育计划　一人成才全家脱贫

"我从大山走来，肩头扛着大山的色彩。回首自己走过的道道山路，忘不了大山给我的情爱。我从大山走来，风雨轮回哦，格桑花开，耳畔回响阿妈温暖的话语，句句话语让我难以忘怀。哦，我是大山走出的孩子，面对茫茫路途往事不再细数，山顶上唱歌的星星，是指引我回家的北斗……"这是2021年2月3日，一位四川省"9+3"免费教育计划的受益者在中央电视台《越战越勇》的舞台上演唱的一首歌——《大山走出的孩子》。

这首歌歌如其人，人如其歌！歌手熊洞，苗族，四川省"9+3"免费教育计划的凉山学子、攀枝花市建筑工程学校2016级的毕业生、四川工程职业技术学院大二学生。2018年，熊洞被评为"全国最美中职生"。

熊洞的家在四川大凉山深处的一个村庄——四川省凉山彝族自治州木里藏族自治县白碉乡烂房子村。

小时候的熊洞是不幸的。

2岁多时，因为一场意外，熊洞的右腿被大火烧成"肉团"，不能站立，只能爬着走路。由于家庭贫困、交通不便，以及村里医疗条件差，熊洞的腿没能得到及时治疗，他的大腿和小腿渐渐粘连在一起，无法分开，一动就痛，因此也错过了上学。十多年来，熊洞只能爬着走路。

熊洞10岁那年，他的爸爸在干活时遭遇山体崩塌遇难。懂事的熊洞主动承担起家里的活儿，成了一名放羊娃，从此变得愈发沉默寡言。

看着比自己小的伙伴一个个都上学了，2009年9月，16岁的熊洞毅然提出，爬也要爬去上学。而从家到学校700多米的距离，他要"爬"上半个多小时，手掌经常被沙石磨破出血。

长大后，熊洞是幸运的。手术费用是好心人筹的，相关治疗费用是医院减免的。不仅如此，医护人员为熊洞捐款8 000多元，其中一名员工，连续5年每年资助熊洞3 000元学杂费，直到他读完中专。后来熊洞上大学期间，医院又资助了他5 000元学费。

重新回到校园的熊洞，用6年时间学完小学、初中9年的课程。2016年，受益于"9+3"免费教育计划，22岁的他考上攀枝花市建筑工程学校机电技术与应用专业。2019年，25岁的熊洞以优异的成绩考上位于德阳的四川工程职业技术学院机电一体化专业。

圆梦大学，熊洞再一次喜极而泣。

木里县中学前校长黄河说："以前，学校的学习环境不佳，升学率也不断下滑。从建章立制到指导学校推进学业水平考试改革、学生综合素质评价改革、选课走班，攀枝花的老师和教育专家花费了大量心血。"不少攀枝花帮扶教师主动加入学校日常管理工作，攀枝花市第六批帮扶工作队员杨彦俊就担任了木里县中学副校长一职，他说："工作是有点忙，但学校的管理水平提上来了，对学生和教师来说都是好事。"13年间，攀枝花市教育和体育局提出"36+36"帮扶计划，组织了36所学校与木里县36所中小学建立结对关系，实施一对一、点对点精准教育帮扶，将攀枝花义务教育教学质量评价体系改革和普通高中教学质量综合评价改革成果带到木里。

"授人以鱼不如授人以渔"，义务教育帮扶通过支教、跟岗、结对帮扶等形式，做深、做细、做实帮扶项目。在木里县十余年的脱贫战役中，攀枝花市的教育工作者们发挥着不可忽视的作用。按照《攀枝花市全域结对帮扶木里县实施方案》、攀枝花市教育体育局《关于印发对木里藏族自治县教育帮扶实施方案的通知》（攀教体发〔2017〕96号）等文件要求，数年来，攀枝花市从受援和帮扶学校实际出发，按计划落实结对帮扶工作任务，取得了一定的实效，对促进教师专业发展，提高教师教学研究能力，提升双方教师教育教学能力起到巨大的助推作用，双方形成了互利共赢的良性互动新机制。未来，攀枝花市将进一步明确帮扶目标，深化帮扶措施，结合实际需求，充分发挥优质学校作用，助力木里教育教学可持续发展。

民族地区是精准扶贫的重点领域，而教育扶贫是最直接有效的精准扶贫。攀枝花市把教育扶贫的重点放在提升教育水平和加强师资力量建设上，立足木里实际情况，送老师、送课程，这是一种有尊严的帮助，具有适用性和可持续性，夯实基础教育，构筑阻断返贫的纵深防线。全面落实教育扶贫各项政策，推进义务教育质量提升、增强教育扶贫后劲。通过提高贫困地区学生的受教育水平，不断提高各级各类教育扶智、扶业、扶志的针对性，推动各级各类学校发挥自身优势服务基层，努力从根源上阻止贫困、防止返贫，使乡村从相对贫困走向更加繁荣、美丽并富有魅力，最终全面实现乡村振兴。"春种一粒粟，秋收万颗子。""让每个孩子在家门口享受优质教育"，木里人孜孜以求的教育梦正逐步成为现实。

第七章　卫健帮扶让健康 不再"遥远"

2019 年年底，有着"医界奥斯卡"美誉的第六届中国医影节"金丹奖"微电影颁奖盛典在厦门国际会议中心举行。由盐边县人民医院（攀钢集团总医院盐边分院）、木里藏族自治县人民医院和攀枝花市微电影协会联合拍摄的微电影《梦回木里》，斩获金丹奖最高奖——最佳微电影奖。

该影片根据陈石存小说《攀木情歌》改编，以真实故事为素材，讲述了盐边县人民医院首批援助木里的医生潘远松，在父亲病重住院的情况下，仍然坚持前往木里帮扶。在木里工作的两年时间里，潘远松无私奉献，助力木里医疗事业发展，促进了攀枝花和木里两地交流合作，见证了木里县医疗事业、城乡交通和人民群众生活的改变。该片通过对奋战在木里医疗战线上众多典型人物、感人故事的细致刻画，彰显医者仁心，讴歌藏汉友谊，展示国家精准扶贫和帮扶成果。

《梦回木里》是攀枝花帮扶木里医疗卫生事业的一个缩影。2010 年，攀枝花市开始对口支援凉山州木里藏族自治县，13 年间，一批批攀枝花市卫生健康系统的干部人才走进木里，持续实施临床进修、远程教学、专项培训、组团帮扶、设备规范使用、管理帮扶、师带徒、服务质量审查、远程诊疗指导等行动，使木里的卫生健康人才队伍建设不断加强、卫生健康服务优化提质明显、医疗卫生机构设置和设备配置更加完善，突发公共卫生事件应对能力显著提升，卫生健康人才队伍不断充实，人人就近享有优质高效的基本医疗卫生服务，居民健康素养水平明显提高。这一举动不仅给当地群众带来了健康，还为全面建成小康社会做出了巨大贡献，也为开启全面建设社会主义现代化国家新征程打下了坚实的基础。"攀枝花医生"成为木里群众最信任的品牌……一桩桩、一件件为木里医疗卫生事业发展做出的实事、好事，无一不体现着我市医疗卫生系统浓浓的帮扶情，彰显了攀枝花帮扶木里医疗卫生事业取得的卓越成效。

2021 年 2 月 25 日上午，全国脱贫攻坚总结表彰大会在北京人民大会堂隆重举行，攀枝花市中心医院作为先进集体获得表彰。此前，攀枝花市中心医院的对口支援工作已多次得到肯定，2017 年，该医院被授予省内对口帮扶贫困县先进集体，医院挂职木里县卫生健康局副局长毛光明被省委、省政府授予"2019 年脱贫攻坚先进个人"，医院两名医师被省卫生健康委授予"2018 年全省对口支援'传帮带'工程先进个人"……这些荣誉，是攀枝花援助木里医疗卫生事业的真实写照。自 2010 年来，攀枝花市大力援助木里医疗机构的基础设施建设，新建"微创中心""重症监护""急诊科"等科室，陆续填补木里医疗空白；签订对口帮扶协议和医疗机构联盟协议，推进"医联体"和"医共体"建设，推行三维立体"托管"新模式，开展"组团式"帮扶；组织医疗队及专家赴木里开展义诊活动，帮助木里成功创建二甲医院；利用"互联网+医疗"技术，开展远程心电、影像会诊、手术指导，助力木里医疗条件、医疗水平实现质的提升。在攀枝花市的大力帮扶下，木里医疗卫生事业水平大幅度提高，真正迈入了"快车道"。具体成就主要体现在以下六个方面。

一、医疗设施提档升级

从木里县城出发，沿 227 国道行驶 30 多分钟后，两栋二层小楼在群山怀抱中格外醒目，这便是攀枝花援助建造的原下麦地乡卫生院。2019 年 6 月，卫生院落成并正式投入使用，为下麦地乡所辖 3 个村的村民提供基础医疗和保健服务。过去，从村上到县医院，光坐车就要 1 个小时，现在，在离家更近的乡卫生院就可以进行治疗，还有专门的输液室。这仅仅是攀枝花帮扶木里医疗基础设施建设的一个缩影。

十三年来，攀枝花市投入医疗卫生帮扶项目资金 4 762 余万，实施医疗卫生项目 18 个，帮助木里建成县人民医院门诊大楼、县中藏医院药材库房和人才宿舍楼，全资援建牦牛坪、三桷垭、博科、下麦地 4 个卫生院，为木里医疗机构购买了进口 CT 机、B 超机、高清电子胃肠镜系统、泵血液透析机、双泵血液透析机、监护仪、透析床、治疗车、空气消毒机等医疗设备。木里县人民医院成功通过二级甲等医院等级复审，木里县中藏医院、妇幼保健院、疾病预防控制中心分别创建成为二级甲等中医（民族）医院、二级乙等妇幼保健院和二级乙等疾病预防控制中心，不断夯实了木里医疗卫生事业基础。

实例 12：攀枝花市援助木里县人民医院 CT 机

2019 年 9 月 28 日下午 3 时，凉山州木里县举行攀枝花市援助木里县人民医院 CT 机启用仪式，这标志着攀枝花市投入专项帮扶资金 500 万元，为木里县人民医院购置的全新进口 16 排 32 层螺旋 CT 设备正式启用（见图 7-1、图 7-2），进一步满足木里群众看病就医的现实需求。新购置的 CT 机扫描时间更短，扫描速度更快，功能更强大，具有胸部低剂量扫描及肺小结节筛查、智能化肋骨及脊柱自动标记、人体解剖部位识别、全景无失真扫描等优势。

图 7-1 攀枝花市援助木里县医院 CT 机启用仪式

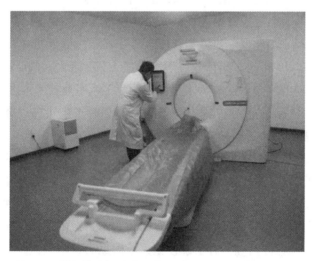

图 7-2 攀枝花市援助木里县医院 CT 机，医生正在启用

在攀枝花的帮扶之下，木里县人民医院、中藏医院、乡级 23 个卫生院，以及列瓦乡列瓦村卫生室、芽祖乡周家坪村卫生室等卫生室基础设施水平不断提升，夯实了木里群众健康之基。

二、医疗人才队伍壮大

在木里县人民医院副院长须民武看来，近年来木里县在医疗卫生人才培养等方面取得长足进步，而这"离不开攀枝花的援建，离不开攀枝花医生们的帮助和奉献"。医者仁心，援助木里十多年，他们从攀枝花来，被木里群众亲切地称作"格桑梅朵"，他们将木里群众的健康系在心间。

十三年来，攀枝花市每年组织专家团队到木里县开展专题培训、学术讲座、技术指导等，帮助木里县提升卫生专业技术人才业务水平；主要通过"师带徒"和"送教"开展"传帮带"，培养了大批"带不走"的医疗卫生人才。

攀枝花市通过"师带徒"模式，推动帮扶干部与木里县受援机构医疗卫生专业技术人员签订"师带徒"协议，通过学术讲座、手术示教、教学查房、疑难病讨论等方式带教，不断提高木里医疗卫生专业技术人员的能力和水平。

攀枝花市积极通过"送教"上门开展专题培训，每年选派优秀师资团队赴木里，开展医学理论、医学实践和典型案例等专业技术培训，不断提高木里县、乡、村医疗卫生专业技术人员的水平。攀枝花市接收木里县医院医务科、院感科、康复科、消化科、儿科等管理人员和临床医务人员"组团式"到攀进行业务培训。13年间，累计开展学术讲座1 900余次，教学查房2 400余次，示教手术2 600余台次；为木里培训医疗卫生专业技术人才1万余人次，接收木里140余名卫生专业技术人才到攀枝花医疗卫生机构进修培训。

值得一提的是，在攀枝花市首批帮扶人才中就有医疗人才。2010年5月，攀枝花市选派卫生、教育、规建、农牧、林业等领域的8名帮扶人才到木里开展工作。其中，仁和区人民医院副主任医师、挂任木里县人民医院副院长的唐大清，以及盐边县中医院副院长、挂任木里县人民医院副院长的谢波就是卫生领域的帮扶人才。之后，攀枝花市选派的援木干部人才，都有卫生领域的人才。可以说，有了攀枝花人才的助力，木里医疗卫生人才的不断成长便有了智力保障。

此外，为了进一步加快木里医疗卫生人才队伍建设，2016年，攀枝花市首次对木里备考执业（助理）医师人员开展培训。针对木里县执业（助理）医师实践技能操作考试过关率偏低问题，应木里县的请求，攀枝花市卫计委还首次组织对木里县 2016 年备考执业（助理）医师人员开展实践技能操作培训和理论培训，以提高参考人员通过率，受到学员普遍欢迎。

在攀枝花市的帮扶之下，木里医疗卫生事业水平明显提高，为健康木里提供了坚实的人才保障和智力支持。

三、义诊活动硕果累累

为进一步加强医联体单位之间的交流与合作，促进优质医疗资源下沉到基层，使木里老百姓能享受到优质医疗卫生服务，进一步增强木里老百姓健康意识，普及健康知识，传播健康理念，倡导文明健康生活方式，13 年来，攀枝花市选派 143 名医务人员开展帮扶，组织 20 批医疗队及专家赴木里义诊 80 余次、义诊患者 2 万余人次。这一成绩的取得，离不开攀枝花市每年选派攀枝花市三甲医院医疗专家开展巡回医疗，不但进一步提升了医联体协作单位的管理能力和医疗服务水平，同时也为木里百姓普及了健康知识，传播了健康理念，增强了他们的健康意识，提升了木里群众的健康获得感和幸福感。

"太感谢了，你们就是木里的'活菩萨'！"这是攀枝花市第四批对口帮扶工作组医疗卫生组在木里县瓦厂镇木里大寺的义诊活动中，当地群众对攀枝花帮扶医疗人员的称赞。

义诊活动受到木里百姓的热烈欢迎，离不开攀枝花医疗卫生工作者在木里义诊活动中的倾情奉献。

实例 13：攀枝花市东区卫生局组织医疗专家到木里义诊

2011 年，攀枝花市东区卫生局组织了内科、妇科、儿科、中医科等方面的医疗专家，到木里县开展现场诊疗活动。在诊疗活动中，东区医务人员和木里县医务人员组成的巡回医疗组深入社区、乡村、农户家中，仔细检查前来求诊的百姓，询问病史，提出详实的诊疗方案，并开具处方。对部分需要做器械检查的妇科病人，巡回医疗组帮助他们预约到木里县妇幼保健站做进一步检查和治疗；对一些现场不能解决的疑难杂症，巡回医疗组也给出了下一步检查和诊治的建议。此次巡回医疗活动，共接待了上千余名就诊病员，受到了木里群众的好评。

实例 14：2015 年的多次义诊

2015 年 3 月 9 日至 15 日，攀枝花市医疗专家组到木里乡镇卫生院、牧场牧民定居点和寺庙，为僧人和农牧民群众进行义诊。此次活动，攀枝花市卫计委组织了 15 名医疗专家走进木里，和攀枝花帮扶医卫干部共同为当地农牧民群众和僧人进行义诊。此次巡回义诊活动共计义诊 1 456 人次、体检 1 152 人次。攀枝花市还向木里赠送了价值 2.3 万余元的药品、医疗器械。

2015 年 11 月，攀枝花市医疗专家组由儿科、心血管内科、妇科、泌尿外科、眼科、糖尿病科、骨科方面 7 类专家组成。在总结以往义诊活动经验的基础上，医疗专家在木里藏族自治县人民医院定点坐诊，充分利用现有诊疗设备，发挥自己的技术长处，为群众进行义诊，并提供常见疾病和多发疾病诊断、简易手术治疗、药品赠送和健康咨询服务，缓解木里边远群众"看病难"的问题。据不完全统计，此次义诊活动累计义诊 602 人次、体检 125 人次、为 136 人次提供健康咨询、免费赠送药品价值 1 130 元、开展眼科小型手术 111 台次、对县级医疗机构和部分乡镇卫生院医务人员进行业务培训共计 171 人次。

2015 年年底，木里藏族自治县中藏医院联合攀枝花市第三批帮扶干部人才工作组医疗卫生专家，先后深入木里下麦地乡、李子坪乡开展巡回医疗活动。针灸康复、骨伤等科室的医务人员为 100 多名农牧民群众进行义务诊疗，并普及健康知识，受到大家的热烈欢迎。

实例 15：攀枝花市中心医院在木里县开展"情系木里送健康"
大型义诊活动

2018 年，攀枝花市中心医院在木里县开展"情系木里送健康"大型义诊活动。攀枝花市中心医院重症医学科、心胸外科、神经疾病中心、耳鼻喉科、心内科、呼吸内科、骨科、肝胆外科、产科、儿科、内分泌科、影像中心、泌尿外科、眼科的 21 名专家来到木里公园，开展了"情系木里送健康"大型义诊暨"情系藏区·爱献木里"主题党日活动。义诊现场人头攒动，有上千名当地群众慕名前来，请专家帮忙诊断。现场忙碌而秩序井然，专家详细询问患者病史，为患者认真查体，仔细阅片或查看病史资料，耐心回答当地群众提出的问题。本次"情系木里送健康"大型义诊活动暨"情系藏区·爱献木里"主题党日活动，专家组共接诊各类病人 1 000 余人次，现场免费发放药品价值 5 000 余元。专家团队精湛的医术和优质的服务让在场的群众都竖起了大拇指。义诊活动结束后,木里群众对义诊医疗团队热情的服务和高超的医疗技术表示感谢,希望攀枝花市帮扶干部人才多组织开展这样的活动。

实例 16:攀枝花学院附属医院和木里县中藏医院"医联体共携手"专家义诊活动

2020 年,攀枝花学院附属医院和木里县中藏医院共同开展"医联体共携手"专家义诊活动(见图 7-3)。攀枝花学院附属医院张力院长一行,翻山越岭、跋山涉水不辞辛劳派来医疗专家、带着免费药品与中藏医院于 2020 年 9 月 4 日上午 9:00-12:00 在木里县体育广场开展"医联体共携手"专家义诊活动。

图 7-3 攀枝花学院附属医院医生到木里开展专家义诊的合影

此次义诊项目分别为专家现场义诊、针灸理疗、测量血压、免费发放药品、宣传健康知识和开展健康教育等。

当天义诊患者总人数 200 余人次,测量血压 150 余人次,针灸理疗 100 余人次,发放健康宣传资料 500 余份,同时为群众免费发放了常备药品 300 余份,受到了广大人民群众的连连称赞(见图 7-4、图 7-5)。

图 7-4　攀枝花学院附属医院医生到木里开展专家义诊活动现场

图 7-5　攀枝花学院附属医院医生到木里开展专家义诊活动现场

　　上述仅是攀枝花市深入木里开展义诊的系列活动缩影，每一次义诊活动的开展，都得到了木里人民群众的高度评价。"专家们不辞辛劳，耐心诊治、细心检查、认真讲解，让我们看到了攀枝花卫生人良好的敬业精神和热情饱满的工作风貌。"当地干部群众对我市医疗卫生服务专家团队的务实之举给予了这样的好评。

四、医疗手术创新突破

十三年来，攀枝花市在援助木里医疗卫生事业上开展新技术 491 例，新业务、新项目 36 项，填补 10 余项医疗空白，使木里的老百姓在家门口就能够体验三甲医院的手术服务。

实例 17：第一例"后腹腔镜肾囊肿去顶减压术"

2012 年，攀枝花市卫生系统帮扶干部、市二医院泌尿外科专家田维云副主任医师在凉山州木里县人民医院主持完成了该院建院以来的第一例"后腹腔镜肾囊肿去顶减压术"，填补了该院腹腔镜技术在泌尿外科领域运用的空白，也标志着帮扶人才正在岗位上发挥着作用。患者吕某某，女，29 岁，彝族，家住白碉乡，因腰骶部疼痛到市二医院就诊。该院的帮扶泌尿外科专家、副院长（挂职）、卫生局副局长（挂职）田维云副主任医师接诊了该患者，仔细检查后发现其左肾囊肿。经充分术前准备，田维云副主任医师为该患者实施了后腹腔镜左肾囊肿去顶减压术，手术十分顺利。

实例 18：第一台"腹腔镜下宫外孕+输卵管结扎术"

2014 年，攀枝花市中心医院帮扶队员结合各自的学科特点和县人民医院的客观条件，开展了第一台"腹腔镜下宫外孕+输卵管结扎术"，此后又开展了多项新技术和重大手术，填补了木里医疗领域的多项空白。

在攀枝花医疗专家的努力下，木里的医疗手术事业不断传来喜讯。2020年年初，攀枝花市中心医院肝胆外科帮扶医师杨楷帮助木里县人民医院先后完成了首例腹腔镜下胆道探查取石术、首例单孔胆囊切除术、首例双孔胆囊切除术等"微创"胆囊手术。

攀枝花市中心医院已连续 9 年派出麻醉科和普外科医师赴木里县工作，支援木里县医院外科建设，重点发展外科。已帮助木里县医院成立了新生儿科、血透室、重症医学科、泌尿科，进一步提高重症患者的救治率，助力木里县医疗卫生服务水平迈上新台阶。

实例 19：首例人工肝治疗技术的运用

2022 年 6 月 24 日，攀枝花市中心医院"组团式"帮扶专家对木里县人民医院一名肝功能衰竭病人成功实施人工肝治疗，填补了木里县人民医院人工肝救治的空白。

病人因腹痛、黄疸、乏力纳差等症状，在当地治疗后病情未见好转，且出现意识障碍,辗转来到木里县人民医院,6月24日急诊收入重症医学科抢救治疗,诊断为肝功能衰竭。该病进展快,死亡风险极高,病人生命危在旦夕,刻不容缓!

救治小组讨论确定施行人工肝治疗后,6月29日人工肝治疗正式开始。陈力凭借丰富的经验和过硬的技术,进行准确的判断和及时处理,使得人工肝的治疗平稳运行。历经4个小时持续抢救,救治工作顺利完成。治疗后,救治小组严密监测患者的各项生命体征及相关治疗,经过复查,患者各项指标良好!

这又是木里县首例人工肝治疗技术,填补了该地区又一项医疗技术空白。

医者要敢于挑战、勇于创新。攀枝花市中心医院"组团式"帮扶团队进驻木里县人民医院后,积极开展新技术、新项目,人工肝治疗技术在木里县医院的开展,进一步提高了危重症的医疗救治水平,使得木里县患者在家门口就能享受优质医疗资源服务。

此外,攀枝花市中心医院专家还为木里的重度骨关节病患者实施双侧髋关节置换手术治疗。当时,木里县属于国家级贫困县,当地罹患膝关节骨关节炎、股骨头坏死的患者很多,其中大多数都需要施行人工关节置换手术,但因为当地缺少相应的医疗技术保障,且受限于外出看病不便及费用昂贵等因素,很多患者只能长期忍受关节疼痛、无法行走的病痛折磨。

实例20:实施双侧髋关节置换手术治疗

2020年11月6日-11月8日,经过攀枝花市中心医院和木里县人民医院的精心筹备,攀枝花市中心医院副院长兰玉平带领由麻醉科副主任张帮健、骨科主治医师王洪平、手术室骨科护理组长章凡等组成的手术团队赴木里县医院开展髋关节置换手术,助力木里医院骨科重点学科建设。这是继兰玉平副院长2019年首次到木里县医院开展膝关节置换术后,再次免费为当地的重度骨关节病患者实施双侧髋关节置换手术治疗。

攀枝花市中心医院在之前的巡回义诊中发现有来自央沟村、日布佐村、立碧村的3名70岁以上的贫困户,因为长期的病痛折磨严重影响了生活质量。攀枝花市中心医院手术团队经过充分的术前评估和准备后,为这3名老年患者成功实施了双侧髋关节置换手术,术中采用控制性降压、氨甲环酸等技术和药物后,使得3名双侧髋关节置换的患者术中出血量均控制在250ml以内,无需输血,这既帮助他们摆脱了疾病的困扰,又帮助他们减少了费用支出,尽可能快速的恢复正常生活。

"创新不止,勇敢如初"。在攀枝花的帮扶下,木里还新建了"微创中心""重症监护""急诊科"等4个科室,提升了医疗基础,助力木里医疗条件、医疗水平实现质的提升。

五、合作交流成效明显

攀枝花市中心医院医疗集团木里医院挂牌成立,帮助县医院、县中藏医院成功创建二甲医院,推行三维立体"托管"新模式,利用"互联网+医疗"技术,开展远程心电、影像会诊、手术指导,与木里县签订卫生系统对口帮扶协议。2014年6月5日晚,攀枝花市卫生系统与凉山彝族自治州木里藏族自治县卫生系统在木里县卫生局签订了对口援助协议。根据协议,攀枝花市卫生系统和木里县卫生系统将建立全方位、多层次的长期援助合作机制,援助重点包括技术指导、人员培训、相关技术传帮带以及适当的设备、经费支持等。2015年,为不断提升木里的妇幼保健水平,攀枝花市卫计委指派市妇幼保健院医技人员赴木里开展专题调研,制定了《攀枝花市卫计委对口支援木里县妇幼保健站学科建设项目实施方案》,指导木里县妇幼保健站改造业务用房,帮助建立适合其实际情况的业务流程、管理制度和岗位职责以及现代信息化管理系统等,帮助制定绩效分配办法,建立有效的激励机制。整合攀枝花市二级以上医疗机构资源,轮流选派妇产科、儿科医师支援木里县妇幼保健站。同时,接收该县妇幼保健站选派的医技人员到我市二级以上医疗保健机构进修学习……

十三年来,为了让木里百姓在家门口就能享受攀枝花三甲医院的服务,攀枝花市通过参与管理、技术支持、全面帮扶的"三维立体"支援方式,不断将管理、技术力量渗透延伸到受援医疗卫生机构。市三甲医院与木里县医疗机构签订联盟协议,构建"攀木协同、县乡一体"的医疗体系,把攀枝花的管理模式向木里延伸,提升了木里医疗机构管理水平,提高了木里医疗服务网络水平。推进"医联体""医共体"建设,帮助木里县医疗卫生机构建立和完善管理制度、质量体系,指导建立三级查房制度,开展诊疗技术培训,规范病历书写等,推动木里县医疗卫生水平跃上新台阶。

特别是攀枝花市大型医疗机构与木里县医疗机构签订联盟协议,进一步推动"医联体""医共体"建设,开展"组团式"帮扶。其中,攀枝花市中心医院医疗集团木里医院挂牌成立，帮助木里县人民医院建立了普外科、泌尿外科、神经科、骨科、消化内科、心内科、呼吸科、儿科等专科联盟，并建立转诊"绿色通道"，逐步实现联盟内医疗资源共享，优势互补。同时，引进先进设备，利用"互联网+医疗"技术，开展远程心电、影像会诊、手术指导等，让木里群众在家门口就能享受三甲医院的服务。在此过程中，推行"参与管理、技术支持、全面帮扶"的三维立体"托管"新模式。较2010年，木里县危重病人抢救成功率提高76%，孕产妇死亡率降低69%，婴儿死亡率降低36%，门急诊人次提高108%，住院人次提高97%，病床使用率提高90%。

此外，攀枝花市中西医结合医院与木里县中藏医院建立了紧密的结对帮扶关系。通过对口帮扶工作，攀木两地在医疗卫生健康领域建立了亲密关系。受此影响，攀枝花市的优质医疗服务吸引了木里群众看病就医到攀枝花、医务人员进修学习到攀枝花，带动了木里县就医群众在我市住宿、餐饮等消费，有效促进了第三产业发展。

"不忘初心，方得始终"。对口支援木里县医院，不断促进他们的服务能力和业务水平，这是攀枝花市中心医院多年来的坚守。2018年5月11日，木里县政府与攀枝花市中心医院签署了委托管理木里县医院的协议，并于5月31日正式授牌（见图7-6、图7-7），这标志着攀木两地医疗合作迈上了新台阶。

图7-6 攀枝花市中心医院托管木里县医院授牌仪式合影

图 7-7　攀枝花市中心医院托管木里县医院授牌仪式现场

"合作没有止境"。2020 年，攀枝花市中心医院和木里县人民医院又成功签约紧密型医联体托管协议，促进了木里县人民医院医疗技术和管理水平的整体提高，为当地群众提供满意、便捷、优质的医疗服务，缓解县域内群众"看病贵、看病难"问题。

攀枝花市中心医院和木里县人民医院的进一步合作，得益于《中共四川省委组织部、四川省卫生健康委员会关于印发〈2020 年深度贫困县紧密型医联体人才队伍建设实施方案〉的通知》文件的出台。为了落实好文件精神，把好事做好、把好事做实，经支受双方医院领导充分协商，就医院科室管理、学科建设、人才梯队培养、医疗安全、业务拓展、重点专科建设、"传帮带"、信息化建设等紧密型医联体管理的目标，双方的权利、义务，托管期限等方面达成一致意见，并报经上级主管部门、政府同意。

2020 年 11 月 8 日上午 9 时，攀枝花市中心医院托管木里县人民医院紧密型医联体签约仪式在木里县人民医院住院综合楼会议中心举行，攀枝花市中心医院副院长兰玉平、木里县人民政府副县长阿央青代表支受双方进行了紧密型医联体托管协议签字仪式，攀枝花市中心医院全体帮扶队员、县医院领导班子全体成员及职能科室负责人参加了签约仪式（见图 7-8）。

图 7-8　攀枝花中心医院"组团式"帮扶木里县人民医院对接会与签约仪式现场

　　脱贫攻坚战谢幕之后，乡村振兴大幕徐徐拉起。为切实提高国家、省乡村振兴重点帮扶县医疗卫生事业发展水平，根据《四川省"组团式"帮扶国家乡村振兴重点帮扶县人民医院工作方案〉的通知》（组通字〔2022〕15号）等有关文件要求，不断促进优质医疗资源扩容和区域均衡发展，推进县级医院综合能力提升。2022 年 6 月 9 日，攀枝花中心医院"组团式"帮扶木里县人民医院对接会在县医院八会议室举行（见图 7-9）。参加会议的有攀枝花中心医院业务副院长兰玉平，派驻木里县人民医院医疗队队长常务副院长陈力，攀枝花中心医院药科科主管药师杨淇茗、儿科主治医师杨荣平、麻醉科主治医师刘斌、护理部主管护师袁虹，检验科主管检验技师郭卫华，木里县委常委、县统战部部长、工会主席甲央其扎，木里县目标绩效管理办公室主任、县卫健局副局长（主持工作）李旭瑾，木里县委组织部张旭，木里县人民医院院领导班子及相关科室中层干部参加。

图7-9　攀枝花市中心医院"组团式"帮扶木里县人民医院签约仪式现场

六、疫情防控精准有效

2020年阳春三月，春回大地，播种希望。面对疫情防控和脱贫攻坚的双重压力，攀枝花综合帮扶工作队积极投身凉山州木里县抗疫、脱贫工作，毅然冲在第一线，坚守初心使命，勇于实干担当，努力打赢疫情防控这场没有硝烟的"阻击战"和脱贫"总攻战"，续写攀木一家亲新篇章。

新型冠状病毒感染疫情期间，攀枝花市帮扶干部在木里县主动放弃休假，积极参与疫情防控工作，用实际行动护一方群众，守一方平安，在县域各地，为群众撑起疫情防控的"平安伞"。

在列瓦镇的9个村庄，攀枝花市第六批对口帮扶工作组领队高升洪带领李正国、马权等爱藏干部先后深入各村，实地考察镇、村两级疫情防控网格化管理机制，部署各村精干力量组成工作专班开展防疫工作，督促包村干部对返乡人员进行入户排查，确保疫情防控的各项措施落到实处。

在卫生健康系统，攀枝花市第六批对口帮扶工作组队员、挂职县卫健局副局长刘亮显第一时间召开会议，落实各项防疫举措，密切关注返木里人员，增加发热门诊和感染病房的设备配备和人员排班，加强对医护人员和疾控人员的新冠疫情防控知识培训。作为县疾控中心副主任，刘则慧主动加入新冠病毒检测和疫情监控工作中。在医院，同样的事情也在发生，休假中的帮扶医生王帆帆、何元虎主动加入发热门诊值班，在坚守原岗位，开展十余台手术的同时，他们还参与了核酸检测、疾病宣传和义诊等活动。

此外，帮扶教师周均、陈云波、王世俊、莫超保持"缺氧不缺精神"的帮扶干劲，积极投入抗疫工作中。通过起草发布《中小学预防新型冠状病毒市淡吉家长书》《木里县中学疫情防控温要提示》、开通网络讲座和在无网络区域联合村干部进行入户的方式，确保不漏一个学生，指导大家科学应对疫情。在重点场所，挂职县商务局副局长的刘阳带领工作人员开展疫情防控检查，对全县30余个重点场所进行全面检查。不仅如此，11名挂职多镇的党委副书记还按照"宣传到位、排查到位、扫码到位"的要求，对包保村和分管领域进行全面排查，并协助乡镇卫生院对木里县大数据电话号码进行联系核实近万人……在这场"战役"中，没有旁观者，没有局外人，我市的帮扶干部在木里县疫情防控中主动担当、积极作为，开展疫情防控工作的同时，他们还积极为木里县筹集防疫物资。

自2010年攀枝花市对口帮扶木里县以来，结合木里医疗卫生事业急需，攀枝花市对木里医疗卫生援助上投入了大量的人力、物力和财力，140余名帮扶医务人员更是用自己的实际行动，克服重重困难和自然地理不利条件，为木里医疗卫生事业的发展做出了积极贡献。

攀枝花市通过脱贫攻坚综合帮扶、对口支援"传帮带""组团式"帮扶、选派帮扶干部人才、医疗卫生人才培养、攀枝花本地知名医疗机构派出专业科室重点帮扶等项目，一任接着一任干，全力培育重点医学学科，不断完善"传帮带"人才培养机制，为木里培养了一支带不走的队伍、留下了一批带不走的技术。

同时，在建立医院联盟、专科联盟和转诊"绿色通道"，推进"医联体""医共体"建设，开展远程诊疗服务、推广应用新技术、开展新业务新项目、医疗卫生人才培养、重点专科建设等方面取得显著成效，多项技术和医疗服务填补了木里医疗领域的空白，助力木里医疗条件、医疗水平实现质的提升。此外，木里县各级医疗机构标准化建设、规范化建设、队伍建设、医疗救治能力和服务水平等方面都有了质的飞跃，木里群众的基本医疗和健康有了保障。截至2022年年底，全县共有医疗卫生机构174家，实现乡乡有卫生院、村村有卫生室、牧场寺庙有医务室。重大传染病防治、卫生执法、住院分娩和母婴安全等工作成效明显。县人民医院被评定为"二级甲等综合医院"，县中藏医院被评定为"二级甲等民族医院"，县妇计中心被评定为"二级乙等妇幼保健院"。

当然，木里医疗卫生事业也还存在一些短板，例如，还需要因地制宜进一步调整乡镇卫生院设置；还需新建一批村卫生室，并对基础条件薄弱的乡镇卫生院和村卫生室进行改造；还需要进一步支持木里县医疗卫生机构提档升级，进一步强化硬件设施建设和医疗卫生设备配置，不断推进木里县人民医院、中藏医院等县级医疗机构能力提升等，都需要在未来的对口帮扶中进一步突破。

实践证明，经过攀枝花的对口帮扶，木里的医疗卫生事业水平有了很大的提高。我们希望"攀木"友谊长存，在未来的医疗卫生帮扶行动中，祝愿木里的医疗卫生事业取得更大进步，健康木里迈上新台阶。

第八章　基础设施建设改天换地

基础设施建设落后是木里发展的显著障碍。木里地理位置偏远，人口密度偏低，为每平方千米仅 10 人，除县城以外的大部分区域基础设施不足，即使与凉山州其他兄弟县市相比，木里县在道路建设、电力供应、移动通信等方面，也存在不少短板。与一般深度贫困地区不同，木里人工成本和建材成本呈现"双高"，增加了脱贫攻坚中基础设施的资金投入标准。当地一个泥瓦匠日平均工资在 150 至 200 元之间，加之辖区面积辽阔和交通运输不便，建材、水泥等物资二次运输成本高昂，据了解木里农村住房造价平均每平方米达到 2 100 元，比凉山州首府西昌市的单价都要高出近 900 元。在现行统一标准下，农户自我负担部分较高，经济承受能力不足，建设新房和改造维修的主观动力不足。

木里全域面积 13 252 平方千米，距离县城达 250 千米以上的乡就有 5 个，人背马驮的交通困境还未完全打破。比如最远的龚尼自然点，从甘孜州雅江县方向出发，需要行车近 1 000 多千米、再徒步 2 天才能到达；如果从博窝乡政府方向出发，也需要行车 1 天、再徒步 3 天才能到达，在这里进行基础设施建设的难度可想而知。由于地质复杂、森林密布、人口居住分散，集中修建通组通达路和垃圾污水处理设施成本高，建设的人口覆盖率和受益率不高，深居高山、峡谷、森林的群众出行仍然困难。此外，受生态保护的严格要求，林地占用报批手续审批存在难度，也影响了基础设施建设的进度。

木里的基础设施受制于历史发展、地域特征和经济发展水平等综合因素，长期以来都处于低质量、低安全度，缺少功能规划和体系化建设的状态。但基础设施建设是当地群众生产生活的基础，是关系到群众幸福感和地方经济发展的前提和保障，也是其他援建项目得以顺利开展的有力支持。

攀枝花从 2010 年成立帮扶工作组以来，在教育保障、医疗保障、产业发展、就业帮扶、干部人才帮扶、社会力量帮扶、基础设施建设等领域中对木里投入了大量帮扶援建资金，先后有六批援建小组进驻当地，帮助木里走上脱贫致富的道路。其中在基础设施援建部分，攀枝花直接援建资金投入达到 7 407.5 万元，援建项目从交通道路到各种校舍、楼堂馆所建设，再到文旅项目基础设施、农业灌溉等，搭建了一个由点及面、立体纵深的基础设施硬件援建网络，同时立足长远，援建下沉到最基层、最贴近当地群众工作、生活、发展的方方面面，给木里当地人民群众的生活带来了实质性的改善和提升。

2010 年，攀枝花帮扶工作组奔赴凉山州木里藏族自治县，由此正式拉开攀枝花对口支援木里县的大幕。

截至 2022 年，攀枝花先后共选派到木里县服务期两年以上的干部人才 331 人，其中共选派六批次帮扶干部 203 人、挂任深度贫困乡镇党委副书记 9 人、驻村工作队队员 30 人、综合帮扶工作队队员 89 人。除木里县外，还另外选派了 24 名综合帮扶工作队队员到凉山州 9 个贫困县开展脱贫帮扶工作，积极确保帮扶资金落实到位，每年严格按照上年地方公共财政预算收入 0.5% 的标准，确保帮扶资金落实到位，并及时足额兑现安排帮扶资金 3.74 亿元，实施帮扶项目 207 个，围绕教育、医疗、产业、民生展开援建帮扶，让木里藏乡基础设施日益完善，农业产业逐渐壮大，人民群众的生活发生了实质性变化。

在此期间，实施改善民生的基础建设项目包括：实施住房改造项目，累计完成农户住房建设 1 850 户，投入资金 4 000 万元；实施基础设施建设项目，完成通乡油路 30 千米、通村公路 31.4 千米、入户硬化路 21.1 千米，累计投入资金 3 149 万元；通过实施供水管网改造和第二水厂建设，建成两座 24 小时全天候供水厂；建设水窖、蓄水池 288 口，完成供水管网引水提升工程 35.2 千米，累计投入资金 1 470 万元。

一、推进实施以"新农村建设"为主体目标的民生工程

为彻底改善木里县贫困村群众的住房环境，提高他们的生活质量，从 2012 年开始，攀枝花市实施对口帮扶木里县农户住房安全保障工程，开展了"新农村建设""幸福美丽新村"建设项目，累计投入 4 000 万元，改造农户住房 1 850 户。

在推进幸福美丽新村聚居点建设的工作中，重点指导木里县突出绿色、环保和历史文化特色的传承，坚持把扶贫解困作为幸福美丽新村建设的首要任务。规划期间，瞄准重点帮扶贫困村列瓦乡列瓦村、芽祖乡周家坪村的贫

困人口，帮扶木里县通过幸福美丽新村建设、基础设施建设、教育培训、产业扶持等项目的实施，促使列瓦村、周家坪村有村集体经济收入，有安全住房，有村小学，有卫生室、文化室，有民俗文化活动场所，有广播电视，有通村硬化路、有安全饮用水，有生活用电，实现基本公共服务均等化、社会保障全覆盖。让群众住上好房子、过上好日子、养成好习惯，让新村形成好风气。

同时，积极改善村民生活环境，做好垃圾分类和污水集中处理，协调攀枝花市水务集团对木里县的县城垃圾处理站、农村污水处理厂等提供技术支持和指导，建设木里县有关乡（镇）自来水厂。现在，木里县大多数乡（镇）已达到城乡供排水和垃圾处理规范，各村寨环境干净整洁，村民生活更加丰富多彩，生活质量越来越高。

"自 2010 年以来，攀枝花市的无私援助，使木里县发生了翻天覆地的变化。10 年间，攀枝花市先后在木里县投资 2.21 亿元，援建了 107 个项目，为木里县打赢脱贫攻坚战打下了良好的基础。"木里县原县委副书记、县长伍松说。

2013 年和 2014 年连续两年突出"改善民生"主题，实施民生项目 10 个，占对口帮扶项目总数的 44%，木里县涉藏地区新村建设项目，投入资金 1 500 万元，援建瓦厂镇桃坝村、夺卡村等 13 个村开展新农村建设，木里县新农村建设工作取得长足进步。全县共有 11 个村的基础设施建设得到恢复和重建，有 1 442 户农户搬进了新居。村容村貌焕然一新，新村发展欣欣向荣。

2017 年，攀枝花市对口援建凉山州木里藏族自治县农房 335 户，由攀枝花市委农工委牵头协助木里县推进建设。为加快项目建设进度，提升项目建设质量，2017 年 9 月 13 日至 15 日，攀枝花市委农工委负责同志率队，深入木里县列瓦乡列瓦村、芽祖乡周家坪村，专项督导涉藏地区新村项目。同时参加的还有攀枝花市第四批帮扶工作组、木里县委农办、县委统战部、县政府办、县帮扶办等单位和部分项目乡镇陪同督导。

督导组对已建成的藏民新居的建筑面积、建筑材料、功能布局、安全标准、资金来源、项目监管等情况现场进行了抽查评估，检查了未完工农房的施工安全措施落实情况和施工进度安排情况，询问了建卡贫困户的建房资金筹备和实际投入情况，向项目乡镇及建卡贫困户了解了农房建设中存在的困难。图 8-1 为督导现场。

图 8-1　督导现场

　　木里县委农办介绍了农房建设的整体推进情况，汇报了农房建设推进机制及其运行效果。今年以来，木里县的农房建设推进机制是：县委农办统筹抓总，项目资金拨付到乡镇统管，乡镇具体抓项目落实，县级技术部门免费提供设计和技术指导，建卡贫困户自行施工（不具备施工条件的由乡、村、社三级帮助施工），乡镇按照验收标准组织项目初验收，县级相关部门进行复核验收，施工开始后拨付一半项目资金、验收合格后再兑现一半项目资金。

　　督导组肯定了 2017 年以来木里县新村建设所取得的成效，鼓励建卡贫困户立足自身优势和投入能力，珍惜各方面的帮扶机遇，想方设法解决资金、劳力、技术、材料、安全等问题。督导组建议木里县委农办、项目乡镇继续强化对建卡贫困户的农房建设跟踪服务，指导农户合理安排施工进度，统筹兼顾好提高建设进度、确保建设质量、保证安全生产这三者的关系；及时向群众公告公示援建项目资金的使用情况，确保援建项目资金的使用公开透明，发挥助推脱贫的示范带动作用；要依据《攀枝花市对口帮扶木里县规划（2017—2021）》，提前谋划好 2018 年的农房建设项目。

　　截至 2017 年 9 月 15 日，攀枝花市已拨付木里县 2017 年年度农房建设帮扶资金 670 万元。335 户农房已全部完成主体施工，其中农房全部完工并配备了"六件套"（储物柜、碗柜、衣柜、桌椅、太阳能热水器、电视机）的有 178 户，11 月上旬全部完成年度建设任务。

　　攀枝花援建木里县民生工程在解决群众"居住难"方面，截至 2019 年，累计投入 4 000 万元，改造农户住房 1 850 户。

为彻底改善木里贫困村群众的住房条件，提高生活质量，从 2012 年开始，攀枝花市实施对口帮扶木里县农户住房安全保障工程，开展"新农村建设""幸福美丽新村"项目，累计投入 4 000 万元，改造农户住房 1 850 户。

木里县列瓦乡列瓦村 45 岁的沈长寿家，以前一家六口一直住在几间低矮破旧的土坯房里，居住条件十分恶劣。受益于"幸福美丽新村"项目，2017 年，沈长寿对房屋进行了彻底改造。如今，新居庭院宽敞，小花园温馨别致，屋内整洁明亮，厨房设施完备，还配备了独立的卫生间和洗澡间。

实例 21：新村建设，村民新房喜开农家乐

21 岁的央章祝玛是攀枝花对口援建木里县的受益者。2012 年，她作为一名"9+3"学生，从攀枝花市经贸旅游学校毕业，先去北京做了一段时间的厨师，后来回到乡上，当起了村官，建设家乡。而她家也刚建起了新房。央章祝玛说，新房一共花了 30 多万元，其中，攀枝花对口援建，每户补贴了 5 万。新家（见图 8-2）是典型的藏式两层民居，楼上有宽敞的阳台，楼下种花种草。

图 8-2　央章祝玛新盖的二层小楼

看着不远处横穿而过的泸亚公路，央章祝玛有了新的计划："等公路修通了，游客会越来越多，我准备把新房开成农家乐，现在房间都装修好了。"

攀枝花援建干部、挂职木里县农牧局副局长的张江平介绍说，攀枝花援

建的木里县新农村建设项目，包括在瓦厂镇、博科、固增等乡镇投资了1 500万元，援建桃坝村、夺卡村等10个村。目前，10个村进行了村级活动室、电路改造等基础设施建设，近600户农户通过民居改造搬进了新居，村容村貌焕然一新。此外，攀枝花还采取"项目+技术"的方式，因地制宜帮助木里县涉藏地区，推进特色种养殖、生态旅游等优势产业发展规划。

二、针对重要综合保障性公共基础设施的建设

（一）木里县水厂改造及管网建设项目

2012年，木里县发生特大山洪泥石流灾害，全县仅有的一座自来水厂在灾害中严重受损，全城供水一度陷入困难。攀枝花市立即投入援建资金600万元，组织应急抢险队，在最短的时间内修复了水厂。此后，攀枝花市帮扶工作领导小组决定：启动木里县城市供水改扩建及管网改造建设项目。在木里县新建第二供水厂的过程中，攀枝花市还给予了200万元资金支持，以及技术上的指导。攀枝花紧盯木里群众最迫切、最根本的生产生活需要发力——解决用水难，累计投入1 470万元，援建水窖、蓄水池288口，援建供水引水管网35.2千米。2014年5月，由攀枝花支援800万元建设的县第二水厂投用，实现县城24小时全天候供水。目前两个水厂的供水量完全解决了县城及周边4万人用水难的问题。图8-3为攀枝花援建木里水厂。

图8-3　攀枝花援建木里水厂

实例22：攀枝花帮扶木里县：九年"水援"不断，高原涉藏地区"解渴"

对口帮扶涉藏地区工作是脱贫攻坚工作的重要一环。从2012年起，四川省选派骨干人员深入贫困地区，开展对口帮扶工作。2016年，省内对口帮扶由"7+20"扩展为"9+32"。全省已有5 800余人先后奔赴涉藏地区，帮扶人员覆盖所有涉藏地区区县。

2019年，省内启动第五批次对口支援涉藏地区工作，"点对点""面对面"的全域结对帮扶工作即将展开。四川日报联合有关部门，推出大型新闻采访报道"2019援藏纪行·决胜脱贫攻坚"，深入受援涉藏地区，记录新时代推动涉藏地区发展的动人故事。

2019年5月20日上午，木里县城餐饮店老板央章次尔忙着清洗新鲜野菜，准备招待宾客。自来水从水龙头源源不断地流出，但他还是准备了多个清洗盆，先初洗、后精洗，为的是节约用水。"自从第二供水厂建成后，家里煮饭再没缺过水，而且很充足。"5月27日12时许，到了做午饭时间，家住四川省凉山州木里藏族自治县城区的阿玛次仁拧开厨房水龙头，清水涌出。阿玛次仁口中的第二供水厂，是攀枝花援建的木里县城首个全天候供水厂。

"富时莫忘穷时苦，过去木里用水那叫一个心酸。"央章次尔感慨地说，直到2014年5月，木里县第二供水厂建成，县城居民才算是真正用上了放心水、幸福水。2012年以来，攀枝花先后投资援助木里县建设自来水厂、蓄水池、小水窖，改建供水管网、建设灌溉用水工程等，有效解决了涉藏地区群众的生产生活用水。央章次尔所说的木里县第二供水厂，正是攀枝花援建木里县的首个自动化供水厂。水厂投用后，困扰县城3万多居民多年的用水难题成为历史。

木里县平均海拔3 100米，虽然雅砻江、木里河、水洛河纵贯全境，但因处干热河谷，地广人稀，每年3~6月进入旱季，居民用水不充足。9年来，对口帮扶木里的攀枝花，围绕当地群众用水需求做好"水文章"，不仅解决了县城居民常常喊"渴"的难题，而且持续解决当地农业用水问题。

自动化处理10分钟出清水。从县城中心驱车，10多分钟后来到位于乔瓦镇娃日瓦村上桃湾组的第二供水厂。供水厂占地约12亩，厂区内花木葱茏，一栋栋类似居住楼房的建筑，实则在里面修建了三类主要设施：两个过滤池、两个沉淀池、两个清水池。

在2号沉淀池下，屋前屋后分别排列着8只消防栓形状的排泥阀。沿一架灰色钢梯，登上2号沉淀池屋顶，便看到沉淀池由8口直径1米多的"小井"组成，每口井的水位不同，从鲁珠沟取回来的水，依次从高水位井流入低水位井，最终汇入一个大池子里。这是水处理的一个环节——回流沉淀。

大池子旁边有两个布满管道的斜底池子，从上往下看，呈现出"水往高处流"的有趣现象。供水厂办公室主任杨文杰介绍，这是另一个处理环节——斜管沉淀。"经过大约10分钟处理，取回来的水就变成清水了。"该供水厂购置并采用了先进设备，整个处理过程实现了自动化、智能化。"经过过滤、沉淀、消毒三个关键处理环节后，水质已经很好了，直接喝都没问题。"

在该供水厂综合楼控制室的大屏幕上，实时显示各关键设备运行数据。工作人员坐在电脑旁轻点鼠标，即可控制阀门开关，管理供水厂一般只需1人值班监控。

据介绍，以前木里县城仅有第一供水厂，取水点在约12千米外的鲁珠沟。随着经济社会不断发展，木里县城人口增多，县城居民日生活用水量由3 000吨升至5 000吨左右。而第一供水厂日供水量只有3 000吨，只能分片区、分时段供水。一位居民回忆，一盆水早上洗脸、中午洗手、晚上洗脚是常事，为了煮饭，常常要提前准备一桶水。攀枝花帮扶干部与木里县委县政府一道，共同谋划建设的第二供水厂提升了县城供水能力。

水的故事一直在延续。攀枝花帮扶木里，重点围绕当地群众用水需求做好"水文章"。2012年7月12日，木里县发生特大山洪泥石流灾害，第一供水厂的取水口、运水管网、处理设施设备等全被毁坏，全城断电、停水。由攀枝花市委主要领导带队的攀枝花帮扶工作组，带着捐赠涉藏地区的4台挖掘机、2台装载机抵达县城，进行抢险救灾，并迅速制定木里县恢复供水设施及源水管道应急抢险方案，短短3天时间实现县城分时分段供水。

第二供水厂项目开建，攀枝花援助了800万元，并承担规划、选址、设计、施工、监理等重点任务。2014年5月，木里县第二供水厂投用。这是木里县城首个24小时全天候供水的水厂，日供水量最高可达7 000吨，能完全满足县城3万多居民生活用水需求。杨文杰说，不但水量更充足，水质也更好。为保护好水源，当地在两个供水厂的取水口打造了生态保护区。

"第二供水厂只是攀枝花援建木里，做好众多'水文章'中的一篇。"攀枝花市帮扶干部、木里县副县长朱明高介绍，自2010年以来，攀枝花市还投资援助木里县建成水窖、蓄水池近300口；改建供水管网30多千米。今年，攀枝花计划投资189万元，帮助木里县建设生产灌溉用水工程7千米、实施修复水毁村道项目1个。

（二）木里县乡村道路、沟渠建设

2016 年 10 月 22 日至 10 月 25 日，攀枝花市发改委与攀枝花学院组成的对口帮扶木里县规划编制工作组一行 6 人，专题赴木里县开展新一轮对口帮扶涉藏地区规划编制对接工作。

工作组实地查看了木里县基层就业和社会保障服务设施、县粮食储备库、城关小学运动场等拟纳入新一轮对口帮扶规划的部分项目。特别是对攀枝花市计划重点帮扶的 2 个贫困村（列瓦乡列瓦村、芽祖乡周家坪村）的住房安全、产业发展、通村公路、农村饮水及村卫生室建设等脱贫项目情况，工作组与县、乡、村三级干部进行了深入讨论，力争通过我市的对口帮扶和当地干部群众的共同努力，尽快改善两个村的生产生活条件，实现脱贫攻坚目标。

在实地了解项目情况的基础上，工作组与木里县相关部门召开了规划编制对接工作座谈会。会上，围绕省上确定的"两不愁、三保障"和"四个好"目标，对新一轮对口帮扶规划的工作目标、重点任务、帮扶资金安排、帮扶具体项目等内容进行了深入交流沟通，并对规划文本和规划项目达成了一致意见。下一步，规划编制单位将按相关部门反馈的建议意见，对规划文本进一步修改完善，提交援受双方帮扶领导小组审查后，上报省委涉藏地区办。

2016 年 12 月 3 日，攀枝花市第四批帮扶干部利用周末休息时间，深入项脚乡羊窝子村督导通村硬化路建设（见图 8-4、图 8-5）。

图 8-4　帮扶干部督导通村硬化路现场（一）

图 8-5　帮扶干部督导通村硬化路现场（二）

羊窝子村通村公路是连接项脚乡和白碉乡的重要通道，按照通乡油路标准建设，全长 14.8 千米，路基宽度 5 米，路面宽度 4.5 米。按照脱贫攻坚工作要求，必须于 2016 年 12 月 31 日前完成建设任务。检查组一行来到通村硬化路施工现场，仔细查看路肩、排水沟、桥涵及水稳层的工程质量和施工进展情况，了解沙石、水泥等工程材料的备料情况，并听取了施工项目负责人对工程进度、工程质量管控和安全生产等方面的情况汇报，工程最终在年底顺利完成。

截至 2019 年年底，攀枝花援建小组实实在在地解决了木里县群众出行难的问题，累计投入 3 149 万元，援建通乡油路 30 千米，通村公路 31.4 千米，硬化入户道路 21.1 千米。

在 2020 年，在攀枝花援建木里的"安居工程"中居住条件得到极大改善的沈长寿一家所在的列瓦村，一条通村水泥路联通了包括沈长寿家在内的所有农户新家。这条全长 5.49 千米的"连心路"总投资 300 多万元，其中攀枝花援助 180 万元，于 2017 年完成硬化改造，彻底解决了全村 300 多人的出行难问题。道路基础设施的不断完善，让地处高山峡谷中的木里变得四通八达，村民出行更加方便快捷。据统计，攀枝花累计对口帮扶交通基础设施建设资金 3 194 万元，一条条公路在崇山峻岭间不断延伸，引领着木里人民走上了脱贫奔康的致富路、幸福路。

实例23：对口帮扶在路上
——攀枝花对口帮扶工作队为木里百姓修筑暖心路

"千盼万盼，通组回家路终于要修好了，以后孩子们的上学路，好走了！"2022年3月22日，凉山彝族自治州木里藏族自治县白碉苗族乡白碉村烂房子组机声隆隆，安装了破碎锤的挖掘机正有条不紊地进行施工作业。这条被村民称为"幸福回家路"的通组土坯路的修建工程（见图8-6），让村民们露出笑容。

图8-6　白碉乡白碉村烂房子组通组路修建现场

白碉村烂房子组，背靠陡峭山脉面临雅砻江，全村有35户148人，其中学生32人，60岁以上老人16人。受制于特殊的地理条件，当地村民的出入和农产品输出，只能靠一条紧挨悬崖的崎岖山路，物资运送全靠人背马驮。

2021年5月，攀枝花选派至白碉乡挂职的第六批对口帮扶干部邓海华，在了解到当地这一民生难题后，多次邀请攀枝花市帮扶工作组、木里县交通局和木里县发改经信局等相关部门实地走访，了解道路现状，入户听取周边村民心声。

在有关部门的大力支持下，邓海华争取到310万元的涉农整合资金。"这些钱用于修建一条长约6千米，宽3.5米的通组路，随着工程的逐步实施，当地村民出行条件能够得到改善，也消除当地村民的'心头病'。"邓海华说。

听说要修路，村民们都乐了。"凡是因修路占用自家土地的农户，都乐意无偿让出，支持道路建设毫无怨言。"村民们让邓海华更坚定了要把路修好的决心。

攀枝花市第六批对口帮扶工作队领队、木里县委常委、副县长高升洪表示，通组毛路修通后，将继续投入帮扶资金添加农业产业灌溉设施设备，并大力实施亮化工程，让这条道路为农业产业发展带来更强的技术、更广阔的市场，推进乡村振兴发展。

三、功能型基础设施改造及建设

2015年，攀枝花市持续对口支援木里藏族自治县，致力于"发展、民生、稳定"三件大事，全面完成2015年年度帮扶项目建设目标任务，累计完成投资6 200万元，木里县教育卫生事业、基层政权建设、交通基础设施、产业优化升级得到有效发展，强力助推涉藏地区长治久安和经济社会发展。

在攀枝花市2015年年度对口支援木里藏族自治县项目完工清单上，援助木里县共有8个项目，其中改善和保障民生工程达4个：宁朗乡中心校建设项目、殡仪馆配套设施建设项目、中藏医院设备采购项目及城区有线电视数字化改造项目。

2017年7月3日至5日，攀枝花市第四批对口帮扶工作组领队、县委常委、副县长周兴，组织县发改经信局、县财政局、县交通局、县帮扶办等15个县级部门以及部分项目乡镇和攀枝花帮扶工作组成员，组成调研督促小组，对2016—2017年的攀枝花市对口帮扶项目，进行专项调研督促，并为推进项目建设问诊把脉、出谋划策。

调研督促小组采取现场查看施工进度、听取项目牵头单位汇报、询问项目施工方意见、集中座谈交流研究等方式，对沙湾乡小学老师周转房、打卡村扎言组饮水提升工程、食用菌推广种植、县城关二小、茶布朗小学老师周转房、列瓦村农房、列瓦村通村路硬化和入户路硬化、列瓦村卫生室、列瓦村饮水提升工程、周家坪村农房、周家坪村卫生室等28个对口帮扶项目（2017年年度20个项目、2016年年度8个项目）进行了调研督促。会后，帮扶小组成员会同县委领导及相关责任人员，对调研中涉及的项目材料、资金、进度等问题都进行逐一落实，并在当年基本完成了年度计划基建项目。

2017年8月16日，攀枝花市第四批帮扶干部带队深入锦屏库区督导水路交通环境保护相关工作（见图8-7）。

图8-7 督导组督导水路交通环境保护现场

督导组对辖区通航水域内影响水域环境的地质灾害点、码头、渡口、船舶及船舶建造施工现场等进行逐一检查，向船舶经营人、船员及乘客宣传水域环境保护的基本知识。对锦屏库区木里县三桷垭乡水域非船体结构从事经营活动、生活污水直排江中等行为进行了严厉制止，并向当事人宣讲了环境保护、水上交通安全等相关法律条文。根据检查组要求，各沿线涉水乡镇和交通相关部门要进一步厘清水域环境保护工作责任，同时加强与水务、环保等部门沟通协作；沿线涉水乡镇、海事管理机构要对码头、渡口环境卫生整治、船舶生活垃圾和污水收集等工作存在的问题解决到位。

2019年攀枝花市共安排对口帮扶木里资金3 080万元，实施教育保障、医疗保障、产业发展、就业帮扶、干部人才帮扶、社会力量帮扶、基础设施建设等八大类39个项目。据2019年6月取得的数据，已启动项目38个，项目启动率97.4%。其中，下麦地乡卫生院、列瓦乡碾水村村部附属设施等7个项目顺利完工；木里县中学高中部基础设施及初中部运动场建设项目主体基本完成。这一年，一座自动化水厂，为县城3万多居民解渴；一栋中学宿舍楼，容身1 500名学子；一家设施完备的医院，给群众带来看病新体验……在木里藏族自治县，这些建筑物都有一个共同的标签——"攀枝花援建"。

2022年8月19日，根据攀枝花市委宣传部发布的信息，截至目前，攀枝花市已实施对口支援凉山州木里藏族自治县帮扶项目22个，完成投资约

8 500 万元，其中涉及民生及社会事业的项目 16 个，占帮扶总项目数四成以上。

据了解，攀枝花拟定帮扶项目共 37 个，其中，民生类项目投资估算额为 1.009 亿元，攀枝花市对口支援资金 5 160 万元，占资金总额的 51.14%。16 个民生社会事业项目涉及教育、文化、卫生、新村建设、民政、政法 6 个方面，其他帮扶项目还包括基础设施项目 6 个、产业发展项目 12 个、其他项目 3 个。

目前，木里县中学、木里县幼儿园、城市供水改扩建及管网改造、"大调解"工作信息平台等 8 个项目已完工；木里县人民医院、中藏医院 2 个项目基本完工；木里县通乡油路、中草药材基地、特色藏鸡藏猪养殖基地、涉藏地区新村建设等 12 个项目正加紧推进。

实例 24：攀枝花爱心"点亮"木里乡村

2022 年 9 月 12 日，夜幕刚刚降临，凉山州木里县列瓦镇列瓦村盖地组的彝族文化广场上，路灯依次亮起，吃过晚饭的村民陆续走出家门，到广场上散步、跳舞（见图 8-8）。"现在路灯装好了，亮堂了，我们也更愿意出来热闹一下。"村民马伍子笑着说，这都要感谢攀枝花来的"好兄弟"们。

在打赢脱贫攻坚战和推进巩固拓展脱贫攻坚成果与乡村振兴有效衔接进程中，攀枝花市对口援助帮扶凉山州木里县，截至目前已派出六批工作组到当地进行援助帮扶。在结合自身优势引导木里产业发展的同时，帮扶工作组也深入偏远乡村，将乡村振兴的宏大目标细化到一条条路、一盏盏灯上，为一户户村民送去暖心的帮助。

攀枝花市持续加大教育基础设施援建力度，投入 777 万元教育帮扶资金，为木里县中学、乔瓦镇二小、民族中学和红科中学配备教育信息化设施设备，新建县教培中心学术综合楼，木里县教育基础设施进一步完善。"我们学校环境优美、教室明亮宽敞、宿舍整洁舒适、教学设施设备先进，我们的孩子在木里都能享受到大城市一样的教育资源。"木里县中学校长黄河说。

在列瓦村，一条条整洁美丽的柏油公路蜿蜒通向家家户户，走在村寨公路上，村民再也不用担心下雨，心中充满幸福感和自豪感。列瓦村的变化，是攀枝花市对口帮扶的一个缩影。

图 8-8　夜幕下的村民

　　攀枝花市围绕乡村振兴，投入基础设施建设资金895万元，为列瓦镇列瓦村、乔瓦镇簸箕箩村安装路灯、完善入户道路，修缮列瓦镇碾水村及集镇村民活动中心设施，硬化通村通组道路10余千米，让300余户边远山村群众实现了"安居梦"；同时，积极改善村民生活环境，做好垃圾分类和污水集中处理，协调攀枝花市水务集团对木里县的县城垃圾处理站、农村污水处理厂等提供技术支持和指导，建设木里县有关乡（镇）自来水厂。现在，木里县大多数乡（镇）实现城乡供排水和垃圾处理规范，各村寨环境干净整洁，村民生活更加丰富多彩，生活质量越来越高。

　　列瓦村盖地组距离木里县城15千米。攀枝花市第六批对口帮扶工作组在日常入户走访中发现，这里的村民大多居住在峡谷和半山腰。大部分地方没有路灯。帮扶工作组决定为村道安上路灯。如今，145盏8米高的太阳能路灯安装完成。"这些路灯全都依靠太阳能运行，不需要额外的电费开支；灯与灯的间距也是结合村里的道路规划合理设置的，村民日常出行的主要道路都被点亮了。"列瓦村党支部书记马伍打说。在增设路灯的同时，攀枝花对口帮扶工作组还利用300万元对口帮扶资金，新建约3.3千米入户路和文化广场、公厕。被"点亮"的还有距木里县城134千米的雅砻江镇（见图8-9）。不到3个月，雅砻江镇主干道及居民聚居区里，200余盏太阳能路灯安装完成，村民们出行更加便捷。

图 8-9 雅砻江镇的夜晚被路灯点亮

吸引盖地组村民晚饭后出门热闹一下的，还有新建的彝族文化广场。马伍打说，每到周末，村民们就会在广场上堆起木柴堆。

伴随着欢快跳动的火焰，村民们唱起歌跳起舞，举办篝火晚会。"我们从安装路灯入手，到进一步修建文化广场，改造乡村人居环境，提升乡村基础设施建设水平。"攀枝花市第六批对口帮扶工作组队员、挂职木里县农业农村局副局长袁野表示，利用小广场培育"大文化"，工作组以文化广场建设为契机，倡导农村新风。

如今，攀枝花市对口帮扶乡村振兴"点亮乡村"项目将向木里其他村组延伸。"这些项目的实施将有效巩固脱贫攻坚成果，建立稳定脱贫的长效机制，促进乡村振兴发展。"攀枝花市第六批对口帮扶工作组领队、木里县委常委、副县长高升洪说。

实例 25：攀枝花帮扶建校舍，木里学子点赞"撒波热"

"攀枝花修的宿舍'撒波热'（藏语，意为很好）！有单独的卫生间，还有热水洗澡。"2014 年 9 月 15 日下午放学后，凉山州木里藏族自治县中学高一（9）班的藏族学生次尔旦珠在新宿舍内，一边整理衣被一边说。攀枝花市援建校舍的启用，标志着木里藏族自治县中学新校区（高中部）近日正式投入使用，1 490 名学子住进"新家"，此举将极大地缓解木里藏族自治县城区办学压力。

据了解，木里藏族自治县中学新校区（高中部）分为两期建设工程，总占地面积 5 万多平方米，包括教学楼、实验楼、宿舍楼、行政楼、食堂等。其中，攀枝花市对口援建两栋宿舍楼，总建筑面积 6 780.86 平方米，可容纳 1 568 名学生入住，总投资 1 790 万元，攀枝花市援建资金达 1 140 万元。

木里藏族自治县中学新校区（高中部）每间教室都配备了多媒体教学，包括多媒体讲桌、音响、投影仪等，并安装了液晶电子教学黑板。走进宿舍内，两排浅色的衣柜、4 张结实的高低床整齐摆放，阳台上有盥洗间和单独的卫生间，还专门设置了钢架晾晒衣物。高一年级的藏族学生降初龙布告诉记者："新校区干净整洁很舒服。你看，我们宿舍有洗脸池、卫生间，还有毛巾架、盥洗台。"

时任木里藏族自治县中学常务副校长黄河表示，将充分利用高中部"乔迁新居"的有利契机，创新内部管理体制，加强教学和德育工作，努力提炼学校的核心价值理念，构建学校精神文化，引领教师专业成长，将学校办成社会、家长、学生交口赞誉的涉藏地区名牌学校。

第九章　就业创业路越走越宽广

攀枝花市对木里县的援建涉及改善和保障民生工程、教育保障、产业发展、就业帮扶、干部人才帮扶、基础设施及其他涉及木里县人民群众生活、发展及地方发展的方方面面，这些有力的帮扶举措既是万山红遍的火热投入，也是润物细无声的点滴递进式的提升和改善。授人以鱼不如授人以渔，在对口帮扶中，攀枝花市注重增强木里当地的自我脱贫能力，推动了"输血式"扶贫向"造血式"扶贫的转变。

这其中，"就业创业帮扶"落实了点对点精准扶贫、落实了对个体的提升和帮扶、落地了对地区由点及面、全面开花式脱贫致富的宏伟蓝图。由此来看，就业创业帮扶有着尤为重要的意义和作用。

攀枝花市对口帮扶工作组从2018年开始，有目标分阶段地对木里的就业创业帮扶实施相关项目，涉及投入资金136万余元，除了帮扶小组成员，攀枝花市人力资源和社会保障局、就业创业促进中心等相关组织机构都投入了大量人力、物力，对木里县相关人员进行专业培训、组织招聘，积极创造就业创业产业环境、技术指导、启动资金等各项条件，取得了看得见摸得着、实实在在的丰硕成果，对当地整体脱贫意识的增强、劳动技能的培养、就业创业环境的改善、实际工作岗位的提供，进一步深入到群众收入的提高、生活幸福指数的提升等方面都产生了飞跃式的影响。

一、"造血"式帮扶：因地制宜打造木里县"全员就业"硬环境

（一）专项技能一对一职业技能培训

攀枝花市与凉山彝族自治州接壤，两者同属攀西地区主体，木里藏族自治县位于凉山州西北，"攀木"山水相隔，但却有深厚的"兄弟情谊"。根据扶贫工作部署，攀枝花市对口援助木里县。如何做好援助工作，为涉藏地区贫困群众脱贫做出自己的一份贡献，是攀枝花面对的"命题"。攀枝花人社部门积极行动、主动作为，从就业培训入手，帮助涉藏地区贫困群众提升就业技能，增强就业能力，实现就业脱贫。

1. "一帮一"式就业培训扶贫

所谓"一帮一"(见图9-1)是指利用攀枝花市就业管理服务优势资源和丰富经验,为木里县打造符合涉藏地区实际的就业培训扶贫专班。目前攀枝花市是国家创业先进城市、四川省网络创业培训试点城市,将攀枝花就业工作经验与涉藏地区脱贫攻坚结合,整合攀凉两地资源,实现就业创业一体化、一家亲的共建共享,在就业培训脱贫上做好文章,打造就业培训扶贫工程,在"断穷根铲穷壤"上精准发力。2018年7月上旬,经过长达半年时间的精心准备,攀枝花市启动对口帮扶木里县就业培训扶贫专班,培训班开班仪式在攀枝花技师学院隆重举行,热烈欢迎81名来自木里县的学员。

图9-1 攀枝花技师学院对口帮扶木里县"一帮一"技能培训班开班仪式

2. "1+1"式就业培训扶贫

所谓"1+1"是指"技能+创业"实用培训。本次攀枝花市对口帮扶木里县有技能培训和创业培训两条主线,分电工、焊工两个教学培训班,电工参训学员50人,焊工参训学员30人,教学内容涉及拓展训练、创业意识培训、生活及职场礼仪、消防安全、食品卫生、初级电工焊工专业理论和实训等实用知识,培训过程由攀枝花市就业局、木里县人社局和就业局全程督导。培训坚持以"培训一人、就业一人、脱贫一户"为目标,以技能扶贫和就业需求为导向,立德树人,培育工匠精神,帮助木里县培养符合新时代发展的高技能人才。

3. "一对一"就业培训帮扶

所谓"一对一"是指针对每位涉藏地区参训学员的实际而因材施教,确保培训实效。教学上面对面、一对一，由授课老师根据每位学员的实际，手把手教授，确保真教、教会，切实提升就业技能。同时，攀枝花技师学院为远到而来的培训学员免费发放了实训服装、皮鞋、休闲 T 恤，床单、被套、垫絮、盖絮、枕芯、忱巾、蚊帐等床上用品，电工焊工实训的个人工具材料 10 余件等。学院食堂还根据学员的民族喜好和特性，给每个学员提供可口饭菜，让参训学员竖起大拇指，连连称赞。

为解决木里群众到攀培训路途遥远不方便的问题，市劳动就业局等相关单位主动对接木里县，协调攀枝花技师学院开展"送培到村"活动。2018 年 9 月，"攀枝花—木里就业扶贫培训班"在木里县牦牛坪村开班，共组织建档立卡贫困劳动力 100 人参加培训。开始电工、焊工两个工种各培训 50 人，培训重点指导学员安全常识和实际操作，取得了实实在在的效果。贫困群众学到了新知识，掌握了新技术，外出打工更有底气，为早日实现脱贫致富打下基础。此次培训是我市 2020 年年度援助木里县就业扶贫重要项目之一，旨在增强贫困劳动力就业技能，帮助他们实现技能脱贫。在这一过程中，木里县真正实现了培训到村，提升就业硬实力。

从 2019 年开始，攀枝花就在木里开展就业帮扶，累计投入资金 150 万元，培训内容包括创业意识、电工技能和焊工技能。"学习了焊工技术以后，不仅能够焊接自家的圈舍、门窗，还能外出务工，乡上村上有工作岗位的时候，就能够得到优先雇用的机会了！"岩里乡村民龙姆泽仁高兴地说。2021 年国庆期间，攀枝花市就业创业促进中心的工作人员带领攀枝花技师学院 16 名教师，在木里县岩里乡和牦牛坪乡开展为期 10 天的职业技能培训，助力木里脱贫攻坚成果与乡村振兴有效衔接。

解决好"饭碗"问题，要继续深入解决的就是技能问题。技能是就业的基础，如何提升木里县老百姓的就业技能，变"输血"为"造血"，让他们在家门口就能实现就业，是攀枝花第六批帮扶工作组在一直积极解决的问题。

白碉苗族乡地理位置偏远，山高路陡，受交通原因影响，本地机构不愿下乡开展培训。据了解，当地已有 5 年未开展过技能培训。为促进村民就业，解决大山深处的技能贫困问题，袁世兵多次与攀枝花市技师学院协商沟通，邀请学院讲师赴木里县下乡为当地村民开展培训。之后，攀枝花市技师学院 8 位讲师赴白碉苗族乡开展了电焊技能培训。白碉苗族乡 110 名劳动力参加培训，全部通过结业考试，并取得合格证书。

为了提升就业主体"硬实力",以"培训一人、就业一人、脱贫一户"为目标,开展免费技能培训。一是积极"请进来"培训。木里县先后选派53名党政干部和专业人才到攀枝花市挂职锻炼,为木里县持续发展添动力、增活力;邀请16名木里县贫困人口赴攀,免费举办一期A3驾驶证培训班,考证后全部协调解决就业。二是主动"送出去"培训。采取"集训+实践"的方式,把木里县机关干部和专业骨干纳入攀枝花市干部人才培训计划,先后举办卫生人才、教育人才、旅游人才和农村实用人才等九大专题培训200余期,培训木里县各类人才上万人次。三是扎实"沉下去"培训。依托我市技能培训资源,每年投入40万元,针对贫困对象和用工企业双方需求,深入木里县各乡镇举办"送培到村"活动和"攀枝花—木里就业扶贫培训班",开展建筑、家政、种养殖等免费技能培训,共计培训建档立卡贫困劳动力两万余人次。

实例26：就业"饭碗"情长意浓
——攀枝花市第六批对口帮扶工作组帮扶木里县居民就业记

2022年9月20日,胡洛英和格绒益希像往常一样,早早地就来到攀钢吉靓轩超市,准备开始一天的工作。这份工作他们已经干了半年,超市老板为他们购买了社保。胡洛英说:"我对现在的工作和生活挺满意。"胡洛英和格绒益希是就读于攀枝花的木里籍中职毕业生。毕业后,在攀枝花第六批对口帮扶工作组的帮助下,他们在攀枝花找到了心仪的工作。与他们一同留下来的还有另外18名在攀就读的木里籍"9+3"中职毕业生。"从木里到攀枝花,从上学到工作都得到了工作组的帮助,我们非常感谢他们,一定会干好工作,不辜负这份帮助。"毕业生降初说。

2019年以来,我市累计投入资金150万元,为木里培训电工、焊工等职业技能人才超过300人,提供就业岗位超过600个,成功转移劳动力140余人,帮助当地群众实现务工收入400余万元。促进乡村振兴要利用好富余的劳动力,劳动力的利用需要充足的岗位,充足岗位是就业的前提。2021年5月,攀枝花第六批对口帮扶工作组队员袁世兵赴木里县人社局挂职副局长,分管社保、就业等相关工作。如何帮助木里县老百姓解决就业问题是袁世兵和攀枝花第六批对口帮扶工作组的干部们最关心的事情。

为帮助木里县老百姓更好地实现就业,袁世兵和攀枝花第六批对口帮扶工作组其他队员积极协调我市人社部门,在第六批对口帮扶工作组和我市人社部门共同努力下,2021年10月,攀枝花的21家企业赴木里县开展招聘会,为木里县老百姓提供了40个类别208个就业岗位,岗位平均薪资达

5 700 元，为木里县巩固脱贫攻坚成果同乡村振兴有效衔接注入了源头活水。

解决"饭碗"问题，技能是关键。如何提升木里县老百姓的就业技能，变"输血"为"造血"，让他们在家门口就能实现就业，是攀枝花第六批对口帮扶工作组的帮扶干部们一直在做的事情。

"学习了焊工技术，以后我们不仅能够焊接自家的圈舍、门窗，而且当外出务工就业或乡上村上有劳务需求时，接受过电焊工培训的村民都能够得到优先雇用的机会。"攀枝花市技师学院赴木里县固增苗族乡开展电焊技能培训，参加培训的村民说。

为了让更多村民掌握一门技能，攀枝花市人力资源和社会保障局协调攀枝花市技师学院赴木里县固增苗族乡开展技能培训，计划培训技能人才 100 余人，推动木里农村富余劳动力转移就业 20 余人，用技能帮扶点亮老百姓的致富希望。

被点亮希望的还有白碉村。为把技能培训送到大山深处，2021 年 9 月以来，袁世兵多次与攀枝花市技师学院协商沟通，邀请学院讲师赴木里县为白碉村及周边居民开展培训。在袁世兵的积极对接下，攀枝花市技师学院已有近 10 位讲师赴木里县白碉苗族乡开展了 3 场技能培训，帮助 110 名白碉村民通过结业考试，并取得合格证书。

对于务农的村民而言，农业技能培训是"刚需"。攀枝花第六批对口帮扶工作组的帮扶干部积极与攀枝花市农林科学院协调，2021 年 12 月，攀枝花市农林科学院派出专家团队赴木里县开展特色农产品科技服务。专家们结合木里高山高寒的气候特征，为当地村民推荐试种经济作物，围绕果树选育、肥料配比、剪枝疏果等种植技术，对果农进行集中培训和现场示范指导，2022 年年初果树已挂果，明年就能获得效益。

攀枝花市第六批对口帮扶工作组领队、木里县委常委、副县长高升洪说："培训是好事，把好事做好、把实事做实，是攀枝花人社干部的责任和担当。对口帮扶木里，就要把先进的理念、科学的管理传递给当地的干部群众，培育更多的本土技能人才，相信在攀木两地的共同努力之下，木里县的发展一定会越来越好。"

（二）产业引领、出资帮扶

2019 年国庆期间，攀枝花市人力资源和社会保障局、就业创业促进中心、十九冶技师学校赴木里县对接就业扶贫帮扶工作。首先，攀枝花就业扶贫项目组深入了解了木里县当前就业扶贫工作的所需所求，共同确定了具体帮扶措施。随后，双方就木里县贫困劳动力技能培训、转移就业等问题进行了深入探讨,确定在今后的帮扶工作中,将继续积极开展就业扶贫深度合作,强化劳动者就业技能培训,全面实现就业信息共享,共同建立就业帮扶机制,切实帮助木里县贫困劳动力实现转移就业。

郭朝红家住木里县项脚乡,曾是建档立卡贫困户,家里有四口人,两个孩子都是在校学生。2017年在攀枝花帮扶资金的支助下,他试种了2亩羊肚菌,一年下来仅此一项产业的收入就近2万元,当年就实现了脱贫。2019年,尝到了产业致富"甜头"的郭朝红把羊肚菌种植面积扩大到了5亩。

项脚乡党委书记游昊介绍到:"2019年攀枝花的援建资金,全部用于35亩羊肚菌前期标准化的种植。而通过这35亩羊肚菌的带动,村民们迅速行动,扩大到了全乡600亩种植规模。2019年收成也比较好,每亩收了五六十千克羊肚菌的干品,我们村民户均收入达到了每亩8 000元以上。"

要真正使村民脱贫致富,产业的引领和带动作用十分关键。根据木里县特殊的地理、气候条件,攀枝花市共投入资金3 458万元,全力帮扶木里发展特色种植、养殖业。其中,培育羊肚菌近2 250亩、黑木耳段木28万棒;建设中药材种植基地3 000余亩,农家果园140个,大棚及高标准露地蔬菜种植基地100多亩,年产值达3 244万元;同时,还建成一批养殖场,资助农户引进大量种猪种羊,不断壮大养殖规模。培育养殖大户,让产业能手发挥示范带动作用,使更多村民通过发展产业实现脱贫致富。

木里地处青藏高原和云贵高原结合部,独特的地理位置造就了它壮美的自然风光,同时,它又是一个多民族聚居区,呈现出丰富多彩的民俗风情。攀枝花市在对口帮扶工作中,围绕"旅游兴县"战略,大力扶持木里发展旅游产业,拓宽农牧民的增收渠道。

蒙古族青年王小强是木里县项脚乡村民。2018年,他在自家住宅的基础上扩建了一个900多平方米的藏寨农家乐,设施齐备、环境优美,能一次性接待60名游客。开业第一年,纯收入就超过了6万元。"那时候资金非常紧张,攀枝花市有关部门提供了5万元,帮我建设农家乐。现在这个农家乐的生意越做越好,我们都非常感谢攀枝花!"王小强高兴地说。

像王小强家一样由攀枝花市出资帮扶的藏寨农家乐,在木里县一共有21家。同时,攀枝花市还不断加强当地的旅游基础设施建设,投资兴建游客中心和自驾游营地,优化了木里县的旅游环境,提高了旅游服务水平。

就业是民生之本。攀枝花市大力实施就业帮扶,定期为木里县提供就业信息,组织专场招聘会,依托易地搬迁、涉藏地区新居、通村道路改造等工程,鼓励贫困家庭劳动力在家门口灵活就业。在全县32个摘帽贫困村开发乡村保洁、保安、护林、道路维护等公益性岗位289个,优先安排贫困户中的就业困难家庭就业。与中国农业银行木里县支行开展合作，设立返乡创业贷款基金专户，对符合条件的创业人员发放返乡创业贷款。

二、"输血"式帮扶：提供优质岗位，扩宽就业渠道

（一）职能部门积极搭建信息平台，不定期举行专场招聘会

2019 年，攀枝花市就业创业促进中心在木里县民族体育广场举行了金秋招聘月专项招聘会招聘活动。经初步统计，共计 50 家企业提供岗位 220 个，发放就业扶贫宣传资料 500 余份，吸引当地包括建档立卡贫困户在内的 200 余人入场求职，活动现场多人表示有就业意向。此次招聘会岗位丰富，工种众多，覆盖面广，满足了当地劳动者求职务工多样化的选择，为木里县不同层次、不同年龄、不同需求的劳动力转移就业搭建了平台。

2020 年，为全面做好对口帮扶木里县就业扶贫工作，巩固脱贫攻坚成果，助力打赢脱贫攻坚收官战，2020 年 4 月 27 日，攀枝花市就业创业促进中心邀请木里县政府相关负责人举行座谈会，共同部署帮扶就业扶贫工作。木里县县委常委、副县长、攀枝花市第五批对口帮扶干部人才工作组领队朱明高，市人社局副局长袁铁峰，市就业创业促进中心副主任闫国富及攀枝花技师学院相关负责人参会（见图 9-2）。

图 9-2　座谈会现场

会议围绕 2020 年攀枝花市对口帮扶木里县就业扶贫目标任务展开讨论并总结了过去两年对口帮扶就业扶贫工作中经验，分析查找存在的困难和问题，对照今年目标任务，针对性地提出意见、建议和工作思路及明确任务分工。

经协商一致，木里县负责摸清贫困劳动力基本情况和技能培训、就业需求，搞好转移就业动员和政策宣传，收集有转移就业意愿人员名单并组织参加技能培训；攀枝花市技师学院负责提供适合贫困劳动力的技能培训工种，2020年6月份开展对口培训帮扶，同时注意收集企业岗位需求信息，协助开展培训后的转移就业现场招聘会；市就业中心负责收集、挖掘本地就业岗位，组织用工企业参加扶贫专场招聘会；与会各单位、各业务科室认真梳理当前对口帮扶就业扶贫各项政策措施，同时借鉴学习外地经验措施，最大限度用好用足政策，全面完成2020年木里帮扶转移就业40人、就业培训100人目标任务。

根据2020年11月攀枝花市就业创业服务中心发布的信息显示，2020年攀枝花市赴木里举办贫困劳动力专场招聘会1场，培训木里县贫困劳动力100人，促进贫困劳动力实现转移就业54人，全面完成当年省市下达的目标任务。

2020年，为进一步促进凉山州木里县贫困劳动力就业脱贫，助力打赢脱贫攻坚收官战，市人社局按照市委、市政府统一部署，将木里就业帮扶工作列为"一把手工程"，主要负责人多次就工作推进情况进行专题研究部署，并亲赴木里进行调研指导，从政策支持、培训助力、搭建平台、贴心服务四个方面狠抓落实、就业帮扶取得积极成效。

为有效解决新冠疫情带来的"转移就业不畅、岗位少就业难"的问题，攀木两地人社部门紧密协作，摸清群众就业意愿，加大岗位收集力度，建好"就业需求"和"用工需求"两本台账，重点促进木里"9+3"未就业学生和建档立卡贫困劳动力就业创业。组织企业赴木里县举办"民营企业招聘月木里专场招聘会"，共提供用工岗位近80个，吸引了当地群众150余人入场求职。其中建档立卡贫困劳动力50人与用人单位现场达成就业意向。现场发放就业扶贫宣传资料、企业宣传品共计400份。采取"线上+线下"相结合方式加大岗位定向投放力度，为当地群众和招聘企业搭建起双向互动交流平台，有力拓宽了劳动着就业渠道。在搭建平台过程中，形成了多渠道就业的良好局面。

2020年开通"攀枝花—木里就业扶贫劳务输出专车"（见图9-3），集中接送转移我市就业的木里贫困群众。为转移就业群众、宣讲就业政策和单位规章制度，鼓励大家通过勤劳奋斗换来好日子，发车前，木里县组织召开了"2020年攀枝花市对口帮扶木里县贫困劳动力转移就业欢送会"。目前，54

名木里县贫困劳动力已通过劳务派遣形式，在米易县易安驾考及技能培训校区正式上岗，从事保安、环卫、宿管及场平等工作。同时，为提升转移就业群众技能水平，提高自身"造血"功能，市人社部门协调用工企业对他们进行针对性的岗位培训，促进其持续稳定就业。贴心服务，开通劳务输出专车，协调做好"专场招聘"后半篇文章。

图 9-3　攀枝花—木里就业扶贫劳务输出专车

一是搭建就业信息共享台。建立就业需求和用工需求两本台账，助力木里县加强信息衔接、拓宽就业渠道、做好就业创业服务。抓好线上宣传。依托我市和凉山州公共招聘网，建立就业招聘信息共建共享平台，深入开展政策宣传、典型报道、就业"春风行动"、"一对一"帮扶援助（见图 9-4）等活动，累计通过信息共享平台提供就业信息 6 万余条。二是抓实线下活动。每月提供 6~8 期有针对性的岗位信息，累计通过现场招聘方式向木里提供就业信息 4 000 余条。由市人社部门会同木里县定期举办民营企业招聘会，累计组织 56 家企业提供岗位 900 余个，2 000 余名贫困人口参加。三是抓严平台管控。为保障用工企业、务工人员双方切身利益，严格把关各类线上、线下招聘活动用工企业资质，严格审核参加招聘活动各类务工人员信息真实性，确保双方真诚、严肃，营造良好招聘氛围。

图9-4　攀枝花市人社局—木里县人社局结对帮扶工作座谈会现场

实例27：对口帮扶在路上：

一对一手把手，攀枝花帮助木里百姓"焊"出新生活

2022年2月16日，凉山州木里县白碉乡白碉村村民范万云一手拿着焊机一手托着焊面罩，给自家的鸡笼加固。"刚刚学到手的技术，还热乎呢！"

为进一步巩固脱贫攻坚成果，激发内生动力，2021年11月，攀枝花对口帮扶工作队干部邓海华请来攀枝花市技师学院8名实训教师，来到白碉乡各村开展为期10天的电焊工技能培训（见图9-5、图9-6）。包括范万云在内的110名村民参加了培训。

图9-5　电培训现场

这次电焊工培训，采用"理论+实操"双结合的模式，手把手教学。以电焊工、安全生产等方面的知识和技能为主要内容，帮助学员掌握焊工技术要领，并现场指导学员进行实操演练。

图9-6　部分参训学员合照

同时，攀枝花技师学院还为每个参训学员免费提供电焊工装、实训材料等，确保学员能尽快掌握电焊工技能，达到培训的预期效果。不仅如此，实训教师们了解到村民在日常生活中，从事农活和房屋修缮等活动时苦于没有基本的工具和设施设备，攀枝花技师学院主动提出为白碉乡各村捐赠4台小型智能变频焊机和400余千克焊条（见图9-7）。

图9-7　捐赠仪式现场

长期在工地上打工的白碉乡阳山村村民王富更是欣喜，"学会这门电焊技术后，以后出去打工更方便了！"不仅如此，王富打算近期再去考个电焊资格证，"听说到时候收入能增加不少。"

为进一步拓宽当地村民就业渠道，促进就业增收，攀枝花对口帮扶工作队员在培训结束后，为所有参训学员举办了一次由20余家用人单位参加的线上招聘会，向村民推介用人需求和用工信息。

图9-8为参训学员参加电焊工培训后的考核现场。

图9-8 电焊工考核现场

"下一步，我们将继续动员各村的剩余劳动力在农闲期积极参加技能培训，也会持续关注学业有成的学员，为他们提供更多的就业择业机会。"挂职木里县白碉苗族乡党委副书记邓海华说。

(二) 政府出台相关优惠政策，鼓励企业对口帮扶

为整合政策，营造就业好环境，攀枝花市政府研究出台《进一步做好木里县贫困劳动力转移就业政策支持的通知》，将木里建档立卡贫困劳动力全面纳入扶持范围，并参照攀枝花市"就业扶贫十七条"提高奖补标准，鼓励用人单位招木里县贫困劳动力。企业吸纳木里县贫困劳动力就业的，与其签订1年以上劳动合同并参加社会保险，给予企业1 000元/人一次性奖补，并参照就业困难人员政策落实社保补贴、岗位补贴。被认定为就业扶贫基地的，吸纳木里贫困劳动力10人以上，给予最高不超过50万元的一次性奖补。按照规定落实吸纳企业以工代训、创业贷款及贴息政策。鼓励木里县贫困劳动力来攀就业创业，给予贫困群众一次性300元/人求职创业补贴、1万

元一次性创业补贴、200 元/人交通补贴，同时，鼓励经营性人力资源服务机构开展木里县贫困劳动力转移就业服务，给予专项服务补贴。2022 年预计用于木里就业扶持资金超 110 万元。

开展招聘会、提供就业信息和服务是攀枝花对口帮扶木里县就业项目的重要内容。2021 年 10 月 18 日，攀枝花市就业创业促进中心在木里县民族广场举办"金秋招聘月木里专场招聘会"。

招聘会上，攀枝花市 21 家企业为木里群众带来 40 个类别、208 个就业岗位，各岗位平均薪资达到 5 700 元/月。第六批帮扶干部袁世兵说："吸引更多的木里群众到攀枝花就业，不但能解决木里的就业问题，还能吸引更多的人才进入攀枝花，加深两地交流。"

为做好攀枝花市对口木里县就业帮扶工作，2022 年 7 月 6 日，市就业创业促进中心协同有关培训机构和人力资源机构赴木里县举办就业帮扶专场招聘会（见图 9-9），并组织开展就业帮扶工作对接。

图 9-9　专场招聘会现场

"职等你来，就在花城——攀枝花市、木里县 2022 年就业帮扶现场招聘会"在木里藏族自治县民族广场召开。本次招聘会共有 15 家攀枝花本地企业参与，提供岗位 718 个，招聘岗位多元化、多类别，满足了不同求职人群需求。据统计，本次招聘会共吸引现场求职者 1 100 余人，现场登记咨询人数 508 人，现场收到简历 66 份，现场达成就业意向人数 28 人。

招聘会前，双方就 2022 年对口帮扶有关项目的组织实施进行了深入沟通交流，明确了农村劳动力技能培训项目组织方式和人员规模，并对岗位对接活动形式达成一致。市就业创业促进中心负责同志表示，要通过大家共同努力，为木里县乡村振兴战略实施贡献攀枝花力量。

来自列瓦镇滚子棚村的彝族小伙吕拉卡一大早就来到招聘会现场，在现场徘徊许久后，最终与一家公司签约，成为一名配送骑手。

据攀枝花市就业创业促进中心相关负责人介绍，为了贯彻攀枝花市和木里县对口帮扶工作要求，攀枝花市每年在木里县开展一次招聘会，为木里县劳动力搭建就业桥梁。

据悉，此次招聘会上，攀枝花市 15 家企业提供 718 个岗位，涉及工业、食品、制造、传媒等多个行业，满足不同求职者需求。招聘会当天，有 25 人达成就业意向。

据了解，木里县采取"政府引导+市场运作"模式，积极推动转移就业。立足劳务输出实施引导、发动、稳岗等工作，推动农村富余劳动力外出务工就业，实现就业增收、就业脱贫。2022 年上半年，该县累计输出劳动力 2.5 万人次，劳务收入 3.07 亿元。

此外，攀枝花市还依托人才优势，为木里县提供了广泛的智力支持：培训培养干部人才和专业技能人才，先后有超过 1 万人次参加了教育、医疗、旅游、农牧、金融、交通等领域的专业培训；组织木里县干部人才到攀枝花市党政机关、企事业单位挂职锻炼、跟岗学习。这些经过专业培训培养成长起来的干部人才，开拓了眼界，转变了观念，学习了新技能，为木里县的脱贫攻坚和全面小康提供了重要的人才支撑和发展后劲。

就业是最大的民生，民生是政府最大的牵挂。被牵挂的不仅是在攀枝花市的木里县老百姓，还有木里县当地有就业需求的老百姓。对于木里县的老百姓而言，就业的"饭碗"不仅为他们"备"在了攀枝花，还"送"到了木里县。

2021 年 5 月，攀枝花第六批帮扶队员袁世兵赴木里县人社局挂职副局长，分管社保、就业等相关工作。如何帮助木里县人民巩固脱贫攻坚成果与乡村振兴有效衔接、降低返贫致贫风险、扩大就业和加强人才培育等工作，一直是袁世兵和攀枝花第六批帮扶工作组干部们最关心的事情。

为帮助木里县老百姓更好地实现就业，袁世兵和攀枝花第六批帮扶工作组干部们积极协调攀枝花市人社部门，在第六批帮扶工作组和攀枝花市人社部门共同努力之下，来自攀枝花的 21 家企业赴木里县举办招聘会（见图 9-10）。仅本次招聘会，攀枝花市人社部门就为木里县老百姓提供了 40 个类别 208 个就业岗位，岗位平均薪资达 5 700 元。

攀枝花市对口帮扶木里县 10 年来，始终坚持以"两不愁、三保障"和"四个好"为出发点，以转移贫困劳动力就业为着力点，举全市之智，精准发力、分类施策，扎实推进对口帮扶工作。

图 9-10　攀枝花民营企业在木里县开展现场招聘会

用活就业政策"工具箱"。最大限度统筹全市层面现有就业政策依据，制定出台三大类别共 12 条具体奖补政策，有效发挥经费保障激励作用。用活用工企业政策。用工企业与贫困劳动力签订 1 年以上劳动合同并购买社会保险的，政府给予企业 1 000 元/人一次性奖补，并落实社保补贴、岗位补贴；用工企业被认定为就业扶贫基地并吸纳木里县贫困劳动力 10 人以上的，给予最高不超过 50 万元一次性奖补，同时落实以工代训、创业贷款及贴息政策。用活务工人员政策。对来攀就业的木里县贫困劳动力，稳定就业 3 个月的，按 300 元/人给予一次性求职创业补贴；对来攀首次创办小微企业或从事个体经营的，自工商登记注册之日起运营 6 个月以上，给予 1 万元一次性创业补贴。用活服务机构政策。鼓励经营性人力资源服务机构开展木里县贫困劳动力转移就业服务，按组织场次和人次分别给予专项服务补助，累计投入木里县就业扶持资金补助 110 万元。

三、依托资源，产业发展和本地就业深度融合

攀枝花市仁和区仁和镇与木里县沙湾乡、瓦厂镇搭建网络交流平台，探索共建"村（居）民说事"的"党组织+N"联动议事机制；前进镇为木里县贫困群众免费提供企业用工就业信息咨询及就业岗位 50 个，大力提高转移输出就业率；平地镇因地施策，将林下有机种植和林间套养等成熟的种植养殖经验推广到木里，有效提升农民种植养殖技术。

依托资源，在家门口实现产业发展和本地就业深度融合，并带动周边产

业发展，持续提供良性创业就业机会。木里县农业产业示范园位于乔瓦镇簸箕笮村，从木里县城出发，驱车行驶 20 分钟就能到达。

示范园占地 100 亩，分为种-养循环示范区、农业产业种植示范区、农业产业核心展示区，放眼望去，景观各异，错落有致。

为了助力示范园提档升级，来自攀枝花的帮扶干部围绕当地农民增收，紧盯市场需求，将小小皇菊发展成大产业（见图 9-11）。一片片橙黄的金丝皇菊竞相绽放，巴登拉姆农业投资有限责任公司负责人忙着招呼前来打卡的游客品尝茶香。这片示范园，是攀枝花市对口帮扶木里县的重要支点。

攀枝花市第六批工作组领队、木里县委常委、副县长高升洪说，自园区建设以来，解决了簸箕笮村 220 余名村民的务工问题，"去年种植的 100 亩金丝皇菊产干花 1 800 斤，产值达 54 万余元。周边农户发展餐饮住宿等旅游观光收入也跟着多了起来。"

下一步，攀枝花还将不断完善示范园基础设施建设，整合各种优势资源，将园区建设为主导产业鲜明、辐射带动有力的现代农业示范园，推动农民持续稳定增收。

图 9-11 位于凉山州木里县乔瓦镇簸箕笮村的农业产业示范园里，
村民正忙着采摘金丝皇菊

从产业发展和就业融合的角度来看，技能帮扶不仅仅体现在电焊技能培训上，对于务农的村民而言，农业技能培训才是刚需。考虑到这一点，2021年，攀枝花第六批帮扶工作组的帮扶干部又积极与攀枝花市农林科学院协调，攀枝花市农林科学院派出专家团队赴木里县开展特色农产品科技服务。

专家们结合木里高山高寒的气候特征，为当地村民推荐试种经济作物，还从果树选育、肥料配比、剪枝疏果等方面对果农进行集中培训和现场示范指导。2022年年初，果树已挂果，第二年就能获得收益，这种针对当地特殊气候及地理条件的农业培训，形成了资源开发、产业发展和本地就业深度融合的长远发展格局。

实例28：对口帮扶在路上：

小茶具大舞台，攀枝花对口帮扶工作队成木里非遗"经纪人"

唐央的篾盒，东朗的茶罐，麦日的茶碗，是凉山州木里县民间手工艺的典型代表。在当地，传统手工烧制茶具制作不仅成为一项省级非物质文化遗产，更深受当地游客和百姓的喜爱，为非遗传承人带来了收入。这小小茶具（见图9-12），引起了攀枝花市第六批对口帮扶工作队的注意。

图9-12 木里传统手工烧制茶具

初到木里，攀枝花市第六批对口帮扶工作队成员、挂职木里县文化馆副馆长朱擎锐迅速投入乡镇，经过14天的下乡调研，基本摸清了木里县非物质文化遗产的相关情况。"第一天下乡，进门农户就递来一杯酥油茶，一下子就被茶碗吸引住了。"朱擎锐说，茶碗是由实木加金属制作而成，"看起来很精致，也很有民族特色。"

边喝茶，朱擎锐边向身边同事打听："听说这种精美的茶具正是当地非遗传承人制作的，已经流传了数十年。"喝完手中的酥油茶，朱擎锐心里有了一个想法：搭建舞台，让村里的手艺走出大山。

结合攀枝花市对口帮扶项目，朱擎锐积极申报了非遗传习所建设项目，"计划在'十四五'期间，在木里建设5个非遗传习所，保护、传承非遗，并对非遗产品进行展销。"朱擎锐介绍，眼下正在建设牦牛展厅非遗传习所，展示牛羊毛手工编织技艺，建成后将针对游客开设手工体验区，同时展销牛角和牛羊毛制品（见图9-13、图9-14）。

图9-13　木里牛羊毛手工产品

图9-14　木里牛羊毛手工产品

不仅如此，木里县非遗资源形式多样、内涵丰富、种类繁多，全县27个乡镇，已经挖掘整理非遗项目55项，非遗代表性传承人44名，包括民间文学、传统音乐、传统舞蹈、传统医药和民俗、手工技艺等6大类，并建立了非遗保护名录体系。

　　将来，攀枝花对口帮扶工作队将关注木里非物质文化遗产保护和传承工作，特别是具有特色的各类非遗工艺品，邀请相关专家结合木里县非遗产品特色，指导文创产品开发，将非遗制品商品化，带动文化产业发展，指导木里群众进行文化创业，助推乡村振兴。

第十章　人才帮扶为发展提供原动力

　　人才是第一资源，培养造就大批德才兼备的高素质人才，不仅是国家和民族长远发展的大计，还是一个地区高质量发展的保证。攀枝花市帮扶木里县以来，依托攀枝花市的人才优势，不断拓宽木里人才成长路径，注重人才培养质量，在围绕木里县全面建成小康社会、打赢脱贫攻坚战以及巩固拓展脱贫攻坚成果同乡村振兴有效衔接等重点任务的人才需求上积极发力，不仅为木里培训培养了大批干部人才和专业技能人才，还组织了一批木里干部人才到攀枝花市的党政机关、企事业单位挂职锻炼，为木里可持续发展提供了重要的人才智力基础。

　　攀枝花市对木里的智力帮扶所付出的努力以及所取得的成就。特别是攀枝花市和木里县干部人才双向交流力度的加强，木里县党政、旅游、经营管理、专业技术、专业技能、农村实用和社会工作等各类人才培养力度的提升，以及实施的一批重点人才项目，切实推动了人才智力向产业发展、乡村建设、基层治理一线集聚，不断丰富了干部人才理论知识，提升了工作能力和自我发展能力，为新时代木里县现代化建设新篇章提供了坚强的人才保证和智力支持。

　　据统计，2010年以来，攀枝花市选派干部人才6批331人次到木里县开展对口帮扶，攀枝花市帮扶木里县的干部人才培训总资金达1 713万元，实施培训项目18个，专门培训培养木里县干部人才和专业技能人才，先后累计有15 000余人次参加了教育、医疗、财务、旅游、农牧、金融、交通等领域的专业培训。此外，累计组织木里县干部人才400余人次到攀枝花市党政机关、企事业单位挂职锻炼、跟岗学习和短期培训。在智力帮扶过程中，攀枝花市用心教、真关爱，在工作中将木里县挂职锻炼人员全部安排到重要岗位，并安排专人"传帮带"，让每位被帮扶对象都从事具体业务、参与重大问题决策和重点工作组织实施。同时，在生活中细心关爱，妥善解决顶岗锻炼人员的吃、住、安全等问题，尽力为他们创造良好的生活条件。经过培养锻炼，他们已成长为木里县干部人才队伍中的中流砥柱和业务骨干，真正成为了一支留得住、能战斗的优秀本土人才队伍。具体成就主要有以下五个方面：

一、干部人才双向交流扎实推进

干部人才交流作为中国共产党干部人才管理工作的一项长期战略规划，在干部人才锻炼培养、领导班子结构优化、党风廉政建设以及经济社会发展方面发挥了重要作用。同时，干部人才交流也是深化干部人事制度改革，战略性培养干部的重要举措。十多年来，攀枝花市抓住省内对口帮扶双向交流干部人才的历史机遇，主动与木里县对接沟通，高质量推进干部人才双向交流工作。

一方面是攀枝花市选派优秀干部人才到木里县开展帮扶工作。攀枝花市在对口帮扶木里县工作中，始终紧紧牵住人才培养这个"牛鼻子"，按照"木里所需、我市所有、好中选优"原则，整合教育、卫生、农业、规划、旅游等行业系统人才选派计划，大力选派木里急需紧缺的管理人才和专业技术人才，常态保持30名左右的帮扶干部人才在木里县开展帮扶工作。目前已经选派了6批次，共计331名帮扶干部到木里县开展帮扶工作。攀枝花市所选派的干部政治站位高、政策理论水平高、业务能力强，为木里县的干部队伍注入了新活力。他们敢于担当、奋发有为，努力拼搏，把新观念、新思路、新模式带到深度贫困地区，促进了木里县加快发展。他们认真负责的态度，实事求是的作风，严于律己的品德，特别是他们主动克服困难，不讲条件、不讲待遇的无私奉献精神，为木里县各级干部树立了榜样、树立了标杆，赢得了大家的一致认可和肯定。这一成就的取得离不开攀枝花市将帮扶一线作为培养锻炼干部的重要阵地，作为锤炼干部作风品质的难得机会，作为建设高素质专业化干部队伍的重要抓手，舍得把选派到木里县的干部放到基层一线、艰苦地方扎实历练，激励广大干部积极投身帮扶一线，不断增强思想淬炼、政治历练、实践锻炼、专业训练，进一步密切了党同人民群众的血肉联系，不断增进了干部与群众的深厚感情。

另一方面是木里县选派干部人才到攀枝花市挂职锻炼、顶岗学习。结合木里县干部人才培养计划，有序接收木里县党政干部、村（社区）干部、专业人才到攀枝花市级部门、县（区）挂职锻炼、顶岗学习，实现对口帮扶与培养锻炼干部人才"双赢"。

实例29：木里县专业人才来攀顶岗培养

2021年12月，木里县围绕教育、卫生、农牧、林草、旅游、电商等重点领域及特色产业发展需求，选派8名专业技术人才到攀枝花顶岗培养见面会，县委常委、组织部部长马亮同志专程送顶岗专业技术人员赴攀枝花。县委常委、副县长高升洪陪同。攀枝花市委组织部副部长、市公务员局局长唐勇及市农业农村局、市卫生健康委、市林业局、市文化馆主要负责人参加见面会（见图10-1）。

图10-1　木里县专业人才来攀顶岗培养见面会

像这样的顶岗培养，已经形成了机制，不断推动着木里县本土干部人才的成长。

二、干部人才培训硕果累累

攀枝花市在帮扶木里县的过程中，大力实施"人才帮扶、共育人才"战略，整合部门、培训、项目、资金，加大对木里县干部人才培训力度，实现培养培训与脱贫攻坚、乡村振兴等重点工作有效对接，有效增强了帮扶对象的"造血功能"，并在观念上不断转变，思路上不断拓展，本领上不断增强。

2010年以来，攀枝花市和木里县党委组织部门把握新常态，力求新突破，根据培训对象的工作需求进行分类指导，按照"缺什么补什么"的原则扎实开展各类干部人才培训工作，探索形成"党校+高校""木里+攀枝花+外地""理论+实践""走出去+请进来"等多种培训模式，先后开展"党政干部人才、专业技术人才、农村实用技术人才"等专题类培训，并将木里县干部人才培训工作纳入每年对口帮扶项目，落实专项资金，采取专题讲座、办班培训、考察学习、进修培训、继续教育、跟岗培训等方式，组织木里县党政干部（含攀枝花帮扶干部）、村（社区）干部、专业技术人才等进行专题培训，开拓视野、提升能力。实施农村实用人才培养计划，对有就业需求的农村富余劳动力开展技能培训，培育新型职业农民，每年培训不少于100人次。

通过实施县级领导干部培训、科级领导干部培训、村党组织书记及大学生村干部培训、干部人才挂职锻炼、教育人才培养、卫生人才培养、旅游人才培养、急需人才培养、农村实用人才培训等干部人才培训培养工程，大批优秀干部人才不断涌现，奠定了木里县发展的人才基础。

在所有的培训中，教育和医疗方面的培训相对较多，也因在教育和医疗部分已有涉及这两方面人才的内容，这里不再赘述。该部分重点对攀枝花市加大力度培养木里县党政人才的大事记进行总结梳理，以下实例就是集中体现：

实例 30：选派大学生村官和村（社区）党组织书记来攀培训

2012 年，来自攀枝花市东区、西区、仁和区、米易县、盐边县的 30 名大学生村官与木里县的 20 名大学生村官在攀枝花市委党校接受两地大学生村干部示范培训（见图 10-2）。通过培训，大学生村官们明确了工作内容和职责范围，初步掌握了农村政策以及农村工作的基本知识、工作程序和工作方法，增强了两地大学生村官们的友谊，深化拓展了攀枝花、木里两地"强党建、促发展、惠民生、促和谐"的共建活动，促进了攀枝花市大学生村官与木里县大学生村官的结对交流。

2021 年，作为攀枝花市对口帮扶木里县的又一项重要举措——木里县 114 名村（社区）党组织书记赴攀培训，让新当选的"领头雁"本领更强、飞得更高。本次培训在市委党校集中开展，培训从 2021 年 9 月 12 日至 30 日，分为两期，每期 57 人，采取"集中学习+自学提升+返岗调研"的形式，围绕村集体经济发展壮大、现代农业发展、基层支部建设、乡村治理、生态文明建设、弘扬"三线精神"等内容展开。

该年度是木里村（社区）"两委"换届之年，在攀枝花市举办木里村（社区）党组织书记进修班，将进一步提升木里村（社区）干部的政治素养和业务能力，为木里基层干部注入攀枝花力量，激发他们干事创业的动力，实现人才振兴、组织振兴，保障了基层党组织书记在乡村振兴中发挥"领头雁"作用。

图 10-2　培训现场

实例 31：在职干部赴攀枝花考察观摩

2012 年，来自木里县住房保障和城乡规划建设局的干部职工和施工、监理人员一行 12 人，到十九冶棚户区改造、炳三区商品房等施工现场进行观摩，就建筑工地质量安全管理等工作"取经"。通过现场观摩，进一步提高了木里县建筑质量安全管理及文明施工水平。

实例 32：选派党政干部到外省高校培训

2015 年 10 月 10 日至 10 月 14 日，木里县本地干部和帮扶干部人才综合素质提升培训班在上海同济大学举行（见图 10-3）。来自同济大学、上海师范大学、上海市委党校的 9 名专家、教授作了"新常态下的中国经济""演讲与口才""管理创新与国学智慧""突发事件处理与危机管理"等专题讲座，全体学员参观了上海市解放纪念馆（见图 10-4）、中共一大会址和同济大学校史馆。52 名木里县本地干部和攀枝花市帮扶干部人才参加了此次培训。培训期间，全体学员以严的标准实的作风，认真学习，努力提高，既开阔了视野，又活跃了思维，既结交了朋友，又深化了友谊。通过学习，木里县干部和帮扶干部人才提升了党性修养，拓展了知识领域，提高了综合素质。

图 10-3　开班留念　　　　　　　　图 10-4　参观上海解放纪念馆

2016 年 11 月 27 日—12 月 2 日，在精准扶贫关键阶段，攀枝花市帮扶工作组与木里县干部抓住"党员干部"这一重要因素，组织木里县本地干部及部分帮扶干部人才共计 60 人，到西南交通大学进行为期一周的脱产培训（见图 10-5），着力提升干部脱贫攻坚能力。培训课程紧密结合脱贫攻坚和绿色发展等中心任务，充分考虑木里县实际情况，从深入学习领会党的十八届六中全会，省委十届八次、九次全会精神，在发展生态经济、县域经济、特色农产品、少数民族宗教、信仰、文化，基层干部综合能力提升等方面精心设计。通过学习，党员干部丰富了理论知识，开阔了眼界思路，增强了综合能力，为打赢脱贫攻坚战注入强大动力。

图 10-5　培训现场

2022 年 8 月，攀枝花市对口帮扶木里县干部培训项目——巩固脱贫攻坚成果同乡村振兴有效衔接专题培训班在宁波大学举办，攀枝花市第六批对口帮扶工作组干部与木里县部分部门、乡镇的有关干部共 60 人参加培训。培训中，参训人员边学、边看、边问、边议，带着学习先进经验促进木里县乡村振兴的目的，系统学习了浙江省创建乡村振兴示范省，推进共同富裕示范区建设的政策举措，以及建强基层党组织、发展文旅产业和提升基层治理效能等方面的经验，深入了解学习宁波市开展东西部协作对口支援的先进经验。

专题培训后，参训人员纷纷表示，要将所学经验与木里县实际结合起来，积极优化完善帮扶工作思路举措，不断提升帮扶工作质效，努力为木里县乡村振兴贡献力量。攀枝花市帮扶干部朱攀锐说："横坎头村通过发展红色旅游带动群众增收致富的事例给我留下深刻印象，我们将带着本次学习成果回到木里，利用好木里民俗文化旅游资源独特丰富的特点，搞好乡村民俗文化旅游产业，促进木里乡村振兴工作再上新台阶。"

实例33：选派干部到成都培训

2018年9月27日至28日，攀枝花市第五批对口帮扶木里县的28名干部人才，在成都参加全省第五批帮扶和第二批援彝干部人才岗前培训会。培训会分为经验交流和专题讲座两个部分。在经验交流会上，来自第四批帮扶和第一批援彝干部人才代表介绍工作经验、分享心得体会。攀枝花市第五批帮扶干部人才纷纷表示，要以往期帮扶人员为榜样，在政治上做到绝对忠诚，在工作上尽责担当，在纪律上严格自律，以决战决胜的昂扬斗志、不胜不休的顽强意志，合力打赢脱贫攻坚这场硬仗，确保涉藏地区和涉彝地区同步全面建成小康社会。国庆假期结束后，攀枝花市第五批28名帮扶干部人才队伍将接棒前行，奔赴凉山州木里藏族自治县，开展为期两年的帮扶工作。

实例34：选派干部到三线建设干部学院培训

在脱贫攻坚收官的重要时刻，木里县委县政府始终保持攻坚态势，始终把脱贫攻坚作为重要政治任务。为此，木里县委组织部与攀枝花市委党校（三线建设干部学院）达成合作协议，委托学院对参与木里县脱贫攻坚的扶贫干部进行轮训。攀枝花市委党校（三线建设干部学院）在此项培训中，精心搭建课程体系，不断优化课程设置，达到加强干部思想意识形态建设，坚守初心、展望未来；坚定干部脚踏实地为群众出实力、做实事，富民安邦的决心；结合实践成功案例，拓展干部视野，提升干部创新思维，多元融入、因地制宜打赢攻坚战的能力。此外，在教学形式上也进行了丰富和提升，增加了党史回顾、光影教学等新形式，并融合了可以促进干部身心健康发展的创新团队建设课程、干部心理健康教育课程等。三线建设干部学院通过提供优质的培训服务，努力使前来参训的干部学员，在有限的学习时光里，学有所获、学有所思、学以致用。

（第一期）：2020年9月14日，木里县脱贫攻坚综合帮扶干部综合能力提升培训班（第一期）在三线建设干部学院开班（见图10-6），共57名学员参加培训。

图 10-6　第一期开班仪式

（第二期）：2020 年 9 月 20 日，木里县脱贫攻坚综合帮扶干部综合能力提升培训班（第二期）在市委党校（三线建设干部学院）开班（见图 10-7），共 71 名学员参加培训。

图 10-7　第二期开班仪式

（第三期）：2020 年 9 月 25 日，木里县脱贫攻坚综合帮扶干部综合能力提升培训班（第三期）在市委党校（三线建设干部学院）开班（见图 10-8），共 74 名学员参加本期培训。

图 10-8　第三期开班仪式

（第四期）：2020 年 10 月 20 日，木里县脱贫攻坚综合帮扶干部综合能力提升培训班（第四期）在攀枝花市委党校（三线建设干部学院）开班（见图 10-9），来自木里县的 48 名学员参加开班式并参加培训。

图 10-9　第四期开班仪式

（第五期）：木里县脱贫攻坚综合帮扶干部综合能力提升培训班（第五期）在三线建设干部学院开班（见图 10-10）。

图 10-10　第五期开班仪式

（第六期）：2020 年 11 月 2 日，木里县脱贫攻坚综合帮扶干部综合能力提升培训班（第六期）在市委党校（三线建设干部学院）开班（见图 10-11）。来自木里县的 56 名驻村工作队队员及第一书记参加了开班仪式，市委党校（三线建设干部学院）副校长李燕致欢迎辞并授班旗。

图 10-11　第六期开班仪式

实例 35：邀请专家赴木里县开展培训

2020 年 9 月 21 日至 23 日，受攀枝花中院党组委托，攀枝花中院党组成员、副院长龚建元带领攀枝花两级法院的师资力量一行 10 人，前往木里县法院开展帮扶工作调研及业务培训。

此次送培上门是落实市委组织部《2020 年攀枝花对口支援木里藏区干

部人才培养计划》的要求，针对木里县法院的人才培训需求开展的为期2天的业务培训（见图10-12）。这次培训共派出6名两级法院的优秀师资，分别针对民事、刑事、行政、审判辅助等进行专业培训和业务交流。业务培训会上，攀枝花两级法院的干警不仅向木里县法院干警分享了攀枝花市法院审判经验，还与木里县法院法官干警就法律热点难点问题、审判执行中的典型案例进行了交流探讨。木里县法院干警表示此次培训很有针对性，对实际工作具有指导性，受益匪浅。

图 10-12　培训现场

实例 36：木里县纪检监察干部赴攀枝花纪检监察学院开展培训

为进一步提升木里县纪检监察干部业务能力素质，打造政治素质高、忠诚干净担当、专业化能力强、敢于善于斗争的纪检监察铁军，推动新时代纪检监察工作高质量发展，2023年2月19日，由木里县纪委监委组织的全县纪检监察干部综合素质提升班在攀枝花纪检监察学院开班。攀枝花学院马克思主义学院副院长罗春秋，木里县县委常委、副县长高升洪，木里县委常委、县纪委书记、监察委主任王飞出席开班仪式并发表讲话（见图10-13）。

攀枝花在对口帮扶木里的基层干部培训中，按照精准、可实现、可持续、有成效的要求，以高度的政治责任感和历史使命感扎实开展培训工作，不断提升了帮扶综合效应，为木里县的可持续跨越发展奠定了坚实基础。

图 10-13　开班动员会现场

三、专业技术支持力度持续强化

　　充分发挥攀枝花市的人才优势，帮助木里县培养大批专业技术人才，不断提升木里专业技术人员的能力和水平，始终是攀枝花市帮扶木里县人才培训的重中之重。实施过程中，攀枝花市充分调动机关部门、企事业单位、社会组织在管理、技术、资源等方面的优势，对木里县产业发展、工程项目、生态环境等领域给予技术支持。例如，根据木里县项目建设需要，攀枝花市对木里工程建设项目的设计、图审、财评、监理，以及木里县污水处理等方面予以支持；聚焦教育和医疗这两个最突出的短板，向受扶地输送一大批急需的专业技术人才和管理人才，并通过两地培训、委托培养、挂职锻炼等方式，帮助木里县加快本土人才队伍建设。

　　攀枝花市为了持续帮扶木里县专业技术人员成长，还专门在顶层设计上出台了《攀枝花市对口支援木里藏区专业技术人才培养工程方案（2012—2016 年）》，明确攀枝花市每年为木里县组织培训急需的建筑、农业等 60 名专业技术人才，推进木里县跨越式发展。同时，根据木里县基础设施建设和农业产业化项目发展的需要，攀枝花市对木里县急需人才培训重点放在了建筑、农业、畜牧、交通运输等领域。木里县每年抽调 5~10 名建筑类的技术骨干到攀枝花市进行为期 10 天的技术咨询、交流和专业技术实际操作培训；每年选送 4 名建筑类、交通运输类的技术骨干到攀枝花市相关单位跟班学习，木里县每年抽调 10 名农业、畜牧技术骨干到攀枝花市参加技术咨询、交流和专业技术实际操作培训。攀枝花市每年为木里县举办一期 30 人左右的农业技术培训班，每年组织农业技术专家到木里县实地开展 1 至 2 次农业产业技术指导。该《方案》成为攀枝花市对口支援木里县专业技术人才培养的纲领性文件。

在此指导下，攀枝花市不仅将木里县的人才请进来培训，同时也选派专业技术人才和技能型人才对木里县 29 个乡镇的党员干部、农民群众、致富能手进行集中培训。培训主要针对木里县的优势产业，即旅游业和农牧业开展，取得了显著效果。

实例 37：旅游人才培训

2011 年 7 月 15 日至 17 日，由攀枝花市旅游局抽调的培训队伍在木里县香巴拉大酒店举办了旅游从业人员服务技能培训班，涉及服务礼仪、餐饮客房服务技能、旅游标准化建设等培训，受到了当地业内人士的欢迎。本次培训是木里县首次大规模组织旅游从业人员接受服务技能培训，参培的 80 名学员分别来自木里宾馆（饭店）、农家乐、旅游接待点等。通过培训，学员不仅强化了理论基础知识，也提高了实际操作技能。由于培训效果好、实用性强，受到各界高度赞扬。考核合格人员还颁发了"旅游行业培训合格证书"。

2012 年，木里县又选派首批 8 名旅游行政管理人员、涉旅企业管理人员赴攀枝花市对口部门、单位培训学习。木里县共选派县文广旅体局旅游干部 2 人，乔瓦镇、瓦厂镇旅游专干各 1 人赴攀枝花市旅游局相关处室开展为期 3 个月的业务学习，学习内容主要包括旅游项目包装、产业促进、市场开发、旅游节庆活动组织等。同期选派木里香巴拉大酒店、阿可登巴等涉旅企业 4 名管理人员赴攀枝花市攀宾、金沙明珠酒店开展为期 1 个月的专业培训，重点学习人力资源管理、制度建设、标准化服务等。通过培训，旅游行政管理人才的技能、服务意识得到加强。

农牧业也是木里县的比较优势产业，如何进一步挖掘农牧业产业优势，攀枝花在帮扶木里县的农林牧人才培训方面，也努力进行了探索实践，助力木里县农牧业高质量发展。

实例 38：农村建筑类技术人才培训

2014 年，100 名来自凉山州木里藏族自治县的农村专业技术人员抵达攀枝花市，并在攀枝花建筑工程学校接受专业技术培训。此次培训为期 14 天，攀枝花市充分利用优质培训资源，为木里县培养一批观念新、懂技术的农村建筑类技术人才，提高木里县农村劳动力技能。培训理论结合实践，重点传授砌筑工、电工、钢筋工等实用技术。培训期满后，还组织学员进行资格考试，对考试合格者颁发国家职业资格证书。

实例 39：农牧业人才培训

攀枝花市第三批援助木里县干部人才工作组充分发挥桥梁纽带作用，与攀枝花市农牧局积极沟通对接，实地开展水产养殖培训，进一步提升木里县水产养殖技术水平和产品质量。2015 年 4 月 9 日至 12 日，攀枝花市迎来一批特殊的客人，来自木里县项脚乡的 7 户渔业养殖户，到盐边县箐河乡学习水产养殖先进技术和经营理念。学员参观了盐边县养殖大户鱼苗繁殖基地、三文鱼养殖基地和山沟溪流养殖基地，认真聆听了水产专家讲授的渔业养殖专业技术、鱼病防治、饲料投放和渔场建设等专业知识，并积极与专家和养殖大户互动，探讨养殖技术中存在的难题，学习解决问题的方法。此次培训让木里县渔业养殖户受益匪浅，提高了其养殖技术，启发了其经营理念。他们表示，通过此次交流培训，找到了养殖技术和管理上的差距，对通过发展渔业增收致富充满了信心。

2022 年 3 月，攀枝花市帮扶工作组邀请市农林科学研究院魔芋专家赴木里县沙湾乡打卡村开展魔芋种植技术培训，提高当地农户魔芋种植技术和管理水平，增强农户发展信心，助力魔芋产业成为沙湾乡的特色优势产业，让"小魔芋"成为群众致富的"大帮手"，为实现乡村振兴提供强有力的产业支撑。培训以交流讲解、魔芋产品展示相结合的方式开展，魔芋技术专家首先对魔芋产业发展状况及前景进行了分析；随后，专家们就魔芋栽培环境与地块选择、种芋选择与消毒、种植密度、种植时间、病虫害防治、魔芋收挖与储存等方面进行了详细讲解。在培训过程中，魔芋种植户们认真听、仔细看，并提出了魔芋产业发展过程中遇到的问题，专家们为种植户逐一解答。最后，专家们还为种植户免费发放了魔芋项目技术种植的要点材料。

此次培训将理论与实际进行有机结合，受到了种植户们的一致好评，提高了种植户魔芋种植的管理技术水平，增强了群众发展魔芋种植的积极性。种植户们纷纷表示，十分感谢攀枝花市的帮助，将把学到的魔芋技术应用到今后的种植当中，更有信心把曾经遇到的困难解决好。

四、劳务和技能协作不断提升

加强劳务精准协作和加大技能培训力度是攀枝花市对木里县扶智的重要方面。在攀枝花市和木里县的共同努力下，特别是攀枝花市一批干部人才对木里县的劳务和技能帮扶中，努力用好就业政策，最大限度统筹攀枝花市现有政策，扎实开展就业培训，完善具体奖补措施，抓好线上宣传，依托攀枝花市和凉山州公共招聘网，为木里县提供用工信息；抓实线下活动，大力开展就业招聘活动，鼓励经营性人力资源服务机构为木里县开展劳动力转移就业服务，鼓励攀枝花市企事业单位招聘木里县劳动力，切实帮助木里县劳动人口妥善就业。

实例 40：贫困劳动力技能培训

2019 年 11 月 8 日，攀枝花市就业扶贫帮扶工作组赴木里县对接贫困劳动力技能培训工作。针对木里县贫困劳动力分布零散、文化基础较差、赴攀培训意愿不强的实际情况，攀枝花市就业扶贫帮扶工作组赴木里县对接培训工作，木里县政府分管负责人和县就业服务管理局负责人参加了对接会。经过深入细致商讨，双方最终达成一致意见，由攀枝花技师学院选派师资赴木里县开展培训，并将培训地点设在贫困劳动力较为集中的木里县后所乡岩里村，最大限度方便贫困劳动力参训，让贫困劳动力在家门口就能享受职业技能培训。

攀枝花技师学院作为省人社厅认定的"一帮一"技能扶贫培训机构和三届世界技能大赛冠军摇篮，安排最好的师资，提供最优质的服务，尽全力办好了培训。培训结束后，攀枝花市还组织相关用工企业赴后所乡组织召开专场招聘会，根据贫困劳动力就业意愿，推荐合适岗位，促进其就业脱贫。

实例 41：驾驶技能培训

2020 年以来，受新冠疫情影响，木里县贫困人口技能培训和劳动力转移工作遇到了较大阻力。为破解难题，寻求突破，攀枝花市第五批帮扶工作组充分发挥桥梁纽带联结作用，一方面多渠道联系，主动对接获取各方面培训和就业信息；另一方面广泛宣传，动员木里县有外出就业意愿的年轻人走出大山，掌握一技之长后直接就业，开辟了技能培训和转移就业一体化的新路子。此次木里县培训班的首批 16 名学员分别来自木里县 9 个乡镇的 12 个村以及盐源县的 1 个乡镇，其中 8 名学员为建档立卡贫困户家庭成员。攀枝花公交驾校全力做好服务保障工作，免费提供住宿、安排最有经验的教练，争取不让一名学员掉队。木里县培训班学员学期为 5 个月，学员取得驾照、实习合格后，凉山州西昌月城公交公司与之签订正式聘用合同。

五、"传帮带"稳步推进

木里县为了重点借鉴攀枝花医疗技术、教育教学、产业发展、政策制定、项目运作、基础设施建设、招商引资等方面的成熟经验和创新举措，攀枝花市帮扶干部人才与木里县挂职单位本地干部人才形成了"一对一""一对多"的"传帮带"机制，通过交流思想观念、传授工作方法、提高操作技能等方式，帮扶对象进步很快，逐渐成为了单位的业务骨干。

实例42：疫情防控培训

在疫情防控的紧要关头，为了提高木里县疾控中心全员新冠疫情防控能力，攀枝花市疾病预防控制中心"传帮带"人员陈建新、李树民、陈鑫莹3名"传帮带"人员充分发挥专家优势，全员培训木里县疾控在岗疫情防控人员。每次培训前充分了解培训对象类别，分类准备课件，从洗手、穿脱防护服到消毒、杀菌，从家庭到工厂，从户外到户内…结合实际情况，先后4期对120名卫生员进行了培训，确保分区分类防控工作落实到每个单位、每个点。此外，在日常的工作中，通过临床带教、专题讲座、业务培训、手术指导、下乡义诊、执法检查等，对学员言传身教，不断提高帮扶人员"造血"功能。

在教育领域，"传帮带"活动更是经常展开。各帮扶单位按照《攀枝花市对木里藏族自治县教育帮扶实施方案》的要求，积极开展基于市、县、校三级联动的"研培行一体"教研援助工作，制定木里教育攀枝花教研援助工作方案和木里教育攀枝花教研援助成果年度展评发展性评价指标，提出了"'展示课+三级评价'成果展评"举措，不断推动教研帮扶走向理性化、模型化、优质化，切实推动木里县教育改革再发展。此外，还经常开展"组团式"送课下乡活动，通过示范观摩、教研指导、专题讲座、座谈交流等，将备课经验、课堂组织、教学设计、教学方法等传授给帮扶老师，让木里县的孩子们受到更高质量的教育。

各领域的"师傅"充分发挥经验优势和能力特长，紧密结合木里县的实际情况，注重帮点子、扶思路，强化抓重点、补短板、强优势，带领干、带头干、带动干，在辅助决策、制定规划、产业推动、项目实施等方面发挥了重要作用。这些经过专业培训和"传帮带"成长起来的当地干部人才，开拓了眼界，转变了观念，掌握了新技能，为木里县的可持续发展涂抹了厚重底色，夯实了发展后劲，提供了重要的人才智力支持，持续推动木里县经济社会发展。

总之，攀枝花市帮扶木里县以来，认真学习理解扶贫先扶智，致富不致富、关键看干部的深刻含义，结合"党的群众路线教育实践活动""三严三实"专题教育，"不忘初心、牢记使命"主题教育，党史学习教育，与木里县各部门深入研讨，找准定位，同木里县委、县政府及基层干部和贫困群众面对面交流、心贴心互动，全面摸清人才帮扶的短板弱项和实际需求，注重扶贫与扶志、扶智相结合，采取选派优秀干部帮扶，广泛开展人才交流，促进观念互通、思路互动、技术互学、作风互鉴。采取双向挂职、两地培训和组团式支教、支医等方式，加大教育、卫生、科技、文化、社会工作等领域的人才支持，把攀枝花市的先进理念、人才、技术、信息、经验等要素传播到木里县，充分激发了当地干部群众脱贫致富内生动力，提升自我发展能力，帮助两地建立了一支懂扶贫、会帮扶、作风硬、留得住的扶贫干部队伍，确保帮扶工作取得扎实成效。特别是在人才、资金、教育帮扶、干部培训等方面给予木里县大力扶持，为木里县打赢打好脱贫攻坚战注入强大动力，也为推动乡村振兴与脱贫攻坚成果有效衔接，全面建设社会主义现代化木里县奠定了人才保障。

未来的新征程中，希望攀枝花市和木里县一如既往加强两地党政干部"双向互派"，利用对口支援机制，激励有志向、有能力的专业人才、应届毕业生等前往木里县工作；采用长期培训、远程教育等方式，帮助木里县在旅游、城建、交通、教育、卫健、碳循环产业等领域培养一批带不走的本土人才，助力木里县的现代化事业不断取得新突破。

第四篇

真情帮扶

第十一章　春风送暖入藏乡

市教体局：乡土同育新锐，师生共话宏图

　　木里，一个位于四川省凉山彝族自治州西北处的藏族自治县，地处青藏高原东南缘，横断山脉终端，整个自治县的相对高差达 4 428 米，属于典型的高山、山原、峡谷地貌。它是全国仅有的两个藏族自治县之一，境内山峦叠嶂，江河环绕，地势险阻。它的面积约等于两个攀枝花，人口却不到攀枝花的十分之一，教育水平在四川省内更是处于较低水平。2010 年，攀枝花市教育局和体育局（以下简称"市教体局"）按照要求开始承担帮扶木里县的任务。13 年来，市教体局牢牢抓住教育这一民生重点和基础环节，对接木里县教育教学短板，注重在软硬件帮扶上下功夫，着力为木里县未来发展培养建设者和接班人，教育帮扶工作成效显著。这个位于大山之中的自治县，就此迎来了它的又一次改变。学生高考成绩逐年攀升，"9+3"的学生走上工作岗位，攀枝花市援助木里县千名干部人才培训工程扎实推进。2014 年，市教体局被省帮扶办评为"四川省对口帮扶工作先进集体"；派出的援助干部中，1 人被评为"四川省对口帮扶先进个人"，5 人被评为"攀枝花市对口帮扶工作先进个人"；2018 年，攀枝花市教体局被市委、市政府评为"对口帮扶工作先进集体"。

扶贫先扶智，政策作保障

　　如果说修路是为了将幸福生活送到这里，那么发展教育，则是让老百姓们主动去拥抱幸福生活。扶贫先扶智，教育通过改变人的素质、提高人的能力而实现根本脱贫并长期致富，既阻断贫困代际传递又带动家庭发展，因而意义更加重大、作用更加长远，是扶贫的根本，体现着教育的社会功能和本质。自接受援助任务起，市教体局便对木里县的教育情况进行了全面调查与分析，针对该县教育工作中不同问题出台了相应政策。市教体局制定印发了《攀枝花对木里藏族自治县教育帮扶实施方案》《关于鼓励内地优质学校与

深度贫困县学校建立紧密型"校对校"教育联合体的实施意见》，从"教育培训帮扶、教研科研帮扶、教育改革帮扶、学校结对帮扶、教学支教帮扶和推进"'校对校'联合体建设"等方面出台了相应的制度政策和帮扶措施。

加强组织保障，成立了由一把手担任组长、其他局领导为副组长，相关科室及直属事业单位为成员的帮扶工作领导小组，确定了各自的工作职责，由教师发展和对外交流合作科总牵头，负责对木里县教育管理干部和教师开展培训工作；基教科负责对木里县开展"36+36"对口帮扶工作；党工委办、人事科分别负责木里县干部和教师的选派和管理工作；市教科所和市教育培训中心负责五大片区教研帮扶和培训项目实施方案的编制、专家选聘、课程研发设计等工作。相关科室和单位密切协作配合，确保了各项工作顺利进行。

市教体局先后选派 9 批 71 名优秀管理干部和教师到木里县开展支教工作，目前在木里县还有教师干部 16 人。落实经费、服务保障，严格按照市帮扶办和市人才办的要求，认真执行帮扶培训的经费标准，确保专款专用；按时兑现帮扶人才的各项待遇和补助。定期和不定期与帮扶人员进行沟通，对派出帮扶人员进行看望慰问，发放慰问金和慰问品。同时通过召开座谈会、看望家属、电话慰问等方式，及时掌握帮扶人员工作和生活情况，为他们解决工作和生活上的困难，对帮扶人员评优、评先和职称晋级等方面给予优先考虑，确保他们安心帮扶工作。

扶贫先扶智，培训提能力

把对口援助木里县的各项培训纳入统一规划，每年根据木里县教科局的需求制定培训计划，并严格按照计划组织实施培训，确保培训的针对性、实效性和可操作性。援助以来，市教体局组织专家到木里县开展了高考备考指导培训、学科骨干教师培训、财务人员培训等 38 个培训项目，培训木里县中小学（幼儿园）教师、校（园）长、财务人员、技术工人等 14 159 人次，投入培训经费 200 余万元。同时，接收木里县 326 名的后备干部、骨干教师、新教师等到我市参加培训，41 名木里县行政党务干部、优秀校（园）长参加我市组织赴外培训。

实施分片包干教研帮扶。根据木里县教研力量薄弱的实际，实施义务教育阶段学校分片包干教研。将木里县 36 所受援学校（幼儿园）分成博瓦、雅砻江、瓦厂、茶布朗和县城五个片区，分别由攀枝花市教科所、东区、仁和区、米易县、盐边县组建五个教研团队，有针对性地分片开展教研活动。通过"示范课+诊断课+微报告"、教研培训等形式开展教研帮扶活动，培训教师和高三学生 6 367 人次，不断提升木里县教师教学水平和教学质量。承担帮扶任务的 36 所学校也根据帮扶片区和结对学校实际情况制定了具体的帮扶工作计划，通过开展学科结对、上示范课、专题讲座、学生手拉手等方式，按照长期、短期支教，中小学教育教学管理人才赴攀跟岗培训，工作坊研修，开展"心连心、手拉手"等工作要求认真落实帮扶工作。自 2017 年"36+36"结对帮扶以来，各学校派出各科教师 1 968 人次，开展"师带徒"活动，引领年轻教师成长。结对帮扶学校共接收来自各受援学校 645 名校级干部及教师进行跟岗学习。

扶贫先扶智，爱心作桥梁

根据教育厅要求，市教体局下发了《关于推进攀枝花市优质中小学校与深度贫困县中小学校建立紧密型"校对校"教育联合体的实施方案的通知》，召开了工作推进会，确定了东区的第二小学校、仁和区的四川仁和思源实验学校等与木里县克尔乡小学、红科中学建立"校联体"结对关系，并签订了帮扶协议。众多骨干教师和中层干部到木里县克尔乡小学支教、送教，一幕幕爱的场景令人动容：小学语文骨干教师前往木里县（见图 11-1），在木里县的小学课堂上做一堂堂评课工作；支教教师带着一群木里县学生围坐在一起，交流谈心，了解他们的家庭情况和学习情况，师生成为了朋友；教室里，灯光下，桌面上摆放着一批新的美术用品，支教老师正带着木里县的学生们上美术课，看着彩笔在白纸上天马行空地涂画，老师们脸上也不由得露出欣慰的笑容；年幼的孩子们抱着新的书包，在镜头面前笑得羞涩，书包是仁和区幼儿园师生们带给木里县幼儿园学生们的礼物，分隔两地的孩子因为这特殊的情缘，架起了心与心的桥梁。

图 11-1　攀枝花市小学语文骨干教师在木里听评课

　　帮扶的老师们主动承担起了学校校园文化建设的创意和实施工作，参与学校管理，同时开展网络教学活动，随着网络课堂进入木里县，越来越多的老师可以通过互联网大数据，获取自己需要的信息，提升自身教学能力，开阔眼界。受帮扶学校的老师们，通过网络渠道参加攀枝花市东区举办的课改大会、课堂教学观摩等活动，为老师们提高自身教学方法提供了学习途径。

　　在多年的帮扶工作中，攀枝花市派出了众多优秀教师支教，如为爱坚守的余中玉老师、扎根基层教育的雷雪梅老师等，他们每个人都在木里县留下了爱的印迹。一批批来自攀枝花市的教师扎根木里县，奉献光热，那些令人感动的故事汇聚到一起，便成了帮扶路上一道道美丽的风景线。他们用爱心浇灌祖国花朵的成长，以真诚架起心与心的桥梁，和木里县当地的孩子们结下了深厚的师生情。他们发挥自身优势，结合当地学生的学习情况，用最适合孩子们的教育方法，传授知识和技能，让教育帮扶的效果真正体现在孩子们的发展上，为当地教育发展提供了长久且坚劲的智力支撑。

扶贫先扶智，共育栋梁才

　　自2010年建立帮扶关系以来，攀枝花市教体局与木里县教科局建立了良好的合作关系，两局领导多次互相探访两地的学校（见图11-2），举行各项线下会议讨论提升木里各级各类学校教育教学水平的对策、措施。

图11-2　仁和区幼儿园结对帮扶木里幼儿园

　　多年来的教育援助，让木里县的教育工作得到了突破性进展，这是攀枝花市教体局以及所有支教教师一同在木里县留下的浓墨重彩的印记。仅"9+3"免费中职教育就招收了木里县学生3 138人，已毕业2 240人，升学802人，顺利实现就业 1 407 人，现有在校木里学生 834 人。木里县高考本科上线率逐年提升，2016 年高考取得了历史性突破，首次达到两位数；2021 年，首次突破百人大关，本科硬上线 126 人，重本硬上线 21 人，艺体双上线 28 人，各类本科录取达 228 人。这些数据都是对攀枝花市教体局帮扶工作成效的最好诠释。

至今，攀枝花市教体局的帮扶工作还在继续，木里县教育美好的未来图景还在一步步变得清晰。众多无私奉献的帮扶工作人员前仆后继，以青春之笔，在木里的蓝天描绘绚丽的图画，为攀枝花与木里之间连接了一条深厚友谊的桥梁，我们坚信，在两地的共同努力下，攀枝花市和木里县的教育，一定会发展得越来越好，共同为四川省、为国家发展输送一批又一批先进人才，为每一位孩子，创造更光明的未来！

市中心医院：帮扶托起健康梦，拳拳医路践初心

木棉花火红热烈，但它并不拘泥于西南角城市的那片繁荣；它要往上生长，往外伸展，它要长在高原，绽放在那高高的枝头，向蔚蓝的天际挥洒它的似火热情。

恰有这样一群人，他们怀着木棉花一样的热烈情怀，涉过金沙江，来到大凉山，披星戴月地赶赴高原之上的木里县。他们是医生、是护士，他们带着手术刀、带着各式医疗仪器，不辞辛劳地从英雄的城市赶往高原上的山区，他们要用经年的医学经验救治病人，他们愿将自己毕生所学倾囊相授于远方的同仁。来自四川省攀枝花市中心医院的他们背负着使命来到木里藏族自治县，他们不仅是无私的医者，更是一个"众人拾柴"的优秀集体。

2014年至今，攀枝花市中心医院认真落实医疗卫生城乡对口支援及定点帮扶工作，连续派出15批次90人次支援木里县人民医院，在完成脱贫攻坚目标任务的同时为对口帮扶地打造了本土医疗卫生队伍，全面提升了贫困地区医疗服务水平，为人民群众提供了优质、便携、可及的医疗卫生服务，取得了显著成效，受到木里各族人民群众和社会的广泛好评。

因对口帮扶工作表现突出，2018年7月，攀枝花市中心医院荣获四川省人民政府授予的2017年省内对口帮扶涉藏涉彝地区贫困县先进集体。2021年2月，攀枝花市中心医院获得"全国脱贫攻坚先进集体"荣誉。医院挂职木里县卫生健康局副局长毛光明被省委、省政府授予"2019年脱贫攻坚先进个人"。

从宏观领导组织，以微观落实细节

强化组织领导。为了顺利完成"脱贫攻坚"重任和守护木里人民群众健康，攀枝花市中心医院对对口支援和帮扶工作做了宏观布局，成立了脱贫攻坚工作领导小组，并结合工作实际及时对领导小组成员进行调整。自2018年以来，领导小组由党委书记、院长任双组长，其他班子成员任副组长，领导小组负责脱贫攻坚、对口支援工作的总体谋划和组织协调；领导小组下设健康扶贫及对口支援"传帮带"工作组、援助木里干部人才工作组、定点帮

扶工作组 3 个工作组。2022 年医院成立了组团式帮扶领导小组，由党委书记、院长任双组长，其他班子成员任副组长，领导小组办公室负责协调"组团式"帮扶工作的开展。

强化责任落实。领导班子坚持把对口帮扶及脱贫攻坚工作摆上重要议事日程，将对口帮扶及定点扶贫工作纳入医院年度工作计划，推进工作制度化、规范化。同时推进工作机制的完善，制定印发了《攀枝花市中心医院关于制定对口支援"传帮带"工程派驻人员管理办法的通知》等相关文件、制度，结合工作实际，及时进行修订完善，并严格按照要求执行。

强激励保障。制定印发了《攀枝花市中心医院对口支援传帮带工作派驻人员管理办法》，从人员选派、工作要求、考核方式、支援保障等方面做了详细规定。制定了定点扶贫期间的补助细则，相关专项经费专款专用，及时发放。同时，严格按照《四川省城乡医疗卫生对口支援"传帮带"工程日常工作考勤管理制度》对所有支援人员进行考勤管理，在职称晋升、岗位聘用、提拔任用、各项评优评先时优先考虑对口支援工作表现突出的人员。

义诊活动显仁心，授人以渔教学识

医者，大爱无疆。作为医生，无论行至何处，救死扶伤永远位居首位，攀枝花市中心医院的医生们跋山涉水来到木里县也是如此。他们怀着一颗仁心，凭着满腹学识，无私地进行了义诊活动，通过疑难病、死亡病例讨论，开展专家门诊等多种方式在当地进行医疗援助。

援助过程中有许多事例深深打动人心，其中不乏从死神手中抢夺病人的"爱心接力"。2017 年 4 月，攀枝花市中心医院第九批帮扶医疗队队员杨益在查房中发现藏族老乡棒嘎患有盆腔脓肿，却因家境贫寒准备放弃治疗。然而严重的盆腔脓肿不得到及时治疗很可能危及患者生命。杨益当即劝说棒嘎及其家属继续治疗，最后，患者及家属决定转去上级医院以便更好地接受治疗。4 月 12 日，他们来到攀枝花市中心医院就诊。妇产科的王以峰主任在手术已经排满的情况下，仍决定对棒嘎进行急诊手术。手术后的棒嘎仍需继续治疗，却无力承担医疗费用。杨益与护士长商量后，决定为她减免部分费用，并组织科室为她捐款。

这次"爱心接力"后，杨益思考了许多，如果木里县医院的医生能够提升自己的技术水平，让患者们在家门口就能享受到良好的医疗服务，那么如棒嘎一样家境贫寒的重病患者就不用为了接受治疗而长途颠簸，也不用因此承担一系列的额外费用。这场"爱心接力"在援助过程中并非个例，来自攀枝花的医疗工作者们逐渐意识到，他们要做的不仅是救死扶伤，授人以鱼不如授人以渔，他们还要为木里县留下一支技术水平高超的医疗队。

医院制定了"传帮带"（见图11-3）、"师带徒"等工程，并通过学术讲座、教学查房、手术示教、病例点评，建立微信、QQ等交流平台进行远程指导等多种方式，切实落实相关工作。2014—2022年攀枝花市中心医院共接受木里县人民医院30人次进修，下派木里县人民医院的支援人员已诊治患者104 528人，开展手术3 396台次，学术讲座1 555次，会诊及疑难病例讨论2 107次，新技术261例，教学查房2 020次，示教手术1 137台次，业务培训9 669人次。通过全面系统的培训，使得卫生技术骨干熟练掌握了各项基本技能操作，切实提高了受援县医院业务水平。

图11-3 召开医疗技术"传帮带"座谈会

学科帮扶促发展，设备供给以造血

追求专业技术的提升是一位医生的自我素养，而在当今社会，精密先进的设备、全面完善的学科无疑会为医生的诊断及治疗锦上添花。为了让木里县的居民们能够真正地在家门口享受到优质的医疗服务，攀枝花市中心医院为木里县医院改善并提供了相关设备，选派临床业务骨干开展帮扶工作（见图11-4），协助当地医院建设重点学科，提高了受援医院业务技术水平，强化了当地的"自我造血"功能，切实改善了当地的"贫血缺血"困局。

图 11-4　防护服穿脱培训与考核

2018 年，药学部临床药师毛光明被攀枝花市中心医院选派木里县进行综合帮扶，挂职木里县卫生健康局副局长。他承担着艾滋病防治、免疫规划、疾病预防控制、国家基本公共卫生服务等医疗卫生业务工作。毛光明为了尽快熟悉掌握全县医疗卫生工作情况，小到一个会议通知、一个情况说明、一个回复、一篇简报，都亲力亲为。

在以毛光明为代表的一批帮扶同事以及当地医务工作者的共同努力下，木里县人民医院成立了新生儿科、血透室、重症医学科、五官科病房。目前木里县人民医院普外科已经可以独立开展腹腔镜下胆囊切除术，腹腔镜下阑尾切除术，术后恢复时间由原来的 7 天缩短至 3 天。五官科手术从无到有，眼科、耳鼻喉科的常见病可做到在当地即能救治。新生儿科成功救治低体重新生儿。2019 年骨科通过凉山州州级重点专科立项评审。

除了促进专科联盟建设，根据木里县人民医院的"二甲"复审需求，医院与木里县人民医院进行沟通，派出管理人员及技术人员通过实地或网络远程指导等对其进行全面帮扶，成功帮助木里县人民医院通过国家"二级甲等"医院复审。

救死扶伤非局限，全面帮扶爱无疆

医生的天职就是救死扶伤，他们注定要熟记复杂繁多的医药名称以开设处方，注定要手握锋利的手术刀日夜颠倒地抢救病人。正因如此，攀枝花市中心医院派出的志愿队到达木里县后的第一件事就是熟悉当地医疗情况，随后开展义诊活动、进行医师培训、建设重点专科，完善当地的医疗系统。然而作为一支扶贫的医疗队伍，他们的足迹绝不会止于此处。医者大爱无疆，医者扶贫的方向不只在于医疗事业。除医疗帮扶外，攀枝花市中心医院以"以购代捐"的形式开展了定点扶贫工作，切实增强帮扶村自身的造血功能。

木里藏族自治县位于四川省东南部边缘，凉山彝族自治州东北部。这里冷热两季交替、干湿两季分明，年温差小，日温差大，辐射强烈，四季不分。正是这样独特的气候孕育了种类繁多的核桃。全县核桃成果期总面积 11 万亩，2022 年全县核桃总产量约万吨。

要想把皮薄酥香的核桃转化成帮助农民脱贫致富的金元宝，就必须为这些产量巨大的核桃找寻售卖渠道。攀枝花市中心医院于 2019 年采购对口扶贫村新鲜核桃 1.7 万余斤，共计 11.4 万余元；2020 年采购 250 毫升/瓶核桃油（38 元/瓶）2 000 瓶，总计金额 76 000 元。除"以购代捐"外，医院还先后投入资金修建对口帮扶村道路、桥梁，改善办公设施等，2020 年援助木里县项脚乡 3.28 森林火灾农民房屋受损重建帮扶资金 2.5 万元。

草木蔓发，春山可望。2020 年 2 月 14 日，木里县正式脱贫摘帽，木里县的各级医疗机构标准化建设、医疗救治能力和服务水平等方面都有了质的飞跃。攀枝花市中心医院也于 2021 年 2 月 25 日被授予全国脱贫攻坚先进集体称号，是全省唯一获得此项荣誉的医疗单位。

脱贫摘帽已成真，乡村振兴在路上。攀枝花市中心医院下一步将按照受援医院的需求，坚持"输血、造血"并重，派出优秀管理干部、支援医师赴木里县开展工作，继续强化医疗人才培养培训，努力打造一支较高素质的本土医疗卫生人才队伍，确保木里县人民医院医疗水平有进一步提升。

市中西医结合医院：妙手回春千家暖，救死扶伤百姓夸

攀凉兄弟情、攀木一家亲。在这一片古老、神秘的土地——木里，有着这样一群人，他们并不属于这里，但是他们前赴后继融入木里、扎根木里，他们不畏艰险、满腔热情，把自己的才能和智慧带到这片土地上。他们为了另一群人的健康和幸福，始终奔走在脱贫攻坚的援助之路上。

他们是谁？他们是盛开在木里的英雄攀枝花，是栖落在木里的雄鹰，是为脱贫攻坚贡献自身力量的攀枝花市中西医结合医院的专家团队队员们。他们用坚定的信念为木里人民的幸福打拼，他们用专业的知识为木里奠定医学基础，他们倾尽全力、任劳任怨，为木里美好的明天而努力奋斗着。他们肩负着攀枝花人民及全国人民的重托，为木里带去技术和项目，带去温暖与健康！

攀枝花市中西医结合医院积极响应国家关于做好对口帮扶工作精神，积极投身到健康扶贫工作中，打造了一条为健康远行的帮扶之路，被当地百姓誉为"高原的守护神"。先后与木里县中藏医院、木里县人民医院、木里县瓦厂镇中心卫生院等建立了紧密稳定的对口帮扶关系。以完善制度为先导、以项目建设为抓手、以人才培养为核心，重点在提升医疗技术、加强学科建设、规范医院管理等方面开展对口帮扶工作。

扶贫壮志正满怀，深入开展"传帮带"

木里县虽有丰富多样的自然资源，但基础条件落后，医疗资源普遍匮乏。为帮助木里县提升医疗技术水平，解决老百姓看病难的问题，攀枝花市中西医结合医院响应国家号召，积极参与贫困地区卫生支援公益事业（见图11-5），先后选派专家团队50余人参与对口帮扶木里工作，其中对口支援"传帮带"专家23人。

援助的背后，需要勇气与坚强，需要全身心的投入，每一朵盛开在木里的"攀枝花"，都带着自己的真心与真情，为木里的人民送健康、送温暖。对口帮扶"传帮带"团队中邓志鑫、陶祖秋2016年被评为凉山州对口帮扶先进个人，周永刚2017年被四川省人民政府评为帮扶工作先进个人，邓艳华同志荣获"2018年全省对口支援'传帮带'工程先进个人"，宋本艳同志

荣获"2019年全省城乡医疗卫生对口支援'传帮带'工程优秀个人",邓义江同志荣获"2020年全省城乡医疗卫生对口支援'传帮带'工程优秀个人",张乙川同志荣获"2021年全省城乡医疗卫生对口支援'传帮带'工程优秀个人"。这些都是攀枝花市中西医结合医院倾力帮扶木里的最好证明,也是倾情践行"传帮带"工作的有力证明。

图11-5 专家团队在克尔乡义诊

精准落实"传"。"授人以鱼不如授人以渔",在"传帮带"中,不仅仅要帮助受援地区人民工作,更要教会受援地区的人民如何去、怎样去工作,带领他们思考如何才能把工作做到最好,如何才能达到高质量的医疗水平。"传帮带"专家团队们到达木里县后,根据受援单位的实际需求,通过开展学术讲座、技能培训、技术指导、临床带教等,将自己的医学技术、专业知识以及工作经验等,毫无保留地传授给受援单位。并攀枝花中西医结合医院在攻坚克难时期,向受援地区伸出援手,不断向对口帮扶单位注入自己的攻坚力量,将本院的医学知识、医疗技术等传授给受援地区,推动受援地区在医学领域的快速发展。2017年以来,医院先后选派业务能力强、技术精湛、政治过硬的100余名临床业务技术骨干深入受援医院,进行理论知识和实践技能操作培训。累计开展了临床和管理学术讲座60余场,技能培训70余场(见图11-6)。经过培训医务人员对常见病、多发病的诊治水平有较大提升。

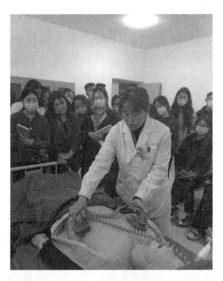

图 11-6 唐柳主管护师正在进行心肺复苏与电除颤操作示范及讲解

精准落实"帮"。攀枝花市中西医结合医院秉承"奉献、有爱、团结、互助"的精神，在工作面前同向而行，为木里县中藏医院、县人民医院新设立了皮肤科、小儿推拿科、急诊科等科室，开展新技术新项目 30 余项（见图 11-7）。几年来，攀枝花市中西医结合医院选派出的医疗专家团队队员们，对援助木里工作倾注了全部的热情，付出了巨大努力，受援基层医疗机构综合实力得到大幅度提升，贫困地区人民看病难等问题得到有效缓解。

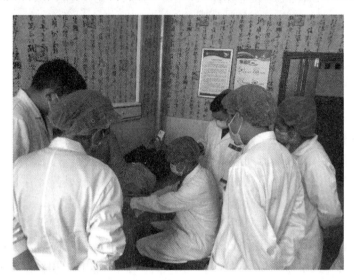

图 11-7 帮扶医生现场演示膝关节穿刺术并讲解及指导

精准落实"带"。攀枝花市中西医结合医院为受援医院提供免费的进修、学习平台，投入100余万元重新装修了宿舍，为进修、学习人员提供免费舒适的住宿，鼓励受援医院开展组团式进修，医院从医院管理、制度建设、学科发展、人才培养、技术提升等方面进行指导。2012年至今，市中西医结合医院免费接收受援医院组团式进修、学习（见图11-8），累计培训120余人次。2019年，攀枝花市中西医结合医院与受援单位签订"师带徒"协议，开展"师带徒"行动，精心挑选了医术高超、责任心强、作风优良的骨干作为老师，并根据受援单位员工个人特色有针对性地实施培养计划，老师们毫不保留地把自己的经验、知识传授给大家，努力促进受援单位员工成为技术骨干，带动他们一起推动木里县医疗卫生事业更好地发展。

图11-8　刘财副主任医师正在进行业务授课

医者仁心显本色，大爱无疆援木里

援助木里，奉献医学，无怨无悔！攀枝花市中西医结合医院为推进木里在医学方面的发展，有志而来，有为而归。帮扶干部们，挥洒着汗水，用行动来诠释责任，奉献了自己的攻坚力量，彰显了"不畏艰苦、甘于奉献、救死扶伤、大爱无疆"的医疗精神。

多年来，凉山州木里县中藏医院一直在为创建二甲医院而努力，攀枝花市中西医结合医院挑起此重任，积极推动木里县中藏医院提档升级，助推中藏医院创建二级甲等医院。从2012年开始，攀枝花市中西医结合医院就不断选派卫生专业技术人员到木里开展工作。直到2017年，医院正式与木里县中藏医院成为对口支援单位，并帮助木里县中藏医院建立多个中医特色科室、门诊。捐赠了价值 35 余万元的病床和急诊设备，无偿援助 30 套病床支持开设病房，同时，积极组织义诊活动，到当地去为百姓看病、治病。攀枝花市中西医结合医院，给当地带去了先进的医学技术，救治了无数鲜活的生命，被当地老百姓喻为"高原的守护神"。

由攀枝花市中西医结合医院选派到木里县中藏医院的专家团队队员们，兢兢业业、遵守医院相关制度、团结同事、对待病人如同对待亲人，队员们服务热情高涨，团队合作意识强，共同协助中藏医院各医务人员一起工作，受到当地广大人民群众的一致好评。队员们顾全大局、勇担重任，努力协助中藏医院救治患者，同中藏医院的同仁并肩作战，为守护健康不懈奋斗，为中藏医院创建二甲医院贡献了攀枝花力量。

支援木里，不仅有技术上的支援，更有精神上的慰藉。自从攀枝花市中西医结合医院对口援助木里县中藏医院以来，通过领导带队调研指导、选派专家团队、援助物资设备等形式，从人力、财力、物力等方面给予中藏医院大力支持，团队队员们奉献出自己的专业技术，为木里人民送去健康和希望，在攀枝花市中西医结合医院的援助下，中藏医院取得了前所未有的发展，2019 年顺利通过二级甲等民族医院评审并正式挂牌"攀大附院·木里县中藏医院医联体医院"。

百姓健康牵我心，白衣战士皆用情

对于攀枝花市中西医结合医院医生来说，援助木里是一份责任，更是一次磨练。为响应国家号召，贯彻落实扶贫攻坚项目，他们在关键时刻挺身而出，担当起自己的责任。他们带着省委省政府的重托、市委市政府的期望以及百万钢城人民的牵挂前往木里，一路走来，团结协作、精准发力，发出一束又一束光，照亮木里的医学之路，在木里播撒下英雄之花的种子。

他们信念坚定，永不言弃。木里海拔高，路途遥远，且山路崎岖，环境对帮扶干部来说是一大挑战，但是他们凭借着自身坚定的信念，在医院确定的"攻坚克难、务实创新、团结奉献、奋发有为"的帮扶精神引领下，顽强拼搏。专家们多次在木里举行义诊活动，耐心地为当地百姓分析病情，详细解答患者的疑问，获得当地群众的信任，提升了攀枝花市中西医结合医院在木里人民群众心中的形象和影响力，并为下一步更好地和木里卫生深度合作和交流提供了有力支撑。

他们吃苦耐劳，不怕困难。从攀枝花市到木里要经过 7 个多小时的车程，攀枝花市中西医结合医院的专家团队成员每一次到达木里后，不顾疲劳,立即到医院了解医疗情况和群众需要,对他们的工作进行指导和培训,帮助他们解决疑难病例等问题。第二天进行义诊之后他们又马不停蹄地赶回攀枝花,始终无怨无悔、任劳任怨。

他们乐观向上,勇敢坚守。受援医院地处偏远,整体技术水平较低,因此受援医院的医疗技术提升较为缓慢,但攀枝花市中西医结合医院帮扶团队并没有轻言放弃,而是加大工作力度,为打造一条为健康远行的扶贫之路尽最大努力。乐观面对困难、勇敢坚守使命,甚至放弃节假日的休息时间,在单位值班带班、加班加点、坚守在临床一线,深受当地医院和人民群众的一致好评。

在攀枝花市中西医结合医院白衣战士的帮助下,各受援单位的医疗技术得到了提升,人民群众的健康也得到了更高质量保障。对于医疗帮扶队员而言,每一次对木里的援助,每一次尽心尽力的义诊,每一面声声感谢的锦旗背后,以及坚守木里的每一个日夜,背后都有道不出的辛酸和汗水,他们真心实意做帮扶,全心全意促发展,为木里县医学领域搭上了脱贫梦想的"天梯",交出了一份让百姓满意的答卷,谱写了一曲医疗帮扶的爱的赞歌。

市水务集团：心系木里山水，同写共富华章

党的十八大以来，市水务集团坚持以习近平新时代中国特色社会主义思想为指导，认真贯彻落实中央、省委及市委市政府关于打赢精准脱贫攻坚战和深入实施乡村振兴决策部署，积极主动开展对口帮扶木里工作，苦干实干、用心用情，为促进木里县经济社会发展、切实提高当地生活水平、进一步巩固民族团结谱写了动人的奋斗诗篇。

心连心帮扶　手拉手奋进

时代是出卷人，人民是阅卷人。自接到帮扶和援助工作任务以来，市水务集团高度重视，以"功成不必在我，功成必定有我"的担当，勇担社会责任。无论是保障民生，支援抗洪，应急救援，护林防火，保护环境，都与木里发展同频共振，与木里人民同向而行。

数年来，水务集团采取项目帮扶、资金帮扶、驻村帮扶等多种形式，扎实开展脱贫攻坚工作。水务集团党委、领导班子成员多次代表公司前往木里县看望慰问驻村工作人员，了解帮扶村情况，与木里县委、县政府探讨帮扶重点难点工作，积极协助开展村民安全饮水工程管道测量安装，村民"九个一"建设以及控辍保学、护林防火、精准扶贫"大走访"等工作。积极支持市委、市政府关于"千企帮千村"结对帮扶的部署安排，木里县克尔乡阴山村和木里县固增乡利念村的帮扶工作，于 2018 年 6 月分别与木里县固增乡利念村、克尔乡阴山村签订"千企帮千村"结对帮扶协议，并多次与木里县委、县政府商讨具体帮扶事宜，合理制定帮扶计划。积极推动帮扶计划落实，向木里县阴山村、利念村投入帮扶资金 10 万余元，用于完善两村安全饮水设施和通户道路建设，解决群众饮水难题及出行难题。为贫困户修建畜圈，并通过以购代捐等形式，购买农户核桃、鸡、羊、腊肉等，共投入帮扶资金 3 万余元。同时，不断扩大产业扶贫和生态扶贫的长远作用，巩固受帮扶村脱贫攻坚成果。2019 年 10 月，水务集团被攀枝花市委、市政府评为"2016—2018 年度脱贫攻坚工作先进集体"。荣誉的背后，是水务集团责任和担当的实践答卷。

情倾木里县，爱溢大凉山

习近平总书记在企业家座谈会上指出："社会是企业家施展才华的舞台。

只有真诚回报社会、切实履行社会责任的企业家，才能真正得到社会认可，才是符合时代要求的企业家。"企业家是这样，企业也是这样。

长期以来，市水务集团充分发挥自身优势，以强烈的责任感、使命感和助力社会发展为己任，以"上善若水"的为民情怀，倾情倾力支援木里县供水设施建设，助力木里脱贫攻坚和振兴共富，彰显了国企的责任担当，受到了木里人民群众的认可和信任。

2012年7月，木里县突发特大山洪泥石流灾害，供水设施受到重创，市水务集团选派了36名共产党员服务队及抢险队队员驰援木里进行供水管网抢险救灾（见图11-9），不眠不休奋战36小时，圆满完成抢险任务，4万余名城区居民恢复用水。在一次次重大灾害面前，一次次抢险救援中，市水务集团为人民的生命安全撑起强有力的"保护伞"，逆向奔赴，挺身而出，早已融入水务集团人的血脉中。

2014年3月—2014年5月，水务集团承建了木里县第二自来水厂，工程技术人员发挥技术专长，累计为木里县政府节约资金400余万元。2014年5月28日，木里县第二水厂建成投用，木里县20万人民不再为用水发愁。2021年6月，应凉山州木里县政府有关部门邀请，市水务集团成立了由技术、施工、运管专业人员组成的专项工作组，指导协助木里县污水处理厂、乡镇污水处理站和垃圾处理站开展运营管理。2022年8月，开始实施木里县城乡垃圾污水处理运营项目，为木里经济社会发展再上新台阶提供助力。

图11-9 驰援木里抢险救灾

在积极做好供水项目援建工作同时，市水务集团主动对木里县列瓦乡中心小学进行结对帮扶，先后为列瓦乡小学修建了2座72平方米钢结构彩钢棚浴池，为其食堂捐赠了绞肉机、抽油烟机、和面机及2台电脑价值共20余万元的配套设施，300余名师生从中受益。

青年勇担当　青春奏新曲

为积极响应攀枝花市委市政府"千企帮千村"对口帮扶和援助工作部署，选派优秀干部接力推进驻村帮扶工作，为实现巩固拓展脱贫攻坚成果同乡村振兴有效衔接贡献智慧和力量。市水务集团积极做好驻村工作人员各项保障工作，及时为驻村干部办理意外保险、发放援建干部津贴、积极开展帮扶干部谈心谈话、走访慰问等活动，发放毛毯、水壶、果蔬等慰问品及慰问金，为驻村干部全身心投入脱贫攻坚工作提供了坚实保障，为驻村干部茁壮成长创造了有利条件；体现了市水务集团践行初心使命，履行社会责任，敢于负责，勇于担当，彰显大国企业风范。

2018年6月，市水务集团选派优秀青年员工刘秩男到木里县克尔乡阴山村开展驻村帮扶工作。驻村以来，该同志充分发扬水务人敢为人先、用心为民的优良传统，扎根木里忘我工作，走村入户进行排查摸底，开展异地搬迁、控辍入学、调查回访等工作；利用所学专业知识，协助当地开展安全饮水工程，跋山涉水进行管道测量安装，为村民解决饮水难题；与当地干部群众和帮扶队员共同攻坚克难，修建通村、通组公路，改善乡村道路交通环境；多方面收集产业扶贫相关信息，鼓励村民大力发展"羊肚菌、核桃、花椒"等特色农产品项目，为帮扶村实现脱贫目标贡献了青春和力量。

驻村帮扶期间，为了竭力让村民住上好房子、过上好日子，在"两不愁三保障"排查工作中，他对照指标，挨家挨户排查，掌握真实状况，确保不漏一户。在排查过程中，他发现一户建卡户的房屋未做到人畜分离，屋顶有漏洞、墙面开裂、地板有两指宽的裂缝、卧室阴暗潮湿不通风、房梁也有一处开裂急需加固。他及时梳理资料与乡党委政府对接解决危房改造项目。材料到位后，他主动帮助农户协调车辆、搬运建筑材料，经常入户督促危房改造进度，把关建设质量（见图11-10）。经过一个月的努力，该户发生了翻天覆地的变化，窗明几净、人畜分离，配齐了"八件套"，完善了"九个一"，实实在在地为农户解决了危房改造的难题。针对环境卫生脏乱差的现象，他结合"四好创建"活动，动员村民开展环境卫生整治，并亲自与帮扶户同吃、同住、同劳动，落实环境整治各项措施，确保整改到位，用实际行动带动村民养成良好卫生习惯，树立文明新风。为解决饮水难问题，配合乡政府实施农户新建及老旧水管更换工作，他发挥自身专长，走村入户开展胶管勘测工作。2019年3月，该同志不惧道路艰险，烈日当头，在悬崖峭壁、乱石瓦砾间连续奋战10天，走遍了全乡18个村民小组，完成了全乡10万余米的测量勘测工作，为克尔乡完成安全饮水脱贫任务打下了坚实基础，得到了村民和驻村队员的广泛好评，在干部群众中树立了良好的口碑和形象。

图 11-10　积极援建抢险

2020 年 7 月，在凉山州举行的脱贫攻坚帮扶干部人才表扬大会上，刘秩男被授予"优秀攻坚队员"荣誉称号。这不仅是刘秩男个人的荣誉，还是整个市水务集团的荣誉。不仅体现了市水务集团援建木里的决心、恒心，国家企业对人民群众的深切关心，也展现出大国企业应有的担当与使命。

近年来，随着城乡经济的发展，广大群众对生活质量、环境要求不断提高，城乡污水及垃圾处理成为广大人民群众普遍关注的问题。

目前根据我县实际需求建成垃圾处理设施 6 座，污水处理设施 5 座，为规范运营管理，2022 年 11 月 30 日，四川省凉山彝族自治州木里县与攀枝花水务集团有限公司签订城市和农村污水处理厂及垃圾处理运营管理协议（见图 11-11）。运营管理县城区及雅砻江、瓦厂、茶布朗、水洛、俄亚五个乡镇的污水垃圾处理工作，为木里经济社会、旅游发展提供良好的卫生环境。

签约仪式上，木里对第三方城乡污水、垃圾处理运营工作提出要求，一是要严格执行污水处理厂排放标准，按照国家规定技术指标和任务运营，组建高素质运营管理团队和技术团队，确保污水、垃圾排放处理达标。二是各相关部门要全力以赴做好配合服务工作，各尽其责，监督检查好农村污水处理及日常管理运营工作，发挥环保工程的真正作用，打造更加优美的城乡人居环境。

图 11-11　木里与攀枝花签订城乡污水及垃圾处理运营管理协议

　　履行社会责任，彰显国企担当；带动良好社会风向，凝聚扶危济困正能量。站在新的历史起点上，水务集团将更多利用自身资源以及影响力，积极服务社会，回馈社会，用行动传递爱心，用真情点燃希望，始终把实现人民对美好生活向往的重任扛在肩上，为木里区域经济，民生领域发展做出贡献，谱写为民、便民、利民的发展新篇章。

盐边县：书写盐木情深，携手共同富裕

浩浩雅砻江，一衣带水长。雅砻江边的盐边县和木里县本就"邻里"情深，紧密相连。在伟大的脱贫攻坚和共同富裕的事业中，跨越300千米的时空阻隔，两地结成"一家人"。盐边县视木里县发展为己任，真金白银投入，倾情倾力帮扶，以坚韧支撑架起了共谋发展的桥梁，以辛勤汗水展开了美好生活的图景，以"功成不必在我"的精神境界、"功成必定有我"的历史担当助力木里县脱贫成果更加稳固，共同富裕的起点更高、后劲更大、信心更足。

单丝不成线，独木不成林。为做好木里县对口帮扶，盐边县用"放大镜"精准捕捉民生需求，以"显微镜"精准诊断帮扶关键，拿"望远镜"瞄准发展制高点。根据木里县实际需求，广泛宣传动员（见图11-12），从帮扶实效上发力，找准角色定位，克服重重困难，以饱满高昂的斗志，强烈的责任感、荣誉感和使命感全身心投入对口帮扶工作，推动木里县经济社会发展取得了新跨越。

图 11-12　第六批对口帮扶干部马权组织开展乡村振兴产业发展政府贴息宣传活动

持续选优配强，壮大帮扶力量

"打好脱贫攻坚战，关键在人，在人的观念、能力、干劲"。为了能在产业、教育、医疗、文化等方面促进木里县的发展，盐边县切实扛起政治责任，坚持把人才培育和支援作为突破口、发力点，把木里县帮扶作为培养干部人才、加强领导干部实践锻炼的平台和载体，认真研究对口帮扶岗位需求，周密组织选派人员，先后向木里县选派各类帮扶干部人才28名。

13年来，一批批帮扶干部把足迹深深印刻在木里县那广袤动人的木里高原上，用汗水和热血、激情和忠诚描绘着奋斗的画卷；让一个个惠民生、强基础、促发展的项目在"木里"落地生根，开花结果，造福一方，成为篆刻在木里大地上的一张大爱的名片。随着援助和交流的深入，帮扶干部与木里县人民建立起了深厚的友谊和密切的联系。干部们走进千家万户，讲解国家政策和法律法规知识，为乡村产业振兴和群众增产致富出谋划策，把党和政府的温暖送到木里县群众的心坎里。他们在服务大局中彰显艰苦不怕吃苦、缺氧不缺精神、海拔高境界更高的大无畏意志和情怀。

如今，几个批次的帮扶干部已经完成任务返回盐边并完成了期满考核，他们的大爱和奉献温暖了木里山水，滋润了高原风光。新一批4名帮扶干部已经到岗工作，踏上了接力帮扶的新征程，为推动木里县乡村振兴和共同富裕继续架设桥梁。

强化产业项目，确保帮扶成效

全面推进乡村振兴关键在于发展乡村产业。长期以来，盐边县立足木里县资源禀赋，以"滚石上山，负重前行"的决心抓产业帮扶，以"时不我待，只争朝夕"的作风抓产业帮扶，以"善始善终，善作善成"的精神抓产业帮扶，加快两地在产业项目、科技交流、信息分享、市场开拓等方面的互通互动，多措并举，打出产业帮扶组合拳，为木里县发展注入"盐边力量"，截至目前，投资330万元的木里县固增苗族乡故拉游客接待中心建设等2个项目，已经分别列入2022年和2023年开工建设项目；投资180万元的木里县三桷垭乡农贸市场项目已列入攀枝花市援建木里项目库；协调攀枝花市工商联等社会组织结对帮扶木里县11个村、4个民营企业、2个国有企业，推动巩固拓展脱贫攻坚成果同乡村振兴有效衔接。

"授人以鱼不如授人以渔"。盐边县将产业帮扶挺在首位，把心思都集中在谋划木里县产业发展上，把目标落实到谋划木里县产业发展发展上，调整产业项目，紧紧围绕科学布局、技术支持、找准项目，在人力、财力、物力等方面给予大力支持，助推木里县产业发展不断发展。同时，为提高发展实效，保持产业链持续有效，盐边县在帮扶工作中，在"扶志"的同时，积极行动进行"扶智"，做到既"授人以鱼"又"授人以渔"，组织农业技术培训单位、团体等培训机构赴木里县分类开展各类技术专题培训，提高受帮扶群众就业能力和本领，鼓励受帮扶群众自愿创业就业，一大批有文化、懂技术、会经营的新型农民脱颖而出，实现了由外部"输血"向内部"造血"的转变。提高效能的活动，营造良好的氛围，保持好赶超的势头，最终形成经得起历史和人民检验的成果。

强化结对帮扶，搭建友谊桥梁

盐木协作，帮扶的是真情，帮扶的是两地的深厚情谊。盐边县强化结对帮扶，积极鼓励结对单位通过召开座谈会、选派党建指导员等形式，交流工作经验、发展思路、典型做法等，充分激发提升木里县经济社会发展的内生动力和工作水平，着力推动共同抓好基层党建、产业发展、基层治理、乡村振兴等工作。帮扶干部发挥身在基层，了解群众的优势，深入田间地头和农户家中（见图 11-13），把困难群众当亲戚走，立足农村实际，用群众喜闻乐见的形式和语言，宣讲党的"好声音"，引导农村党员群众听党话、感党恩、跟党走。对惠农政策、产业发展、务工就业、疫情防控等工作做好宣传，勉励群众因地制宜发展产业促增收，有力促进了帮扶乡村治理，促进群众过上更加幸福美好的生活。截至目前，桐子林镇、新九镇、红格镇与东朗乡、麦日乡、西秋乡、牦牛坪乡、唐央乡、博窝乡签订基层党组织共建协议，新九镇平谷村和西秋乡所辖3个村持续强化集体经济组织之间的交流合作，平谷村以集体经济项目百贸超市为基础帮助西秋乡村集体经济组织销售农副产品，实现互利共赢。

图 11-13　第六批对口帮扶干部袁野陪同州农业农村局副局长王建
查看高标准农田建设情况

一件件为民办实事的事迹温暖着每一个群众的心窝……结对帮扶干部们把静下心来听群众说说心里话，力所能及帮助群众解决一到两个切合实际的问题作为自己长期坚持的目标，定期上门看望慰问困难群众，与他们谈心拉家常，详细了解家庭和生产生活等情况，耐心倾听他们的心声，仔细询问生活中存在的困难，有针对性的帮助解决问题，用行动温暖民心。

强化关心激励，营造良好氛围

盐边木里一家亲，两县人民心连心。木里县的艰苦环境并不能阻挡援建者的热情，他们有志而来，有为而归。秉承"来了就是木里人"的承诺，践行"来了代表盐边人"的理念，把藏乡当故乡，忠于职守、奉献担当、情洒高原、无怨无悔。帮扶干部克服高原缺氧、身体不适等多种困难，牢牢扛起政治责任，全身心投入对口帮扶工作，用心用情用力在两地之间架起一座座连心桥、一个个联络站。

为助推帮扶干部持担当作为，盐边县委、县政府鲜明实干用人导向，坚持关心激励，为帮扶干部队伍在木里县发挥个人才干创造条件、搭建平台，建立工作成效和群众口碑双考核机制，把干部在木里县的工作表现作为检验干部、考察干部的重要标准，将考核结果作为使用提拔的重要依据，认真落实关心激励政策。

截至目前，盐边县已经根据事业需要和干部挂职期间表现，提拔使用15名优秀帮扶干部。与此同时，切实抓好帮扶工作宣传，深入挖掘对口帮扶特色亮点工作和成绩突出的先进典型，及时挖掘宣传帮扶干部的先进事迹，向四川党建、盐边融媒等平台积极宣传帮扶工作内容及成效，有效激发了帮扶干部人才投身木里县，积极为木里县作贡献的热情，也向社会展示盐边干部队伍的良好形象，营造了全力做好对口帮扶木里县工作的良好的激励环境和氛围。

时光雕琢记忆，追逐芳华，所有的热情恰似雪峰上的阳光，闪耀着温暖的真情和深厚的情谊。来自盐边的帮扶干部把希望的种子撒在了无垠的木里大地，让温暖之花长盛不凋，让帮扶的果实硕果累累。脱贫攻坚已经过去，乡村振兴正在进行，攀枝花市盐边县依旧会竭尽全力地帮扶木里县，进一步巩固拓展脱贫攻坚成果，扎实推进乡村全面振兴，为建设富裕、和谐、幸福、文明、美丽木里继续贡献盐边力量。

攀枝花学院：青山一道同日月，定点帮扶谱新篇

2015年起，攀枝花学院对口帮扶凉山州木里县及瓦厂镇纳子店村、三桷桠乡鸡毛店村。在习近平新时代中国特色社会主义思想指引下，攀枝花学院党委谋篇布局，团结带领全校上下统一思想、凝聚共识、真抓实干，帮扶工作卓有成效。学校高度重视此项工作，加强组织领导，成立了学校帮扶（扶贫）工作领导小组（见图11-14），先后召开帮扶木里工作专题会议35次，投入帮扶资金485万余元，到帮扶地开展帮扶工作710余人次，派驻帮扶干部11人，完成了115项工作任务，对口帮扶地均实现脱贫，实现了跨越式发展。期间，学校党委严格落实中央、省、市和省教育厅的部署要求，将扶贫纳入党政重要工作，精心研究、周密部署、分类施策、有序落实，创造了一条对木里县定点帮扶的独特之路，这是一条传承之路，也是一条创新之路。

播种终归有收获，努力终归有回报。2020年2月18日，木里县成功实现脱贫摘帽，退出贫困县序列。作为其中的一支帮扶力量，攀枝花学院在其中做了出积极的贡献。

图11-14　校地合作签字仪式

思想引领，支部共建拓宽发展之路

扶贫先扶智，从根本上知道扶贫的重要意义，首先要有清晰的思想认知。针对木里县鸡毛店村大部分中年和小部分青年没有读过书、文化水平不高的问题，攀枝花学院驻村干部刘忠良和驻村工作队同事一起开办了农民夜校，从思想上引领当地村民，然后通过在村部大规模集中授课，或到小组小规模分散讲授，或到村民家中走访指导等，坚持每个月授课两次，内容包括劳动技能培训、国家政策宣传、致富思路指点，以及卫生习惯、健康知识等，较大地提高了村民的整体素质，为村民增加收入提供了方法和思路。

"农村富不富，关键看支部"。扶贫过程中，学校、驻村干部及相关培训人员以习近平新时代中国特色社会主义思想为指导，以理论指引村民的思想前进，以解决贫困这个根本问题为出发点，立足木里县的实际做出发展规划，进而推动木里县脱贫摘帽。学校领导班子成员多次到两个村开展实地调研和蹲点工作，为开展具体共建工作提供了人力财力物力保障。土建学院和中特学院（后更名为马克思主义学院）领导及相关人员分别多次赶赴木里县鸡毛店村进行工作对接，就如何开展好党支部"三会一课"、培养入党积极分子、丰富组织生活等开展交流指导，并与村党支部共建党员活动室，向村党支部赠送党旗、党章、党徽、发展党员工作挂图、党支部工作记录本、学习手册等物资，为支部建设出谋划策。

自从与鸡毛店村党支部开展支部共建以来，马克思主义学院党支部就把教育帮扶作为最重要的工作抓手，对鸡毛店村幼教点开展了全方位的帮扶：捐赠电脑、电视、投影仪、书籍文具教具等改善幼教点教学条件；购买冰箱、洗衣机、电磁炉电饭煲电蒸锅等改善幼教点生活条件；捐赠帮扶资金、定制校服、书包衣服帽子水杯等改善和提高幼儿和教师生活水平；稳定幼教队伍，组织老师到鸡毛店村幼教点开展现场教学指导，支助鸡毛店村幼教点老师到攀枝花市参加培训学习等，真正把扶贫先扶智落到实处。

心念木里，倾力而为，解难补短

"手牵手，扶一把"。在对木里县鸡毛店村、乡城县热郎宫村贫困户进行精准摸排的基础上，学校落实帮扶任务，提出"手牵手，扶一把"爱心帮扶号召，12个二级单位与两村结对，44名县级及以上干部与两村21户特困户结对，按期走访、慰问、帮扶特困户，为村民送去生活必需品（见图11-15）、子女教育经费和产业帮扶资金，让贫困家庭感受到关怀和温暖。

完善电力设施，安全用电送光明。因木里县还存在村民人畜饮水、用电缺乏及线路老化等问题，学校人力物力同时跟进，与四川省太阳能利用技术继承工程实验室团队和智能制造学院专业教师对接，解决了当地村民用电缺乏等相关问题。

图 11-15　学校向鸡毛店村党支部捐赠物资

加强道路建设，铺平道路送平安。针对鸡毛店村入村道路塌方严重，雨季山洪爆发容易引发自然灾害等相关情况，学校驻村干部协助第一书记向三桷垭乡人民政府提交鸡毛店村入村道路边坡治理申请，完成了公路边坡堡坎修建 15 处，保证了入村道路的通畅和安全。

情系木里，多措助力精准帮扶

阻断贫困"扰"学。学校结合帮扶地区的实际问题，落实帮扶制度、资金和人员保障，从教学理念更新、教学水平上升、教学管理提升等多方面做实教育帮扶，助推了木里县的教育水平。

送教上门暖人心。学校组织讲师团队多次奔赴木里县，开设了中小学非师范专业教师培训、互联网+信息技术应用与中小学教育教学改革专题培训、校长领导力提升培训等课程，帮助参训学员理论上强化，实践上固化，能力上优化，受益近千人。

教育扶贫有深度。学校多次深入木里县广泛宣传教育扶贫补助政策，到各中学宣传高考政策、攀枝花学院招生政策新变化，开展志愿填报指导等，帮助优秀学生走出大山。近年来，学校共录取木里籍学生 45 名，其中 16 人已顺利毕业；先后资助 7 名木里县生活困难学生完成学业。

引才育才衔接脱贫致富。针对帮扶地区本土人才资源缺乏，人才引进难、留不住等难题，学校积极与地方政府携手，通过内培本地人才、联合攻关破解难题，以实现帮扶地区以人才为引领的脱贫致富有效衔接。自 2016 年以来，学校组织开展养殖技术培训 620 余人次。

文化产业相融双赢。结合实际，与木里县开展了毕业设计校地合作。艺术学院 270 余名学生在教师指导下，以木里县县城环境整治、旅游景区规划设计、旅游产品设计、特色农产品包装设计、藏族传统民族文化设计等为切入点，历时七个月完成了 70 余项毕业设计任务，为木里县文化建设做出了积极贡献。

科学种植促发展。在木里县鸡毛店村，学校鼓励并指导村民扩大花椒种植规模，目前花椒种植已达到 1 300 多亩，户均 5 亩，成为鸡毛店村村民收入的重要来源之一。拓展致富渠道，帮助引进魔芋种植，已经种植 30 亩作为试点；提供捐建资金 3 万元，联合广东德方纳米科技有限公司、西昌市委组织部帮助村里建成示范蔬菜种植大棚 5 个，成功试种了绿色蔬菜、马铃薯等。

技术培训提升致富技能。学校充分利用电子商务培训导师、校友（企业管理人员）的理论优势和实战经验，帮助木里县打造农产品线上销售。联合杭州得渔电子商务有限公司实地走访木里县农牧产品相关企业，为企业把脉诊断，提出代运营、一件代发等帮扶思路。木里县格萨尔农特产品发展商贸有限责任公司通过与杭州得渔电子商务有限公司的合作与学习，将大山中的羊肚菌等鲜品成功送上了北京、上海、杭州等地市民的餐桌。

"春到人间草木知，大地复苏万物醒"。2020 年 2 月 14 日，木里县正式脱贫摘帽，而木里县的各方面建设，如医疗卫生、教育、交通、文化等方面都有了质的飞跃。攀枝花学院也于 2021 年 2 月 25 日被授予全国脱贫攻坚先进集体荣誉称号。

脱贫摘帽成现实，乡村振兴路途行。攀枝花学院将继续不忘初心，牢记使命，将老西藏精神与攀枝花三线精神相结合，继续坚持"传帮带"定点帮扶，巩固木里县脱贫最新成果，为木里县未来的进一步发展建言献策、谋方法。派出优秀管理干部强化生产医疗技术等的人才培养培训，努力打造一支高素质的本土人才团队，为木里县高质量发展继续贡献新的更大的力量。

第十二章　英雄花开香巴拉

陈继川：成立临时支部，打造坚强堡垒

陈继川，男，时任攀枝花市经济和信息化委员会副主任、党组成员，挂职木里县委常委、常务副县长，攀枝花市第三批对口帮扶干部人才工作组领队。

2014 年 7 月，作为攀枝花市第三批对口帮扶木里县领队，陈继川赴木里县开展帮扶工作，挂职木里县委常委、常务副县长，协助县政府相关领导分管城市建设、国土资源管理等工作。陈继川以帮扶项目建设为抓手，全力做好对口帮扶各项工作，取得了明显成效。

党员在哪里，支部就要建在哪里

只要是有党员的地方，就要有党支部。只要有党支部的地方，就要有支部活动。为持续巩固脱贫攻坚成果与乡村振兴有效衔接，开启对口帮扶木里县乡村振兴发展的新征程，陈继川带队的第三批帮扶干部人才到木里县各单位部门报到后，迅速进入角色，立即开展工作。在县委组织部的支持下成立了中国共产党木里县第三批帮扶干部人才临时支部委员会，充分利用组织生活会、党员大会等形式，贯彻落实中央、省、州、市委有关精神，宣传党的帮扶工作政策方针，努力提升工作组成员思想素质和能力素质，确保政治安全，工作组向心力和凝聚力不断增强。

铁的纪律，打造一支帮扶"铁军"

队伍是开展工作的基础。打造一支"忠诚团结，坚韧奉献、干净有为"的帮扶"铁军"，是帮扶木里工作的首要前提。日常工作中，陈继川坚持从严管理与爱心爱护并重，教育引导与制度建设并举，研究制定了《重大事项报告及请销假制度》《党员组织生活会制度》《信息宣传管理制度》等管理制

度和办法，严格工作组成员考核，要求帮扶干部严格执行请销假和重大事项报告制度，引导帮扶干部人才在高原艰苦环境中锤炼党性、磨砺意志、砥砺品格，在对口支援事业中建功立业、增长才干，实现价值。工作组加强干部监督管理，特别是 8 小时工作以外的监督，实行统一食宿、统一管理，坚决杜绝帮扶干部人才参与赌博及其他违反党的政治纪律、破坏民族团结等行为，积极推动良好生活作风的养成。工作组成员到木里的两年中，没有发生违纪违规的行为，树立了攀枝花帮扶干部人才的良好形象。工作组注重对帮扶干部人才的关心关爱，针对涉藏地区环境卫生条件较差，容易引发疾病的情况，要求医疗卫生组成员主动为其他干部讲解易发病的预防和治疗，并编写了《下乡温馨提示》告知大家到偏远乡镇该有的准备工作。这样通过各种方式把组织的温暖送进了帮扶干部人才的心坎上、帮扶干部人才的家庭里，让帮扶干部人才安心在木里工作。

统筹协调，合力推进援建项目

　　到达木里后，陈继川首先做的一件事就是带领工作队实地考察调研，摸实情，听民意，查民生（见图 12-1）。同时，工作组在市帮扶办、木里县委县政府的领导下，积极会同相关部门和单位，合力推进攀枝花援建项目的实施，2014 年实施援建项目 10 个，2015 年实施援建项目 8 个，2016 年实施援建项目 7 个，完成了年度目标任务，有力保证了《攀枝花市对口支援木里藏族自治县五年实施规划（2012—2016）》确定的 37 个援建项目的实施，累计安排援助资金 13 286 万元。这些项目的陆续竣工投入使用，有力促进了木里县经济社会事业的发展，有效改善了群众出行、上学、就医等生产生活条件，有力助推了木里县脱贫攻坚，得到了当地干部、群众的一致好评。同时，每年度援建项目确定后，工作组对各项目确定专人负责，要求及时跟进项目进度，督促有关部门实施项目，对进展迟缓的项目分析原因并上报工作组。工作组领队和副领队对帮扶项目推进情况高度关注，经常到各项目负责单位和现场，了解有关情况，查看工程进度，提出意见建议，解决有关问题，并加强和攀木两地相关领导、部门的沟通协调，切实有效地推进了各项目建设。随着各帮扶项目的竣工，木里县在基础设施建设、民生保障、产业升级等方面取得了扎扎实实的成效，"攀枝花援建"标志在木里县境内的不断涌现，得到了木里干部群众的交口称赞，为推动木里跨越发展和长治久安做出了积极贡献。

图 12-1　走访当地群众

密切协作，聚沙成塔

帮扶不是一个人的事，也不仅第三工作组的事，而是攀枝花市各单位部门共同的责任。为此，陈继川带领第三批帮扶干部人才工作组统筹兼顾双重身份，立足岗位发挥各自优势，当好桥梁纽带，促进两地交流发展。在两年时间里，帮扶干部人才积极对接市级相关部门开展对口帮扶工作，有力推进了帮扶各项工作顺利开展，取得显著成效。

具体工作包括：协助市卫计局组织开展了木里县卫计系统管理和业务骨干赴攀挂职、进修培训；组织医疗卫生专家组到木里开展巡回医疗义诊活动并对木里县乡镇卫生院医生进行培训。

协助市教体局开展木里县中小学校长赴攀枝花跟岗跟校培训和高中学科教研员赴木里县中学开展"高考备考及高二学习指导工作"。

协助市旅游局开展木里县旅游行政管理人员和藏家乐经营管理人员培训。

协助市农牧局开展木里县农牧部门业务骨干、乡镇农技员和种养大户赴攀培训学习设施蔬菜管理技术、种养循环技术、新型农业经营主体培育。

协助市住建局开展木里县新农村建设中心主任培训。

协助市商粮局开展攀枝花-木里商务帮扶考察和工作对接。协助市发改委开展《攀枝花市对口支援木里藏族自治县五年实施规划（2012—2016）》预评估等工作，让木里人民深刻感受到了党的温暖和攀枝花人民的深情厚谊。

民生实事，筑牢群众稳稳的幸福

改善民生，一直是第三批帮扶干部人才工作组聚焦着力的重点。他们把改善民生、凝聚人心作为帮扶工作的出发点和落脚点，助力脱贫攻坚与推进乡村振兴有效衔接，着力解决群众急难愁盼的事情。工作组在帮扶工作中坚持民生导向，把帮扶项目、资金、力量向基层、向群众倾斜，让群众在帮扶项目中尽快受益、直接受益、长期受益。2014 年实施的 10 个援建项目，2015 年实施的 8 个援建项目，2016 年实施的 7 个援建项目，涉及改善和保障民生工程、加强基础设施建设、加快产业优化升级、加强基层政权和社会管理能力建设等多个方面，为木里县精准扶贫工作打下了坚实基础。

充分发挥"背靠"优势，先后举办了动物疫病防控培训、中小学校长跟岗培训、农村实用技术培训、超声医师规范化培训、涉藏地区干部培训等各类培训 35 期，培训涉藏地区干部人才 1 000 余人。

针对木里县医疗卫生基础薄弱、专业技术人员缺乏等严重制约发展的问题，工作组除多形式开展义诊活动，邀请攀枝花专家到木里开展各类义诊活动外，还组织帮扶干部人才工作组中的医技人员到乡镇、牧场、寺庙开展义诊活动。针对木里县土特产较为丰富，但销售渠道不畅的实际情况，工作组积极协调，先后邀请 8 家在攀枝花从事农产品销售的公司赴木里县考察。2015 年 6 月，攀枝花恒力投资集团与木里县六合食品公司签订企业合作协议，就木里牦牛肉、羊肉、野生菌等土特产在攀销售及物流配送等事项开展合作，有效拓宽了木里土特产销售渠道，促进木里特色产业发展，增加了农牧民收入。

宣传引导，营造良好工作氛围

宣传给力量加倍，为辉煌助燃。先进人物的宣传可以充分发挥先进人物的影响作用，是推进帮扶工作持续开展的强心剂。援助木里期间，陈继川工作组加强省市州新闻媒体对帮扶工作的宣传，在《攀枝花日报》开辟了专栏"我们在木里"。自 2014 年 7 月以来，攀枝花市第三批援助木里县干部人才工作组借助工作组平台，撰写工作简报 181 期，充分反映了省市州帮扶工作决策和部署、干部人才扎根涉藏地区无私奉献的精神风貌。这使得帮扶干部人才撰写的帮扶感言、故事、收获和对攀枝花帮扶模式的提炼和创新得以展现，以此让广大群众关心帮扶事业，理解帮扶事业，进而支持帮扶事业，得到凉山州委、攀枝花市委组织部充分肯定，收到了良好的社会效果。

担当实干，主动作为

工作推进，关键在落实。在陈继川的带领下第三批帮扶干部人才工作组，做到了"第一时间对接，第一时间到岗、第一时间领受任务"，主动融入，迅速进入工作状态。他们先后深入二十多个乡镇、县级各部门、学校、医院、企业、寺庙调研特色产业、城市建设、社会事业、社会治理等方面的情况，积极为木里经济社会事业发展献计献策，为相关工作推进奠定基础和创造条件。

作为分管城市建设、国土资源管理等工作的领导，陈继川带领工作组切实推进城乡建设工作，稳步推进县城民族体育场、健身人行步道、木里王府、城市道路改造、县城污水处理厂等重大城市基础设施项目；组织完成县城城市第一批次建设用地征地拆迁和出让方案的制订工作；组织开展了县城私搭乱建整治工作；组织开展了县城屋顶绿化和地下管线及人行道改造工作；组织开展了农村垃圾治理等工作，全力组织实施地质灾害防治工程项目和全力加强矿业秩序整治，帮助解决安全隐患和城市环境的改造，巩固治理结果，促进社会更好发展。与此同时，工作组着力改善木里县城市交通环境，提高城市品位，从而改善人民群众出行条件；提供安全、有效的出行设施，取缔客运三轮车，推广城市公交车、出租车。木里县城市环境焕然一新，迎来了新面貌。

看似寻常最奇崛，成如容易却艰辛。两年时间，陈继川带领一队人，响应党和国家号召，远离亲人和故乡，用坚守与情怀诠释"以人民为中心"的庄严承诺，用"缺氧不缺精神"的坚毅品格传递攀木一家亲的深厚情谊。

周　兴：墙角数枝梅，凌寒正盛开

周兴，男，时任攀枝花市西区区委常委、区委办主任，攀枝花市第四批帮扶工作队领队，挂职木里县委常委、副县长，被评为省内对口帮扶涉藏地区彝区贫困县先进个人。

奉献对任何人都不苛刻。

不能长成参天大树做栋梁之才，不妨是一棵小草为春天献上一抹新绿。不能成为高山昭示雄伟壮丽，何不做一块路碑，为迷途的旅人拂去心头的阴云？不能像海洋用宽阔的胸怀拥抱百川，又为何不可以是一条小溪，为久旱的土地奉上甘露？

在全国脱贫攻坚战中，有人运筹帷幄指挥若定，有人扎根一线冲锋陷阵。职责不同，战场不同，但目标一致。刑天舞干戚，猛志固常在，他们都是真正的勇士。

大雪压青松，青松挺且直

2016年9月—2018年9月，周兴作为攀枝花市第四批帮扶木里干部人才领队，挂职任木里县委常委、副县长。木里县是一个以藏族为主，包括彝族、汉族、蒙古族、纳西族等21个民族的自治县，是全国仅有的两个藏族自治县之一。初来乍到，周兴和队员们都对木里县的脱贫攻坚方向有着困惑。但世上无难事，只要肯攀登，克服"水土不服"，千方百计"因地制宜"成了他们的信念。

为了提高工作效率，周兴立马开始加强专业知识和当地民俗文化知识学习，自觉加强管理学、经济学、法律等专业知识的学习，不断提升把握新形势、处置新问题、推动新发展的能力；同时，针对性开展藏族民俗文化知识学习，系统学习了《中国藏族》和《宗教事务条例》等文献中的知识，并向藏族同事了解了木里本土藏族的风俗人情。春种一粒粟，秋收万颗子。不断的学习为周兴开展帮扶工作打下了坚实的基础，让他服务木里发展的能力得到有力提升。

为了能得到第一手资料，周兴天天在大山里"窜来窜去"，进行实地调研。从一户人家到另一户人家，2年里，他率领工作组下乡612余人次，走遍全县29个乡镇、97个贫困村。木里县地势南倾，主要河流沿断层由北而南，流入金沙江，并与四条南北向的山脉相间排列，形成三个大地貌，即西北部的山原地貌，东南部中山深切割山地貌和西南部的高山深切割山貌，属于典型的高山、山原、峡谷地貌。在这种地貌上工作，其中的辛苦不言而喻。

臣心一片磁针石，不指南方不肯休

作为领队，周兴始终牢记重托，不辱使命，坚持"科学帮扶、真情帮扶、奉献帮扶"的理念，传承"特别能团结、特别能吃苦、特别能奉献"的木里精神，认真履职、尽锐出战，用坚定的实际行动带领 30 名帮扶干部履行了他们的帮扶誓言，圆满完成了阶段性各项援助工作，均取得了较好成绩。成果很丰硕，但为了得到丰硕的成果所经历的艰难险阻则多如牛毛。

理论是指导行动的指南。为保持思想先进，坚定理想信念，周兴发挥好领头作用，带领全队干部不断加强党的政治理论、方针政策学习，特别是在党的十九大后，他认真学习党的十九大精神，不仅要求原原本本学，还要求干部们主动把自己的理解与大家交流分享。同时，为了更好地规划木里县的脱贫攻坚作战蓝图，周兴认真学习省第十一次党代会精神和州第八次党代会精神，结合新要求、新思想深入基层开展调查研究，努力促进木里经济社会事业发展。

在党十九大召开期间，攀枝花市第四批帮扶工作组认真学习十九大报告，并结合各自在木里的工作进行讨论。周兴在发言中讲到："不忘初心，方得始终。中国共产党人的初心和使命，就是为中国人民谋幸福，为中华民族谋复兴。木里是脱贫攻坚的阵地，作为帮扶工作组领队，我的初心和使命就是带领全体帮扶干部人才，把藏族同胞的福祉牢记心间，把脱贫攻坚使命扛在肩上，把党的各项政策落到实处，让木里人民与全国人民一道，共同奔向美好明天。"

授人以鱼，授人以渔

周兴深知帮扶干部的初心和使命就是"发挥攀枝花的优势，和木里县干部群众一道抓发展、促改革、惠民生，为木里脱贫奉献智慧和力量"。

帮扶不是快餐，不是一次性工作，而是打基础、利长远的工作，需要讲究方式方法。在对口帮扶中，帮扶干部注重增强木里当地的自我脱贫能力，积极推动"输血式"扶贫向"造血式"扶贫的转变。

要使村民脱贫致富，产业的引领和带动作用十分关键。根据木里县特殊的地理、气候条件，攀枝花市投入大量资金，全力帮扶木里发展特色种植、养殖业；建成了一批养殖场，资助农户引进大量种猪种羊，不断壮大养殖规模；培育了一批养殖大户，让产业能手发挥示范带动作用，使更多村民通过发展产业实现脱贫致富。

木里地处青藏高原和云贵高原接合部，独特的地理位置造就了它壮美的自然风光。同时，它又是一个多民族聚居区，具有丰富多彩的民俗风情。在对口帮扶工作中，周兴带领帮扶干部围绕"旅游兴县"战略，大力扶持木里发展旅游产业，拓宽农牧民增收渠道，帮助当地打造新的收入增长点。

规矩方圆，表崇望显

制度是工作的保障。为规范帮扶工作开展，两年时间里，周兴切实加强帮扶干部人才管理，建立了临时党支部，制定了组织生活会、重大事项报告、请销假、干部考核等制度，建立信息报送和调研建言工作机制，带头模范遵守纪律，带头融入木里实干，有效调动了帮扶干部工作积极性，提高了帮扶工作成效；立足木里县脱贫攻坚实际，积极协调攀枝花市相关部门（单位）与木里县签订了医疗废弃物处理、农产品创意产业园区设计、卫生帮扶、36+36教育帮扶、市中心医院托管木里县人民医院等五个帮扶合作协议；协调"攀木"双方编制完成《攀枝花对口帮扶木里县2017—2021年规划》，大力实施了攀枝花市对口帮扶项目；带头深入调研，积极建言献策，助力木里脱贫攻坚和跨越发展。周兴撰写并上报了各类信息简报、心得体会138篇、调研报告15篇，在《人民日报》刊登稿件1篇、其他媒体刊登稿件11篇，撰写先进事迹材料及其他材料累计30余件，接受康巴卫视、《人民日报》等媒体采访5次。这极大地加强了宣传引导，增加了帮扶工作影响力。

2018年9月，第四批帮扶干部工作圆满结束，谈及未来。周兴表示将牢记嘱托，听从组织安排，扛起肩上责任，认真践行党的十九大精神，带着真情、充满激情，立足岗位、脚踏实地，扎实开展工作，为攀枝花的社会发展、经济建设贡献自己的力量。

朱明高：浩浩东风长送暖，潇潇雨雪总关情

朱明高，男，时任攀枝花市烤烟服务中心党组成员、副主任，挂职木里县委常委、县人民政府副县长，木里县综合帮扶队副队长，被评为省内对口帮扶涉藏地区和彝区先进个人。

2018年10月，朱明高赴木里县开展帮扶工作，任第五批援藏干部人才工作组领队、挂职木里县委常委、木里县人民政府副县长、木里县综合帮扶队副队长，联系列瓦镇。

初入木里县，还没来得及计划如何开展工作，情况不熟、语言不通、交通不便、条件艰苦等困难便狠狠地给了众人一个下马威。木里县辖6个乡镇、21个乡（5个民族乡）、4个社区和9个国有牧场，面积为13 252平方千米，人口近14万人。在木里县城区，人们用四川话交流问题不大，但下乡后就要困难得多。为表示尊重，也为更好地进行交流，大家需要提前学习和了解不同民族的风俗习惯。与此同时，木里县虽然有雪山、湖泊、森林、草原等令人心驰神往的美景，但空气干燥、条件简陋，且交通等基础设施相对落后，有的乡镇距离县城有七八个小时车程，道路崎岖，出行困难。

面对这些始料未及的情况，朱明高及时转变角色、转换思维，凭借自身强大的适应能力迅速融入木里县，投入到新的工作中。下乡时跟当地少数民族交流有困难，那就拉着乡村干部当翻译；空气干燥，那就随时随地都自带水杯，边喝水边交流；村里没有多余的床位，那就自带铺盖枕头，在村民家挤一挤或干脆住农户家。"只要思想不滑坡，办法总比困难多。"村民们的居住、发展、出行、就业等问题如凛冽寒冬纷扬坠落的冰雹扑面而来，朱明高比任何人都要明白，这场脱贫攻坚的巨大战役，不过才刚刚开始。而他必须要完成的任务，就是带领着帮扶干部们和木里群众一起，功克深度贫困堡垒，赢下这场万分艰难的战役。朱明决定，不获全胜决不收兵。

教育先起步，住房有保障

按照《中国农村扶贫开发纲要（2011—2022年）》中"两不愁三保障"的要求，脱贫攻坚的目标是到2020年稳定实现农村贫困人口不愁吃、不愁穿，保障他们的义务教育、住房安全和基本医疗。"利民之事，丝发必兴。"朱明高决心用教育拔掉穷根，让琅琅书声响彻雪域高原。作为副县长，他致

力于成为群众和上级领导之间的桥梁，也不吝于用行动和付出将苦难和贫穷驱逐出木里，让幸福的格桑花迎着晨曦开放。于是，学校建起来了，桌椅板凳齐全了，食堂菜品丰富了，运动设施完善了，孩子们脸上的笑容也越发灿烂了。

软硬件设施完备，孩子们的精神脱贫自然也要提上日程。"他山之石，可以攻玉"，有攀枝花市一系列先行先试的教育改革成果珠玉在前，朱明高自然愿意通过学习和借鉴相关措施让木里县的教育体系也更加完善。学业水平考试改革、学生综合素质评价改革、选课走班改革等种种举措的施行有效地提高了木里县的教育教学质量水平。2020 年木里县高考本科上线人数达到180 人，刷新了木里县高考本科上线的历史记录。教育成了阻断木里县贫困代际传递的一剂良方。图 12-2 为朱明高在木里县调研。

图 12-2　朱明高在木里县调研

在木里乡下，不少村民住的都是土坯房：有的房屋基本功能缺失，甚至连最基本的厕所都没有；有的破烂不堪，墙不避风、瓦不挡雨；有的则摇摇欲坠，仿佛随时都会倒塌，看得人胆战心惊。下乡的道路根本不能用简简单单的"不平坦"来形容，因为到处都是沟沟坎坎、坑坑洼洼：走路硌脚、坐车颠簸，尘土飞扬、满地泥泞，过往司机怨声载道，村民百姓苦不堪言。

"一枝一叶总关情。"朱明高将百姓们的生活都看在眼里、记在心上，下定决心要让木里乡村旧貌换新颜。为了解决木里县的住房和出行问题，改善各族群众的生产生活条件，他多方周旋，积极争取经费，将上级拨下来每一分钱都明明白白地用在实处。房屋要改造，道路要修建，他统筹协调，严格把关。从动土到施工，从拌水泥到砌墙砖，从新建房屋到设施完善，他是策划者，也是指导员，更是执行人，是夙兴夜寐也是风雨兼程。村民们的出行从步履维艰到方便快捷，一条条致富路、幸福路在崇山峻岭中不断延伸，成为带动木里县各族群众过上幸福生活的快车道。

产业来振兴，医疗来守护

针对如何从木里县独特的自然气候和地理条件入手，发挥优势、补齐短板，由输血式的"要我脱贫"转变为造血式的"我要脱贫"，带动贫困户实现长期稳定增收这一问题，朱明高经过多次实地考察和项目研究对比得出结论：只有根据实际情况，因地制宜选对致富项目，才能真正助农增收，带动村民脱贫致富。

于是，蔬菜大棚如雨后春笋般拔地而起；羊肚菌、中药材等经济作物成为不同乡村的特色明片；虫草、松茸等真空包装食品形成对外输送的产业链条……一条从未有过的光辉道路就在村民们眼前，它让群众手里的钱袋子鼓起来，让人民的生活有了奔头和盼头。

在木里脱贫攻坚的关键时期，攀枝花市大力推进"千企帮千村"对口支援木里贫困村脱贫摘帽工作，让木里县干部群众感受到了真心实意，也体会到了真情实感。木里县接收到各企业用于帮扶的真金白银，这让朱明高大喜过望，也极大地提振了他和其他帮扶干部"啃下这块硬骨头"的信心。在他看来，情要记到心坎里，钱要用到刀刃上，事要抗在肩膀上。脱贫攻坚战役需要不断坚守，也需要一线战士以大无畏的精神和绝不动摇的信念勇毅前行。

如果说产业是精准脱贫的根本，那么医疗条件的改善就是精准脱贫的保障。朱明高深知医疗条件对脱贫攻坚的重要性，只有保障老百姓的身体健康，减轻群众因病致贫、因病返贫的经济负担，才能持续巩固产业扶贫与经济扶贫成果。

朱明高虽然不是救死扶伤的医护人员，但也有一颗甘愿为百姓无私奉献的仁心。他不能治好病人的伤痛，却愿意为填补医疗体系的空白献出自己的力量。他像一台精密运转的机器，从堆积如山的文件里到连续不断的会议中，从飞速流转的时间到不断变换的空间，高瞻远瞩、周密细致地擘画了木里县医疗卫生事业的未来发展的宏伟蓝图。木里县医院的设施设备因此而不断完善，医疗机构管理水平因此而持续提升，医疗服务网络体系因此而不断完善。新开设的医疗科室，新增加的医疗服务，新引进的医疗技术，如同一阵阵温暖舒适又沁人心脾的风，慰藉着患者被病痛折磨得疲惫不堪的心。

但这还远远不够。朱明高决心提高木里县的医疗水平，无论是相关设施还是人才技术，他都要两手抓。经过多方协商，他发挥出自己连接两端的桥梁作用，创新思路，利用"互联网+医疗"的方式，开展远程心电、影像会诊、手术指导等会议，让木里县医务人员在交流中学习和提高自身医疗水平，让木里县群众在家门口就能享受攀枝花三甲医院的服务。木里县医疗队伍建设、医疗救治能力和服务水平等方面有了质的飞跃，群众的基本医疗和健康也得到了有效保障。很快，医疗帮扶工作就赢得了木里县各族群众发自肺腑的"点赞"。图12-3为朱明高在木里县开展帮扶工作的实况。

　　经过木里县各族干部群众的不懈努力和各地帮扶干部的倾情帮扶，木里县旧貌换新颜，发生了翻天覆地的历史性巨变，2020年2月，木里县退出贫困县序列，97个贫困村全部摘帽，7 391户33 772名贫困人口全部脱贫。朱明高参与、见证和书写了木里县的蜕变和脱贫摘帽的伟大历史时刻，朱明高感动着木里，木里也感动着朱明高，帮扶干部初心如磐担使命，木里县凤凰涅槃迎蝶变，与全国人民一道共享全面建成小康社会的梦想与荣光。

图12-3　朱明高在木里县开展帮扶工作的实况

　　三年帮扶，初心不渝。走的是人，留下的是魂。花开时艳红如血的木棉倾情扎根木里，与漫山遍野的格桑花一起，化作丹青之笔，绘就出无与伦比的时代画卷，画上有美好的未来，也有木里人民奔向幸福时的如花笑靥。帮扶干部们如火如荼地绽放在木里的每一个角落，温暖而热烈，苦干且拼搏，用自己的青春与热血，带给木里县美好和幸福。

高升洪:实干担当,书写不凡帮扶篇章

高升洪,男,时任攀枝花市发展和改革委员会四级调研员、市康养产业发展局局长(兼),攀枝花市第六批对口帮扶木里县工作组领队,挂职木里县委常委、县政府副县长。

2021年5月,高升洪同志挂职木里县委常委、县政府副县长,分管木里县文广旅工作,协助常务副县长分管县发改经信局和县国投公司工作,是攀枝花市帮扶工作领队首位参与分管木里县有关领域工作的同志。他坚持以铸牢中华民族共同体意识为主线,团结带领全组干部人才积极投身对口帮扶工作,持续巩固拓展脱贫攻坚成果同乡村振兴有效衔接;坚持用制度管理帮扶队伍、抓项目建设使用帮扶资金、搭建攀木桥梁织密纽带,各项工作成效显著。2021年、2022年连续两年凉山州委年度考核为"优秀",2023年被省委组织部、省委涉藏办、省委农办、省直机关工委、省农业农村厅、省乡村振兴局评为省内对口帮扶干部人才先进个人;主抓的色拉尼布4A旅游景区创建和木里县州级农业示范园区创建通过省、州专家检查评估,实现了木里国家A级景区和州级农业示范园区两个"零"的突破。

帮扶,意味着奉献,也意味着挑战。两年来,高升洪始终胸怀赤诚、坚守承诺,立足本职、率先垂范,让青春芳华在雪域高原盛情绽放。

接续奋斗,继往开来

"如果我能看得更远一点的话,是因为我站在巨人的肩膀上。"

这话用在帮扶工作上也是恰当的。一批又一批干部人才进入木里,一年又一年接续奋斗,让木里一天天旧貌换新颜。高升洪也不例外,他的使命就是站在前人的肩膀上,让木里县有更新的蜕变。

进入木里后,高升洪迅速调研县情、乡情(见图12-4),健全了内部管理和项目资金管理办法等6项规章制度,实施了职责清单、项目清单、任务清单、进度清单的"清单革命",聚焦产业、民生、服务、合作抓项目,编制了《攀枝花市对口帮扶木里县规划(2021—2025年)》,制定对口帮扶实施方案,创新运营攀枝花至木里客运班线,让更多木里群众能够方便地到攀读书、就医、就业。

图 12-4　实地走访调研

自觉践行"缺氧不缺精神、艰苦不怕吃苦、海拔高境界更高"的精神，围绕巩固拓展脱贫攻坚成果同乡村振兴有效衔接这个主线，抓住"项目建设"这个牛鼻子，全力保障援建项目任务完成。两年来，攀枝花市投入资金 7 906 万元，实施 47 个项目，实现木里县教育医疗水平持续提升。全县高考本科硬上线人数从 2015 年的个位数，提升到 2021 年首次破"百"，达 127 人；2022 年本科硬上线人数 163 人，位居全州前列。累计接收木里籍学生到攀就读职业类学校 640 人、中小学就读学生 112 人。建立攀木医疗互惠长效机制，攀枝花市中心医院技术托管木里县人民医院，木里县医疗水平较 2020 年实现了"两降低四提高"。

统筹协调，互通协作

如何让攀木两地协作更为深入、更加持久，是高升洪思考的重要问题，经过深思熟虑，他找到了三个答案。

深化全域结对，统筹开展攀枝花市相关单位与木里县结对帮扶，围绕产业发展、劳务协作、干部交流、支部共建等领域进行深入交流，近两年签订各类结对帮扶协议 76 份，投入帮扶资金 135.2 万元，开展农技培训指导 43 次，指导建设了产业示范中心。图 12-5 是高升洪在木里县开展工作的情景。

图 12-5　开展现场指导

深化社会参与，充分发挥"桥梁纽带"作用，挖掘特色优势，探寻双方经济和社会发展共赢局面。协调攀枝花电商协会与木里签订商务帮扶合作协议，促成两地 4 家企业建立长期合作关系，开展电商业务人才培训 120 余名，联合中国电信天虎云商等机构举办直播助农活动 12 次，协调攀钢生活公司等企事业单位采购核桃、核桃油、菌类等产品 750 余万元，协助开展木里金秋招聘月活动，实现木里籍在攀就业 96 人次。

深化人才共育，充分发挥"传帮带"作用，帮扶干部人才与木里干部结成各类"师带徒"102 对，帮助木里县培育一支"带不走"的高水平人才队伍；组织 15 名紧缺专业后备干部人才到攀枝花市党政机关、企事业单位，顶岗挂职锻炼；实施"五大人才"培养工程，举办各类培训班 60 期，培训各类人才 3 000 余人次，重点培训电工、焊工等职业技能人才 300 人次，提供就业岗位 480 个，成功转移劳动力 140 人，帮助当地群众实现务工收入400 余万元；选派 140 余名卫生技术人才到攀枝花中心医院进修学习。

奋斗实干，文旅担当

"因为有了您的带领和付出，木里县终于有了国家级 A 字号的景区了……"这是高升洪带记者参观色拉尼布 4A 景区时，陪同参观的木里人的感叹。色拉尼布景区位于木里藏族自治县境内瓦厂镇桃巴村达尼牙布山麓，距县城约 123 千米。景区内花开四季、风光秀丽，游客置身其中可以欣赏到木里大寺在内的古建筑景观，木里大寺背后的色拉尼布神山雄伟的身姿更让游客心旷神怡。

两年前，色拉尼布景区还是一张白纸，除了木里大寺几栋建筑，就没有其他的配套设施。高升洪按照木里县委政府安排分管木里县文广旅工作，接手创建国家级 A 级景区。对口帮扶的工作任务就比较艰巨，现又新增任务，高升洪的压力确实不小。如何才能让村集体产业兴旺，建好生态宜居环境，让百姓的生活更加幸福，乡风更加文明，村容村貌焕然一新，基层治理更加有效，管理方式更加民主，高升洪经常夜不能寐。

本着给木里人民带来实际长效经济收益的目的，高升洪首先编制旅游发展规划，每天深入村户了解当地文化和旅游资源（见图 12-6），白天深入群众家中开展调研，晚上加班学习、撰写材料。高升洪用了不到 1 个月的时间对木里县文旅项目进行深度调研走访。

图 12-6　实地走访调研

接手 4A 级景区创建工作时，离验收截止日期只有 7 个月，而上一年度就因基础设施建设不完善而未创建成功。高升洪说："如果再不创建成功，以后木里 4A 级景区创建就很难了。"高升洪带领工作组围绕游客"吃、住、行、游、购、娱"六大要素，对景区软硬件设施进行了全面整改提升，完善景区功能，景区形象和文化内涵得到大幅提升。图 12-7 是高升洪在木里县色拉尼布景区考察时的情景。

图 12-7　高升洪在木里县色拉尼布景区考察

"搞旅游必须与时俱进,要有灵活的工作思路和随机应变的工作能力,与相关部门、机构搞好合作,才能既让游客满意、又让群众腰包鼓起来。"高升洪说。两年来,他积极对接相关企业,对全县旅游景区进行整体考察和投资洽谈,为木里县旅游业开发引入资本活水。"几年前,木里县一个晚上只能接待 300 多名游客,工作人员经常大半夜去给游客找住宿点。"高升洪说,"现在我们县辖区内有 20 余个加油站,16 个旅游休息驿站,县城和乡镇共有三星标准以上的酒店、宾馆 70 余家,一晚上能接待 3 500 多名游客,旅游产业发展得越来越好!"在高升洪的带动下,木里县正在谱写雪域高原旅游发展的新篇章,游客年接待量突破 180.78 万人次。

躬亲一线,攻坚克难

"现在从木里县城到瓦厂片区,只需要 1 个半小时,比以前绕香格里拉湖梁子要多一个小时⋯⋯"出行的司机都对列瓦镇洼下村至博科乡旅游产业连接道路改建工程感激不已。

列瓦镇洼下村至后所乡呷古村旅游产业连接道路路面改善工程、后所乡呷古村至博科乡博科村乡村旅游产业连接道路路面改善工程是一项重大民生工程,该线路改善贯通可以缩短县城至瓦厂片区距离,节约 1 小时时间。这条便捷线路,大大缩短了木里县城与稻城亚丁的旅游线距离。该项目因途经悬崖峭壁,雨季滚石下山,施工难度较大,历经两年都未能贯通,特别是后所乡的悬崖,经常会出现上万吨的石头滚落,被当地老百姓称为"悬崖路",如果不及时治理、养护,老百姓的出行会相当艰难。

作为一个急难险重的州级民生大项目，及时推进刻不容缓。按照县委分工，高升洪同志被列为该项目推进的责任人。接到任务后，他马不停蹄地赶往施工现场，立即召开项目推进会，驻扎施工现场督促项目进展，要求代建单位精心组织，科学管理、攻坚克难，按时完成建设任务；要求施工单位强化工程质量管理，在保证施工安全的前提下，全力加快建设，确保工程早日完工，让群众受益。为确保项目能够按时间节点推进，他经常早出晚归，蹲守施工现场，及时解决问题、清除障碍；组织各方力量建立贯通到底的责任链条，倒排工期、挂图作战、压茬推进，有力保证了项目按时完工投入使用。

未雨绸缪，积极备战

安全是生命线，木里县山高林密，森林防火工作压力巨大。为做好列瓦镇疫情防控、防汛地灾、安全生产、森林草原防灭火等工作，高升洪组织村组干部入户宣传，督促落实镇干部包村、村干部包组，深入到 9 个村防火检查卡点、瞭望哨、前置点等重点区域了解情况，进行现场督导 300 余次，走访宣传 2 030 余户，并整改完成发现的 102 个问题，与当地人民共同守护并发展了这片青山绿水。

2023 年 1 月，高升洪又参与了茶布朗镇联系森林草原防灭火安全生产、产业发展等工作。特别是进入森林草原防（灭）火期以来，高升洪通过实战训练、靠前驻防、携装巡护、防火宣传等多种形式，持续筑牢森林草原防（灭）火屏障；组织乡镇民兵开展片区大比武，开展实火实训，贴近实战练本领，全面提升荣布朗镇干部队伍打赢致胜过硬本领，形成了森林草原防（灭）火群防群控良好局面。

两年时间即将过去，攀枝花市第六批援助木里工作组的工作也将结束。高升洪用实际行动践行了"用心用情用力"的承诺，促进了攀木两地的交流。高升洪表示时光无悔，而对即将离开自己辛勤工作过的地方却感到有些不舍。"人离别心相连，帮扶时光短暂而美好，感谢这段经历，不仅培养锻炼了我各方面能力，也让我明白了人要在不断完善、改进中挑战自我、实现自我价值，收获了援友情、同事情及攀木情谊。一次帮扶行，一生帮扶情。我将把这份帮扶情怀延续到以后的工作中，只争朝夕、不负韶华，继续为木里县的经济社会发展贡献攀枝花智慧和力量，不忘帮扶使命，书写人生华章。"这是高升洪对帮扶工作的感悟。

王　可：真情帮扶，人心胜景

王可，男，时任《攀枝花广播电视报》总编辑、《攀枝花日报》总编室主任，挂职木里县委宣传部副部长，被评为"四川省对口援藏工作先进个人"。

何谓大丈夫？孟子曰："富贵不能淫，贫贱不能移，威武不能屈，此之谓大丈夫。"这种释义流传最广也最权威，但王可认为，大丈夫的思想行为并不仅局限于此。

在帮扶木里的干部人才中，有的家人患病却还要为木里孩子上学操心，有的妻子即将临盆却不能在旁照顾，还有的在子女成长过程中不能言传身教……这些背井离乡、无悔选择的干部们，当为大丈夫！

2014年7月，响应国家精准扶贫召唤，王可投身到了火热的精准扶贫工作中，通过全省千人帮扶计划平台申请进入木里，以实际行动为推进木里跨越发展和长治久安做出积极贡献。这一去就是三年。

到木里后，王可经历了第一次任凭汗水包浆衣服，第一次指甲增生多月不愈，第一次与手电筒相依为命，第一次在夜里和衣入眠仍旧瑟瑟发抖……

这是一场磨砺也是成长，一个个"第一次"见证了王可与木里藏乡的相融。但这还远远不够，因为还有更多的"第一次"等着被发现、探寻……

行居不易，志气荡胸膛

前去木里的路上，王可与众多帮扶干部一样，是心怀憧憬、热血沸腾的。那时的木里，道路崎岖。好在虽山高路远，一路险阻，但有惊无险。

2014年8月，为了拍摄一个专题片，王可和3名同志前往木里藏族自治县最偏远的博窝乡。一路北上，8天时间翻越平均海拔3 600米的19座大山，在深山老林中行进山路数百千米，跨过海拔4 300多米的央岗梁子，来到木里县东北角的博窝乡关机村各村组。这里既是凉山州木里县和甘孜州九龙县的交界处，也是藏族、汉族、彝族等多民族的交汇处。海拔的陡然升高令人担忧，庆幸的是王可没有受到预料中的高原反应的折磨。在这里，王可与关机村村支部书记毕拉夏知共同工作生活了7天，拍摄了党建专题片《马铃声飘过扎孔嘎》（见图12-8），用写实手法展示藏乡基层党务工作者的风采和党的旗帜如何在藏乡猎猎飘扬；通过真实的故事，展现了藏乡之美和藏乡新生活。在这里，海拔 4 300 米的高峰让他找到了当地民族的豁达和乐观从何而来、帮扶究竟应该怎么帮的答案。

图 12-8　到山上拍摄

隔江相望，一座桥连着两地心

木里是古朴的，在木里县和九龙县的交界处，人们渡江是用一种古老的交通工具——溜索（见图 12-9）。

图 12-9　惊险的溜索

身为一名新闻人，王可曾经很关注"云南怒江溜索上学"，并欣慰于2008年3月开始，孩子们可以不用冒着生命危险去横渡怒江了，因为一座"爱心桥"已经把天堑变成通途。然而，来到木里，王可真实地见到了溜索。

木里藏族自治县最北边的关机村关机组，和相邻的甘孜藏族自治州九龙县一江相隔。雅砻江奔腾而过，两岸距离约百米。关机村距离县城200多千米，而距九龙县仅仅一江相隔，岸对面就是九龙县的八窝龙乡下铺子村，一些关机村民采购日用品、走亲戚乃至上学，都是前往九龙县。这两根钢索，不仅仅是两岸唯一的通行途径，还是两岸唯一的运输途径，小到日用百货，大到农耕器具甚至牛羊等牲畜都通过这两根钢索运输。一条绳索承载了孩子们上学的希望与乡亲们生活的期盼。虽然王可到当地时绳子已被换做了钢索，但这依旧不是木里人民的保障，安全隐患随时存在，更别说还有许多太小的孩子和年迈的老人难以通过溜索出去治病。

村里的老人说，以前的溜索就是一根绳子，不经磨，很危险，后来村里才替换成更结实的钢索。有些村民年纪大了，因为过不了溜索，生病也只能熬着。单真折姆今年33岁，是两个孩子的母亲。两个孩子都在河对面的八窝龙乡小学读书，过河只能通过溜索。每次孩子过去上学，她都非常担心。平时家里的生活日用品都要通过溜索到九龙县采购并运输，需要耗费很大的财力物力才能把东西拉到家里。

王可正是为此而来，为改变这一切而来。针对这个问题，最好的解决办法就是修筑一座坚不可摧的铁索桥。他协调项目开展，组织两个村子干部商议，由村民共同投工投劳新建铁索桥。在体验了让人触目惊心的溜索后，他真诚希望这是第一次溜索，也是最后一次。下一次人们一定能在铁索桥上"雄赳赳气昂昂地跨过雅砻江"。

花火永燃，真情暖人心

到木里后，王可发现这里的人们都带有不可思议的乐观与热情。每次只要在路上遇见了藏族同胞，他们都会报以真挚的微笑。在这种有待提高的生活条件下，他们为何有这种超乎常人的乐观信念呢？原来在党和政府的不断支持下，孩子们有地方读书了，病人们也有地方看病了，木里同胞们的生活质量也有了质的飞跃。

木里人民深深信赖着攀枝花的干部们，因为攀枝花干部们屡次在危急关头向木里人民施以援手。

2012 年 7 月 12 日晚上，木里县发生特大山洪泥石流，全城断电停水。时任攀枝花市委书记刘成鸣带队攀枝花帮扶工作组一行人，立即投入到抢险救灾工作去。短短三天的救灾抢险后，木里县就实现了分时分段供水。

2014 年 4 月，由攀枝花市投资 800 万元援建的木里县供水改造项目完工并投入使用，能 24 小时满足县城内近 4 万人的生活用水。

当地群众印象深刻地记得这一次次的雪中送炭，他们称呼帮助木里的人为"白棍"（藏语，意为兄弟）。攀枝花援建更是深入木里县教育、水利、农业等各个方面，在藏民脑海中留下难以磨灭的印象，在木里点燃鲜红的希望。

以心换心，尽显人性本善

融入，融入，不断融入。

作为一名来自攀枝花的帮扶干部，王可认为帮扶首要在"融入"。要融入集体，融入藏乡，融入民族，成为这个大家庭的一员，才能巴心巴肝地甩开膀子去帮助群众，才会把帮扶工作当成自己的事情，才会从实际出发对民族兄弟说实话、听实话、干实事。这样才不会辜负党的委托与民族同胞的信任。帮扶干部们正是有这样的觉悟，才成功将木里大变样，才赢得木里人民们发自内心的尊重与爱戴。

一件小事的发生让王可坚定了这一观点。

一日雨天，天色渐黑，无人的街道，破裂的水管，四者结合让王可头疼不已。还好，王可发现还有一家店铺开着。他询问大妈有没有水管接头，大妈拿出所有接头后，王可又犯了难：哪种才是他需要的接头呢？突然，大妈问道："你是攀枝花来的干部吗？"王可点点头。大妈爽快地让王可都拿回去试试，之后再把多的送回来。水管修好后，第二天中午下班，王可马上就将多余的接头送了回去。

木里，也是温暖的。在这里，人们豁达、开朗。无论是在山野里还是街道上，人们高原红的脸上总是带着和善的微笑，清澈的眸子里沉淀的是浓浓的笑意。

帮扶三年，硕果累累

拓展人生宽度，增加生命厚度，追求信念高度。这是王可帮扶三年后的心得体会。

三年里，王可牢记攀枝花"真情帮扶、真心帮扶、无私帮扶、无悔帮扶"的帮扶理念,在雪域高原真干、实干、巧干、苦干,以高度的责任感和使命感,敢于担当,甘于奉献,与涉藏地区干部群众,为木里建设奉献聪明才智,保障着攀枝花对口帮扶工作的顺利完成。

他深知学习"三好",磨砺品质,以"真干"在雪域高原锤炼提升理论素养才是学习帮扶好理念。只有把好思想方向总开关,才能引导帮扶工作顺利开展。学习帮扶好经验,融入涉藏地区做好帮扶工作,坚定信念锤炼品质。他立足涉藏地区宣传部,致力意识形态领域,以"实干"维护涉藏地区和谐稳定;以"实干"维护涉藏地区稳定;以"实干"深入最边远老涉藏地区;以"实干"督导庸懒散浮拖;以"实干"强化涉藏地区舆情管控;以"实干"培养涉藏地区人才;以"实干"创新涉藏地区外宣工作(见图12-10)。

图12-10 外宣工作

三年时间,王可创新帮扶工作方法,实施"123"帮扶模式,创办木里县第一个手机新闻平台——《木里资讯》,负责管理、采写、编辑、发送全流程工作,共计发送木里县新闻信息1 200多条;形成了维护木里县和谐稳定的"345"工作法——"三清楚、四深入、五强化";在全县29个乡镇、9个牧场和113个行政村全部建立"马背(摩托)宣传队";建立了以选调生队伍为主体的网络评论员队伍,引进了舆情监控系统,突出网络舆情监控、互联网创新等重点工作,制定了"净化网络 开展绿色网络行动"和"扫黄打非"等多个实施方案,加强"中国木里外宣网站"网站建设,培养了泽仁拉初等一批新闻工作、新媒体运行、网络管理等新闻人才;在中央电视台、《四川日报》、《四川经济日报》、康巴卫视、四川新闻网等各级媒体为木里县开展了大量卓有成效的对外宣传;健全完善了帮扶木里宣传工作机制,撰写编发工作简报近200期19万字;深入乡镇村组,走访农牧民群众,积极开展调研工作，撰写多个调研报告，为木里县长治久安和谐发展奉献个人才智。

"真情帮扶、务实帮扶、长效帮扶，当我们回顾帮扶工作时，不能留下遗憾，这是我们一辈子的财富。我们一定要为战斗过的地方留下些什么，留下我们为藏乡发展提出的积极思路，留下我们的专业技能，留下造福群众的好项目。"这是王可的初衷。王可以身作则，亲自去走访木里县各个地区，无论远近贫富一视同仁，对所有人民都以最热忱的态度去对待。这是王可作为一名帮扶干部和一名新闻工作者的双重担当。他说："或许是雪山缭绕云雾的遮掩，或许是茂密原始森林的阻隔，涉藏地区的真实面貌一直鲜为人知。"他愿竭尽所能向世人展示真实的、焕然新生的木里县！

朱　永：三年脱贫攻坚路，一生木里汉藏情

朱永，男，时任攀枝花市仁和区路政管理大队副队长，挂职木里县交通运输局副局长，被评为省内对口帮扶涉藏地区和彝区先进个人。

"东跨雅砻江，西抵贡嘎山，南临金沙江，北靠甘孜州"是朱永对木里县地理位置的生动描述。一方水土养育一方人，木里广袤的土地养育了一代代的木里人民，朱永同志将 3 年的时光贡献给了这片土地，汗水与努力在这里交织成了最为震撼的蓝图。

朱永同志是攀枝花市仁和区交通运输局的一位帮扶干部，于 2018 年 10 月到达木里藏族自治县交通运输局挂职担任副局长，主要分管县交通运输安全生产、交通运输综合执法大队、公路运输服务发展中心、航务海事发展中心，联系乔瓦片区通乡，通村公路建设规划、管理、实施、督查等工作。朱永在木里县帮扶的 3 年里做出了许多杰出的贡献，在脱贫攻坚路上绽放着独属于自己的光芒。图 12-11 是朱永在木里县的工作照。

图 12-11　朱永在木里县的工作照

交通为先，迎难而上

"黄鹤之飞尚不得过，猿猱欲度愁攀援"，是诗人李白对蜀道艰险的描写，而 2018 年的木里正恰似旧时蜀道，有关交通的工作更是道阻且长。

"目前，我们木里县正在着力构建'X 形三纵两横'交通主骨架，全县

交通工作呈现出'工作力度大、投入资金多、完成情况好、质量控制严、群众满意度高'的特点，交通'死角'基本消除，交通基础设施建设取得重大突破，这其中也凝聚着帮扶干部朱永的辛勤汗水与不懈的努力。"这番话出自凉山州木里县交通运输局副局长何勇。一小段简单朴素的文字背后却是道不尽的艰辛与困难，众人皆知要想摘掉木里县贫困的帽子，首先要将道路修好，加强木里县与外界的联系。可木里县地处横断山脉在四川境内最为典型的地带，地质、地貌复杂，地形多为沟壑纵横、切蚀深刻的残余高原，是青藏高原地质结构最复杂且环境最恶劣的地段之一，在这里所修的路真真切切地可称为"天路"，而每年 5 月～10 月汛期时还会出现边坡垮塌、路基沉陷、泥石流等情况。

面对巨大的困难，朱永以身作则，不怕苦、不怕累，带领其他同志奔波在前线，为木里县的交通建设做出了巨大贡献。"朱大哥不怕吃苦，他走得、饿得、耐力好，早上出发，路上吃干粮，下午三四点才能吃上中午饭，这些都是很平常的事情。有时，还要到晚上七八点才能吃上中午饭呢！"这是木里县交通运输局的余佳沁对朱永的评价，没有华丽的辞藻却将朱永最真实的状态展露在了世人的眼前。帮扶工作苦是大家都知道的事实，朱永也直言道："帮扶，肯定是要吃苦的。但是，改变木里县的交通面貌，聚焦'脱贫攻坚，交通先行'，深入实施'交通活县'战略，自己就是'主动来吃苦的，所以再苦也要挺过去！'"图 12-12 是朱永入户走访帮扶户的照片。

图 12-12　朱永入户走访帮扶户

眼中唯有工作，再无其他世俗杂念，朱永的态度也不断激励着单位中的其他同事。他们共同努力，献出微薄之力，助力木里县脱贫。

有一次，他们带着设计单位，坐摩托车到沙湾乡纳瓦村搞公路设计，前天下雨路有点滑，在上坡转弯时，朱永差点掉下来了。路边就是万丈深渊，我们都很害怕！可朱永说："没事儿没事儿，不是还没掉下去吗！"在脱贫路上，朱永面对的不仅仅是木里县极差的条件，甚至是自己的生命安危，但他从来没回过头。如今的木里县早已焕然一新，全县已建成国省干线公路368千米，27个乡镇已全部建成乡油路645千米，全县通乡公路总里程达到708千米，全县113个建制村已全部实现通硬化路，建成通村硬化路1 147.35千米，呕心沥血，终成佳话。

步步务实，不断创新

"不积跬步，无以至千里；不积小流，无以成江海。"一步一个脚印的向前走才能获得真正的成功，否则等大厦建成之初便有将倾之危。

单位同事任明忠是这样评价他的工作态度的："他是一个务实的人，从公路的设计到施工、督查等环节，这样的'步行苦'也是家常便饭，不怕冷、不怕饿、不怕山上落石头，查找问题挺认真，监督整改也不怕得罪人！"

针对帮扶工作的许多短板和问题，朱永认为既然是补短板，那就要"真补"，不能走过场。"'步行苦'不算苦、不算难。交通建设是木里县实现经济和社会发展的突出基础工程，增强目标和责任意识，以问题为导向，为工作而得罪人不算啥！越苦越要认真，越苦越难越要用心，才能把工作干得更好！"在木里县工作的3年时光里，朱永用实际行动践行着自己的誓言和承诺，在木里县原有的基础上一步一个脚印，稳步向前，不断提出创新思想。他带领同事立项建设西香高速木里支线，实现木里县通高速公路的梦想，使天堑变通途，助推经济社会发展，辐射周边地区持续和谐稳定；通过多次协调和努力，2019年6月，攀枝花—木里班线车正式开通，该班线是木里县开通的第一条跨市州的客车班线，具有里程碑意义，极大地方便了木里县群众到攀就医、就学、务工等方面的交流往来，在木里县脱贫攻坚的道路上留下了浓墨重彩的一笔。

路网结构尚未完善便认真分析，对症下药；建设成果难以巩固便对全县农村公路养护问题进行专题调查和研究……2019年于朱永而言是异常忙碌的一年，但他不怕累，就怕拿不出好的方案；不怕问题多而难，就怕在表达群众的愿望时不充分，落实工作的力度不够。步步脚印是他于木里的奉献，件件功绩是对他的最好诠释。

投身工作，思念亲人

朱永在报名到木里县支援的时候，便清楚地认识到，独自居住的老母亲没法时常去照顾自己才上小学四年级的孩子，这就意味着妻子今后需要一个人带孩子。尽管如此，朱永也仅仅花了一晚上的时间便决定了去木里县进行帮扶的事情。

"工作之余，想念家很正常。但一旦忙起来往往就忘了打电话给家人！帮扶这份事业，让我很在乎，也让我在牵挂家人的同时，放得下牵挂！"谈及帮扶的思乡情结时，朱永这样说。"舍得"二字的精神在帮扶干部的身上尤为凸显，舍小家为大家的行为也受到了木里县人民的认同。每当朱永等人走村入户时，群众都会竖起大拇指："攀枝花是用真情在帮扶咱们，扎西德勒！"攀木一家亲的佳话也在不断续写。

2019年8月，朱永71岁的母亲因患胰腺炎，前后住院50余天。当时木里县正在脱贫摘帽的关键时期，朱永仅仅请了4天的假回到攀枝花照顾母亲，之后又匆匆离开。"说内疚，肯定有内疚！但是自己牵头的工作实在是忙，那就总得放下一头吧！"回忆起往事时，朱永眉头间有着淡淡的愁思。自古忠孝两难全，朱永亦是，虽有遗憾，但从不后悔，在木里县脱贫攻坚工作中贡献着自己的一份力量，将汗水与时间倾洒在这片土地上，灌溉出了如今的木里——"枝繁叶茂，叶叶生辉。"

朱永对于群众期盼的事从来不敢放下，也不敢有等一等的想法，其实最先开通的攀枝花—木里客运班车是只有一辆客车在运营的。朱永带领同事采用"倒逼"的方式，打通了木里县第一条跨市州的客运班线工作中的肠梗阻。"群众早就期盼的事被一朝解决了，他们对此的满意度很高，我也很有成就感。""先天下之忧而忧，后天下之乐而乐"的精神在朱永身上尽显光芒。

朱永的同事周文贵说，这个"大忙人"干起工作来就忘了家，有时电话也不在身边，他的家人打电话时找不着他，还经常打他们几个同事的电话找他。朱永对于木里县脱贫工作身体力行、认真负责的态度也得到了国家的认可，他于2019年7月受到中国共产党省委表彰为对口帮扶涉藏地区和彝区贫困县先进个人。

朱永将帮扶工作当作一份责任、一种使命。20世纪60年代，国家启动"三线建设"，来自祖国四面八方的工人、科技人员和干部听从党和政府的召唤。朱永的父亲正是这万千建设大军中的一员，他们义无反顾地奔赴荒凉的攀枝花，在艰苦恶劣的环境中，无私地奉献才华、心血和青春，创造了"艰苦创业、无私奉献、团结协作、勇于创新"的"三线精神"。

当年的祖祖辈辈拼命工作、努力奋斗、"不想爹，不想妈，不想孩子不想家，不出铁水不回家""三块石头架口锅，帐篷搭在山窝窝"……从小朱永便受到这样坚韧不拔的精神洗礼，而今在攀枝花对口帮扶木里的工作中带着"三线精神"去，把传承三线建设历史文化、弘扬"三线精神"当作义不容辞的使命和责任。

三年脱贫路，一生木里情。如今的木里县已经成功摘掉了贫困县的帽子，这与全省广大干部职工的共同努力密不可分。历史的洪流涌起，即使微如砂砾，也能奔腾入海，汇成史诗。

蒲 铭：情系木里红土地，书写人生新华章

蒲铭，男，时任米易县公安局攀莲派出所民警、四级警长，攀枝花市第六批对口帮扶工作组成员，挂职木里县茶布朗镇党委副书记，被评为攀枝花市优秀援藏干部人才。

2021 年，蒲铭暂时脱下了他心爱的警服，带着由"帮"向"兴"转变的决心，踏上了木里红土地，挂职木里县茶布朗镇党委副书记。2 年来，蒲铭带着对木里红土地的热爱和对木里人民群众的深厚感情主动作为，解民忧、帮民富，有效推动了木里县经济和社会的发展。

践行帮扶使命，勇挑发展重担

在帮扶工作中，蒲铭始终秉承"攀木一家亲"传统，不忘帮扶初心，牢记帮扶使命，服从组织安排，转变工作角色，很快地由一名干警变为乡村振兴发展的"主攻手"。在接触新岗位之初，他就深入地思考，我能为挂职单位"带来什么？留下什么？"他思考着："如何让村集体产业兴旺、让百姓的生活更加富裕，乡风更加文明，村容村貌更加整洁，基层治理更加有效，村社治理更加民主？"为了找到最佳的答案，蒲铭白天与工作队一起深入群众家中开展调研；晚上加班学习，撰写产业发展规划方案。他用不到 1 个月的时间对茶布朗镇产业发展进行了全面的调研走访，对往年脱贫攻坚期内开展过的项目进行综合分析，本着为当地带来实际长效经济收益的目的，积极争取到各级援建资金支持，着力打造茶布朗镇藏族特色旅游示范项目。

实现茶布朗镇农业农村现代化，让农业成为有奔头的产业，让农民成为有吸引力的职业，让农村成为安居乐业的美丽家园，是蒲铭孜孜不倦的追求。除了跑项目、找资金、引技术，他还主动承担了信息写作、项目申报、驻村帮扶工作队的日常管理等工作，任劳任怨地奉献在乡村帮扶一线。他一直以本地干部的责任心要求自己，不搞特殊，不谈优待，遇事悉心向领导请教，向同事学习，在最短的时间内熟悉现有工作，很好地融入了新的工作和生活环境，以出色的工作能力和用心用情的付出得到了领导同事和茶布朗镇老乡们的一致好评。

这2年，他多次组织开展茶布朗镇所辖行政村的防止返贫全覆盖式动态监测工作；积极下村与驻村工作队、村级干部进行交流沟通，第一时间了解掌握可能返贫致贫的情况；先后按照木里县统一安排，对辖区行政村所有农户组织进行了3次人均年收入监测核实工作，及时掌握返贫致贫的风险农户，并与木里县相关部门对接，确保能做好相关监测，落实相关帮扶政策，巩固了茶布朗镇的脱贫成果。同时，他主动请缨，将防返贫监测信息系统的维护更新作为自己日常工作重点之一，为各级掌握基层防返贫工作的实际情况提供了有效的数据支撑。图12-13是蒲铭在木里县工作的场景。

图12-13　蒲铭在木里县工作的场景

立足特色优势，植入振兴因子

经过实地的调研分析和学习考察，蒲铭更加坚信乡村振兴作为一个复杂而庞大的系统工程，必须加强规划设计，做好统筹文章。木里县的每个乡镇、每个村自然条件千差万别，要素禀赋各不相同，发展水平参差不一，生态环境差异很大。必须根据不同的发展现状和发展趋势，立足于资源禀赋、区位条件、经济社会发展水平、产业基础与特色、人文历史等实际情况，通过优化乡村产业结构和产业布局，做到科学规划，分类推进，紧紧抓住规划的"牛鼻子"，做到发展有遵循、建设有依据，确保乡村振兴始终沿着正确的路径发展。

在接下来的日子里，蒲铭同志积极挖掘茶布朗镇山水林田湖草亮点，与工作队一道积极参与编制了《茶布朗镇美丽乡村建设项目实施方案》《茶布朗镇基础建设项目实施方案》《茶布朗镇东子村红旗组专业合作社养殖项目实施方案》《茶布朗镇美丽高山徒步旅游项目实施方案》，坚持把生态文明建设放到重要位置，注重布局和延伸农村产业链条，做好主导产业的支撑，实现农文旅产业融合发展。在准确摸清茶布朗镇发展所急需解决的问题后，及时、准确地上报本地发展项目，积极与木里县各主管部门进行沟通，分门别类地制作项目申请书，及时将茶布朗镇各行业所急需的项目纳入木里县五年发展规划项目库，为茶布朗镇生态旅游产业发展提供了引擎和动力。

夏　勇：牢记初心担使命，勇赴藏乡护环境

夏勇，男，时任攀枝花市东区生态环境监测站长，挂职木里县环境监测站站长，被评为省内对口帮扶涉藏地区和彝区先进个人。

2018年10月，夏勇同志告别了妻子、母亲和3岁多的女儿，带着家人的理解和支持远赴木里县，开展了为期2年零7个月的对口帮扶工作。他不忘初心，争当脱贫攻坚的"矢志者"，在夏勇的不懈努力下，帮扶对象家庭的环境卫生得到了极大改善，家庭收入也显著提高了；他不惧艰险，不屈不挠，争当污染源普查工作迎难而上的"逆行者"，翻越海拔4 000多米空气稀薄的高寒区域，驾车驶过江边悬崖峭壁危险路段，3天内在高山和峡谷累计行驶700多千米，真实演绎了"天路上的污普"；他精益求精，学以致用，争当工匠精神的"践行者"，通过充分发挥专业技术优势，运用行之有效的科学方法开展污染源普查工作，帮扶地区污染源普查工作圆满收官，取得了骄人的成绩；他主动作为，无私奉献，争当生态藏乡的"守护者"，在疫情防控工作中，充分利用其掌握的环境监测技术，率先在凉山州自主完成饮用水源特征污染物环境应急监测工作，及时有效地保障了当地人民群众的饮用水源安全。在两年多的时间里，夏勇用行动一笔一划地书写下了"坚守初心，勇而无畏"八个字，将热血与汗水洒在了木里寸寸土地上，开出了如今的绚丽之花。

牢记使命，脱贫攻坚的"矢志者"

作为建卡贫困户的帮扶责任人，夏勇同志坚持每1~2月下乡入户开展帮扶工作，月月年年不辞辛劳。在帮扶工作中，他始终耐心听取诉求、精心制定措施、细心宣传政策、真心提供帮扶"四个心"，多办得人心、暖人心的事。他时刻不忘"要走进田间地头才能走进老百姓的心里头"的工作方法，常与帮扶对象一起田间劳作、吃粗茶淡饭、清洗衣服、围炉闲话桑麻、学习党的相关惠民政策，拉近了与民众的距离，增进了与民众的感情。他结合帮扶对象家庭实际情况并制订具体的帮扶计划，鼓励帮扶对象家庭戒除"等、靠、要"思想，在党委政府好政策下自力更生，通过勤劳耕种，结合养殖、外出务工、公益性岗位等方式增加家庭经济收入。同时，他耐心细致宣传党委政府关于脱贫攻坚的惠民政策，强化帮扶对象的感恩教育（见图12-14），

督促帮扶对象听党话、跟党走、感党恩，和帮扶对象一起打扫环境卫生、整理内务，促进帮扶对象家庭形成好习惯。他也积极开展"以购代捐"活动，购买农产品，捐赠日常生产生活物资。在多线并行的方法下，帮扶对象的主观能动性提高了，环境卫生改善了，家庭收入提高了，感恩意识也增强了。

图 12-14　夏勇同志（右 2）在木里藏族自治县贫困户中开展脱贫攻坚政策宣传和感恩教育

一年的帮扶工作时间悄然而逝，一位受帮扶的老人总是记不住别人的姓氏，但却可以说出他的名字和单位，还主动给邻居介绍他在帮扶工作中的相关细节，夏勇点点滴滴的付出也被大家看在眼里，赞扬之声不绝于耳。在迎接中央对脱贫摘帽县验收工作期间，夏勇同志 4 岁的女儿突发疾病住院，反复高烧。女儿在微信视频中说道："爸爸，我想你，你什么时候才回来？"看着视频中身体虚弱的女儿，他心中倍感酸楚，但为不影响摘帽验收迎检工作，夏勇同志只能默默地将这份酸楚埋藏在心底。在小家与大家之间，夏勇毅然选择了后者，也是这份无私的精神推动着夏勇不断前进。

不畏艰险，迎难而上的"逆行者"

2018 年 11 月，夏勇同志被任命为木里藏族自治县污染源普查工作技术负责人，全面负责"十年一次"的污染源普查工作。针对木里县环保工作起步晚、底子薄、对口专业技术人才极其匮乏的问题，他坚持"以学促做，以做践学，学做结合"，自觉加强对污染源普查知识的学习，虽从未接触过污普工作，却在短时间内掌握、运用，从一个污染源普查的"门外汉"成长为该工作上的"内行人"。即使采取了购买第三方服务的措施，他也始终坚持"工作可以委托，但责任不能委托"的原则，不当"甩手掌柜"，全程介入普查工作各个环节，严把工作质量关。

木里地域辽阔、山高路险，污染源普查对象极为分散，为全力确保普查信息的真实可靠、工作的如期推进，他率队坚持到每一家企业现场进行调查，并指导报表填报（见图12-15），遇到不理解政策的普查对象业主，他耐心讲解普查政策、要求和意义，争取得到普查对象的支持和理解。在深入海拔4 000多米的木里县容大矿业有限责任公司及雅砻江开发区域开展入户调查期间，他翻越过空气稀薄的高寒区域，驾车驶过江边悬崖峭壁等危险路段，3天内在危险路段累计行驶700余千米，真实演绎了"天路上的污普"。在这种高海拔地区，紫外线强、云层薄，入户调查10来天下来，他和普查员的脖子和手臂皮肤被强烈的紫外线晒得脱皮，身边的同事还调侃他："白净的人也披上了黑色外套咯！"夏勇同志笑着回答："这才是当地工作应有的底色。"

图12-15　夏勇同志（右1）在木里藏族自治县指导开展污染源普查报表填报

精益求精，工匠精神的"践行者"

"十年一次污普，质量是生命线"。为提高普查质量，夏勇同志先后组织力量对全县纳入普查的各类污染源的纸质普查表、电子普查表、网报系统表格采取第三方自查、普查办"过筛子"复查、内部人员交叉检查等方式扎实做好"三表同步"审核把关工作。他组织实施了集中审核、汇总审核、质量核查与评估等质控措施，提出修改要求和整改建议400余条。对于上级污普部门反馈的审核意见，无论是否包括本区域都"举一反三"自查、整改、完善。在产排污核算阶段，他创造性地将普查系统数据导出功能和 EXCEL 程序函数功能有效结合，对核算环节、污染物指标、计量单位和产排污量进行全面的匹配性判断和计算机计算，确保核算不错不漏。他还高质量完成了木里县第二次全国污染源普查入户调查和数据审核阶段县级质量核查报告、质量核查评估报告、G106 表审核报告、省级和州级核查木里县反馈问题整改报告等专项报告的编制工作。

在面临产生废水但零排放工业源 G106-1 表不能完整填报的难题时，他主动查阅资料，认真研究，积极探索，最后找到了解决办法并书面上报上级单位，其相关填报经验在全省通报推广。2018 年 12 月 25 日国家"点对点"对四川省的《关于第二次全国污染源普查工业污染源 G106 表填报情况的通报》显示，木里县工业源 G106-1 表以 93.55% 的填报完成率位居凉山州 17 个县（市）第一，在四川省 183 个县级单位中排名第三。

2019 年 9—10 月，他被上级选派为凉山州的唯一代表，全程参加了四川省第二次全国污染源普查数据集中审核和现场质量核查工作。当时，正值成昆铁路中断期间，他耗时 2 天，乘坐大巴行驶近 700 千米，从木里县按时赶到成都参加省级审核工作。在雅安、甘孜、眉山开展现场核查期间，白天他带领小分队开展现场核查，对普查对象的每一个生产环节都认真核查产排污情况，晚上回到住所就立即梳理白天现场调研所发现的问题，同时熟悉第二天要核查企业的生产工艺和普查报表填报情况，做到"事前心中有数，现场有的放矢"。对于审核出的问题，他会逐一列出、进行解释说明，并提出整改建议，获得了上级领导及受核查单位的一致好评。

木里县污染源普查圆满收官，取得骄人成绩，他所帮扶的单位被国务院第二次全国污染源普查领导小组办公室表彰为"第二次全国污染源普查表现突出集体"，夏勇同志个人获评"第二次全国污染源普查表现突出个人"，主编的《木里县第二次全国污染源普查技术报告》获省级优秀技术报告书三等奖。

主动作为，生态藏乡的"守护者"

夏勇同志积极利用其环境监测专业的相关知识，为木里生态环境保护管理工作付出了巨大的努力，完成了年度地表水环境质量、大气环境质量、饮用水源地水质监测等工作。协助当地环境执法部门研究制定环境投诉类执法监测工作方案并指导实施监测工作。2019 年 6 月，他亲自带领由环境执法大队、县住建局、县自来水厂、县水利局、县自然资源局和县疾控中心工作人员等组成的联合调查组，完成了县城自来水浑浊现象原因实地排查工作，并组织召开了座谈会，制订常态化管控工作方案，确保县城老百姓喝上放心水。新冠病毒感染疫情期间，为保护木里县饮用水源水环境安全，他又组织开展木里县疫情防控环境应急监测。在生态环境厅印发《应对新型冠状病毒感染肺炎疫情应急监测方案》后，正在居家隔离的他连夜制订了《凉山彝族自治州木里生态环境局应对新型冠状病毒感染肺炎疫情应急监测方案》，并上报上级部门，为木里县疫情防控期间环境应急监测工作提供了技术支撑。

针对木里县环保工作起步晚、底子薄，没有监测实验室和监测设备的相关问题，夏勇同志主动对接第三方监测公司在疫情防控入境人员管制后，及时进入木里县开展水质监测工作。为提升当地自主环境应急监测能力，打破"远水不能救近火"的困局，他又积极申请购买了便携式水质余氯测试仪和便携式生物毒性检测仪，并在凉山州17个县区中率先自主完成县级饮用水源地水质余氯和生物毒性监测工作任务。同时他还采取"以测代训，以训促测"的方式，培养木里县本地的环境监测技术人员，助力木里县持续做好饮用水源地水质余氯和生物毒性监测工作，为木里县留下一支带不走的环境监测队伍。在木里县护林防火期间，夏勇同志深入村组、山头，开展护林防火宣传和督导（见图12-16），强化老百姓防火意识，督促落实火源管控，加强林区巡逻和值守。同时，夏勇同志还组织开展了木里县森林草原防火计划烧除期间的空气质量预警监测工作，及时研究污染物累计规律和空气质量变化趋势，提出的分区域、错峰错时烧除作业建议被县政府采纳实施，为统筹计划烧除和空气质量保护工作提供了决策参考。

图12-16　夏勇同志（右2）在木里藏族自治县开展护林防火督导

　　"心如磐石固，志比松柏坚"，这便是一名始终不忘初心、牢记使命的普通共产党员；一名兢兢业业、积极投身木里脱贫攻坚和生态环境保护工作的帮扶干部。在木里，夏勇同志和当地干部用"艰苦不怕吃苦、缺氧不缺精神、海拔高境界更高"的奋斗精神与山高路远、艰难险阻进行顽强斗争，他用自己的青春豪情和满腔热血默默守护着雪域高原的碧水蓝天，用实际行动践行了新时代生态环保铁军的伟大使命、责任担当。

王　坤：书木里故事，颂攀木情深

王坤，男，时任攀枝花市西区文化旅游广电新闻出版局党组成员、文化馆馆长、图书馆馆长、文物管理所所长，挂职木里县委党建办副主任，被评为省内对口帮扶涉藏地区和彝区先进个人。

怀揣着初心与梦想，2018年10月王坤主动申请到凉山州木里县开展帮扶工作。冬去春来700多个日夜，他多次下乡调研，将战友的无私写入歌曲，将群众的喜乐融入舞蹈，让木里的好声音传得越来越广。在文化助力脱贫攻坚的道路上，他用真情与行动践行铿锵的誓言，用真诚与热爱谱写出了帮扶木里动人的新篇章。

扎根木里，文艺传声

王坤自大学一毕业，便开启了自己的工作生涯。他从事基层文化工作16年，努力挖掘自身长处，从事教育、文艺工作，先后在学校、教育局机关、文化馆及木里县委组织部工作。在帮扶的两年时间里，他挂职木里县委党建办副主任，充分发挥个人特长，为木里脱贫攻坚加油鼓劲、摇旗呐喊，发挥了文艺战线党员应有的先锋模范作用。

"不畏艰难，勇挑重担"是王坤的真实写照。怀着满腔热血，他义无反顾地走上了一条满是泥泞的道路，落石挡道他便掘土开山，洪流阻路他便遇水架桥。面对艰难险阻，他总是一马当先，英勇向前，承担起了一名党员的责任与使命。

在援助木里的日子里，因人手缺乏，他主动承担了较为复杂"抓党建.记实系统"工作，负责全体帮扶干部职工信息审核、上传数据录入，圆满完成了复核工作。在工作之余，他不断扎实个人的专业知识，提高自身的专业素养，做到手里有"粮"，心中不慌。由于性格开朗，加之拥有丰富的文艺工作经验，他一到木里便受到了大家的欢迎。为让更多人听到木里的声音，了解木里人民的生活，他积极参与党员教育中心工作，担任《党员谈初心·担使命》系列专题电视访谈节目主持人（见图12-17），两年来录制了八期节目，在州县两级电视台播放。他主持录制的《火塘边的微党课》，被省委组织部推送到中央组织部，在全国党员教育平台播放，收到了良好的社会效应，该节目也实现了近年来木里党建工作中央级媒体零的突破。这不仅是木里宣传工作的一小步，而且是木里为打赢脱贫攻坚战所迈出的一大步。

图 12-17　王坤担任主持人

不仅如此，为塑造木里良好形象，展现木里的新面貌，王坤不断丰富自身的专业素养，在《脱贫攻坚·藏乡记忆》木里县党建促脱贫成果摄影展上担任解说员（见图 12-18），得到了领导和同事的认可。

图 12-18　王坤担任解说员

一个人发出的声音是微弱的，但他为之所付出的持之以恒的坚持却是难能可贵的，当一个人在木里这片贫瘠的土地上发出千万次的号召，无论是多远多偏，即便是千里之外的人，也会听到这种声音，并为之感动。

积极宣传，文化下乡

"思想是行为的种子"，当一个人在春天播种下满怀希望的种子，那离收获也就不远了。作为文艺工作者，王坤始终保持着敏锐的知觉，将文艺创作根植于现实的土壤，在此基础上进行大胆创新。他主动思考，积极谋划，深入乡村，立足现实，结合西区文化特色，在对传统艺术的挖掘整理上，大胆进行艺术创新，在不断总结、提炼、完善的基础上，于2014年打造出攀枝花独具特色、西区人民群众自己的文化品牌——"苏铁剧场"，免费向全市市民开放。"苏铁剧场"群众文艺演出活动开展至今，为西区乃至全市文化业余爱好者打造了一个演出交流平台，通过鼓励群众参加"苏铁剧场"群众文艺演出，让群众有舞台展示。这不仅提升了西区群众的自信心，丰富了西区群众的精神文化生活，还能提高群众参与文化的自觉性和自主性，推进文化惠民工程落到实处。

挂职木里期间，王坤也始终践行着责任担当，不忘初心与使命。碍于语言沟通交流障碍，为大力宣传思想政策，给群众提供更通俗易懂的交流方式，他总是设身处地换位思考，想群众之所想，站在群众的角度开展沟通与交流活动。在木里开展禁毒防艾宣传工作时，他总是加强学习，积极收集资料，创新宣传方法，利用自己的专业特长录制宣传视频，为群众进行宣传讲解，这不仅有助于群众的理解，取得了较好的宣传教育效果，而且有利于之后脱贫攻坚工作的大力开展。在这以后，他还创新性地开展了"微视频"培训工作，录制操作+解说短视频；多次下乡指导干部使用软件签到，分析后台数据，逐一落实到户到人，为干部考核提供了科学有效的数据，收到了良好的效果。

黄土地里长不出参天大树，悬崖峭壁养不了红色玫瑰，土地上每一粒种子的种植都需要前期的辛苦调查。只有适合这片土地的，才是好的种子；只有将种子播种到实处，土地上才会长出生机；只有因地制宜的创新，才能使这片土地上收获沉甸甸、甜滋滋的好果实。

保护"非遗"，培育新苗

"中华优秀传统文化是中华民族的精神命脉，是涵养社会主义核心价值观的重要源泉，也是我们在世界文化激荡中站稳脚跟的坚实根基。"作为文化传播者，王坤恪守职责，认真学习贯彻习近平中国特色社会主义思想，落实习总书记重要指示精神，充分发挥自身业务专长，身体力行地贯彻文化强国的主张，大力加强文化建设，传播中华文化。

他利用周末为木里孩子义务培训主持朗诵技能，为乔瓦镇第二小学校（以下简称"乔瓦二小"）组建、培训鼓号队，为乔瓦二小创作了校歌《乔瓦二小之歌》，让他们在儿童节、校园艺术节等大型聚会上展示风采（见图12-19）。

在帮扶组党支部，王坤担任了生活委员和文体委员，为攀枝花的帮扶干部做好了后勤保障工作。他同时还担任帮扶干部人才队伍团支部书记，组建支部架构，积极组织开展篮球、乒乓球、羽毛球、唱歌等丰富多彩的文体活动；教授队友唱歌，吹葫芦丝、竹笛等，丰富了大家的业余文化生活。

图 12-19　文艺演出

中华文化的前行之路，自古以来便不是一条轻松的道路，前有仲尼凭一己之力驱散万古长夜，今有如王坤一般的文艺工作者深入基层，给山区小孩带来独属于中华文明的光亮，当万千盏孔明灯从中华大地上冉冉升起，当文韵之声响彻天际，如此，一切都是值得的。

情系藏乡，创作丰硕

"人民需要文艺，文艺更需要人民。一旦离开人民，文艺就会变成无根的浮萍、无病的呻吟、无魂的躯壳。"王坤自开启创作之路起便真切地意识到了这一点。

担任木里县委党建办副主任期间，一想到木里的现状，王坤总是夙夜难寐，一心想要与木里的群众分享文艺创作的果实，即使不能从中得到收获，也能同他们分享喜悦。在下乡的日子里，他一刻也不敢松懈，不放弃任何一个为屋脚乡、水洛乡、李子坪乡等地的老百姓带去文艺表演的机会。每逢表演，他总是积极筹备，踏踏实实做好本职工作以迎接每一次挑战，认认真真做好每一项准备以满足群众的精神文化需求。

他从群众中走过，最终又回到了群众中间，将辛勤与汗水浇灌于木里这片土地，土地上又生长出绚丽的索玛花以回馈他，干部与群众本就是一体的，只有将个人的付出融入群众的土地上，来年的索玛花才会绽放出更艳丽的花朵。

岁月不居，时节如流，如今王坤已然功成身退，但有关木里的故事，仍旧在一幕幕上演……

周　红：展藏乡靓画卷，谱广电新华章

周红，男，时任攀枝花市广播电视台记者，帮扶期间作为木里县委宣传部技术人员，被评为省内对口帮扶涉藏地区和彝区先进个人。

记者，记事且使世人通晓者也。记者是捕捉声音的人，他们去往那些偏远的地方收集人们的声音然后将其扩散开来，让声音去到更远更高的地方。周红便是如此践行着自己的职责，并为此付出了很多努力。

2018 年 10 月，周红告别家人与同事，离开繁华的市区，转身作为攀枝花市第五批帮扶干部人才进入了遥远的木里县（见图 12-20）。那时的他不知道的是，他将在木里县为当地的新闻传播事业培养一大批人才，在木里县新闻宣传工作上留下浓墨重彩的一笔。

图 12-20　周红

离家启航，初识木里模样

作为一名记者，四处奔波是常态。可作为攀枝花市广播电视台的记者，如此长时间离开朝夕相伴的家人，离开从熟悉到默契的同事，离开自己工作多年的岗位去做一份新的工作，这些对于周红来说也都是第一次。

"山，重峦叠嶂。路，蜿蜒曲折。人，心潮起伏。"这是周红《初识木里》一文的开头，也贴切地描写出了他对于未知前程的好奇与迷茫。

其实此时的木里县已经接受了国家十余年的对口帮扶，所以它的面貌并没有众人想象中那么糟糕。

当时的木里县已是一番欣欣向荣之景，这无疑给所有刚到的帮扶干部们打了一针强心剂。再加上当地藏族同胞们的热情问候，周红和其他干部们此刻都无比期待着和木里深入交融。

众人协力，帮扶显人性光芒

帮扶非一人之力、一日之功便可成的。攀枝花市先后选派了五批次近三百名的帮扶干部人才，去完成这份艰巨的任务。而记录并报道扶贫工作进程，也是周红的责任之一。

他的报道《英雄攀枝花，不悔帮扶人》就记录下了帮扶工作中七位标志性的人物。

有年近半百但仍坚持帮扶逾五年的余中玉英语老师；有奔走在山山水水誓要改变人们穷苦生活的黄昌银书记；有相濡以沫不因伤痛离开岗位的张小勇、冉琴夫妇；有远离家人带领村民养菌致富的王宇；有成为木里医院"一把刀"拯救数百生命的邓涛医生；还有战胜癌症病魔后矢志不移继续帮扶的张翊。

他们都是帮扶的基层干部，正因为有周红的报道，人们才看到了他们的所作所为，才能切实体会到人性的璀璨无私。脱贫工作是艰苦的，这更应该被记录下来，让后来的人看到幸福的来之不易，从而学会忆苦思甜。

访谈百姓，帮扶硕果累累

木里县位置偏远、交通闭塞，如果没有及时的报道，人们对它的印象始终会是刻板的，好在周红的报道扭转了这一现象。

周红曾做过一个专访，有关一条路。

后所乡田坝子村苏家弯组的路曾是"窝窝凼凼，格格包包的"，面对人们的期待，当然要回应。于是连户路出现了，这条水泥路延伸到每家人的家门口，大大方便了人们出行。于是乡亲们去做农活也不怕路上把鞋弄脏了，富裕的家庭更是能风风光光地开上小汽车去卖土豆了。

修路是这么轻松的吗？当然不是。周红通过采访木里县公路管理局副局长王永强得知，在修路前先要将居民们聚集起来，然后就是筹资，最后主要采用"民办公助"的方式，让人民当家做主决定怎么修、修哪里、如何修。这一方式也大大减少了官民之间可能因为占地问题产生的矛盾和摩擦。

路修好后，苏家弯组的环境卫生变好了，人们平时相聚也方便了，更为后所乡带来了致富机遇。这篇报道出来后，也让人们通过这一乡看到了一个不一样的、崭新的木里县。

传授技艺，培养当地新闻人才

俗话说得好：授人鱼，不如授人以渔。帮扶工作是有期限的，人的寿命也是有期限的，但是知识能够跨越时间的束缚，一直流传下去。

周红在记录事迹，撰写报道的同时还肩负了培养当地新闻传播人才的任务。于是，他装起三脚架，扛起摄影机，同当地记者同事们一起进行实践活动。

拍摄时的角度，采访时的措辞，撰稿时的用语，拍摄专题片时要如何设计台本，画面要如何剪辑……周红将自己丰富的工作经验和心得体会，毫无保留地分享给同事们，不断提高当地电视从业人员的业务水平。为此，他还组织多次电视业务培训会，主要就电视新闻、栏目、专题的画面拍摄进行了全面、仔细的讲解。毫无保留的倾囊相授，为木里电视新闻宣传事业培养了一批业务骨干和技术能手，也使得周红获得了上级的肯定。

对外宣传，积极弘扬主旋律

作为一名党员，周红始终相信中国共产党是人民的政党。当地藏族同胞们也是这样相信着，感激着。

在帮扶期间，周红创作的电视专题片《心中的誓言》《在木里藏乡开放的攀枝花》《攀枝花映格桑红》，先后在攀枝花电视台、四川电视台播出。这三部电视专题片分别讲述了驻扎在最基层帮扶援彝干部内心的细腻故事；攀枝花市对木里县长达十一年的帮扶；攀枝花人民与藏族同胞们共同努力打造美好明天的奋斗历程。

他用这些帮扶路上的真情实感打动了木里人，打动了攀枝花人，更打动了全国上下无数奋斗着的中华儿女们。这一举措，为攀枝花市帮扶工作营造了良好的舆论氛围，更让成百上千的青年人们热血沸腾，渴望加入帮扶的队列之中。

周红成为了木里县对外的媒介，将木里人民幸福的歌声传向了全国。

帮扶在路上，学习亦在路上

中国人的勤奋好学是令世界惊叹的。周红的经历更印证了这一点。

在帮扶的九百多天里，周红不仅采访了成百上千的人，还审核上百篇新闻稿件，同时自己采访制作新闻五十余条。除此之外，周红还积极参与了3月30日森林火灾烈士回家报道，6月23日特大暴雨抢险纪实报道，脱贫攻坚冲刺系列报道等等工作。更不用说他还参与制作了数个电视专题片。显而易见，周红在木里的每一天都是繁忙充实的。

即便如此，周红还是挤出时间于2020年1月和8月分别在重点期刊《记者观察》与《新闻战线》上撰写发表了两篇重要论文。可见就算帮扶在路上，周红也不忘强化理论研究，提升自身学术水平，将学习也提在日程之上。

镜片背后，是一双坚毅的眼。这双眼睛见到过脱贫人民的快乐；见到过驻留干部的泪水；见到过帮扶工作的艰苦；见到过收获成功的甜蜜。周红曾用一句话总结自己的工作："目睹过昨天贫穷的模样，才能懂得付出的价值和意义，才能更加珍惜今天的幸福。"

他化身为党与人民之间的媒介，一座桥梁。作为一名记者，周红负责把事实客观地报道出来，不管人们是什么看法，无论在哪里，都会让人们了解到这个已经发生了的事情。

他是一面旗帜，一名榜样。作为一名帮扶干部，周红深入群众，了解事实，对口帮扶改变当地现状，只为木里县更好的未来与人民幸福的生活。

木里桥梁，民声嘹亮。桥梁连接起来的是各民族深厚的情谊，人民脱口而出的是幸福的歌。

谢　萍：贫困会结束，扶助要延续

谢萍，男，时任攀枝花学院电气信息工程学院学生科科长，凉山州综合帮扶工作队队员，木里县瓦厂镇纳子店村驻村工作队队员，被评为全省脱贫攻坚"五个一"帮扶先进个人。

在 2015 年 10 月，时任攀枝花学院电气信息工程学院学生科科长的谢萍被委派到木里县纳子店村参与精准扶贫工作，开始了为期两年半的驻村帮扶。当时正是扶贫工作爬坡的重要时期，他以坚韧的意志、无畏的精神和辛勤的汗水，把工作抓到点子上、落在关键处、顺应百姓心，持续推进精准扶贫、精准脱贫，既亲历了当地各族干部群众摘掉"穷帽子"的种种不易，也分享了老百姓脱贫致富奔小康的喜悦。

再谈扶贫，深情依旧

在刚开始我们谈及木里县的扶贫工作时，谢萍表示距离扶贫已经有一段时间了，自己也许没有办法详细描述工作的具体内容，但当我们提到相关的工作细节时，他依旧回忆起了很多扶贫背后的"故事"，其实他早已将扶贫工作放入心中，而且永远让他回味无穷、情深意切。在采访中，谢萍向我们分享了扶贫以来的感悟和体会。

扶贫是一项复杂又艰难的任务，其中包括纳子店村村民生活的方方面面，谢萍在扶贫期间帮助村民解决了全村缺水、农产品销售困难、产业发展、适龄儿童上学、网络覆盖等各种问题，一步一个脚印，一步一个台阶，谢萍与木里县瓦厂镇纳子店村干部群众一道，将自己的身影烙印在脱贫攻坚、有效衔接、共同富裕的事业中……

精准精细，方便群众

"起初，想要给村里搭网线是为了方便向村民传达相关信息，当时村里有许多事情需要通知，但各个村民小组之间距离很远，有时打电话，又会因为信号问题不能及时联系。"谈到这里，谢萍向我们解释到，在 2015 年村里的交通状况，没有水泥路，出行使用的是摩托车，为了入户走访，谢萍和同事经常在石子路上跌跌撞撞半个多小时才能到达目的地，所以他想如果有了网络,那么工作的效率是可以大大提升的。但是,这项工作的实施并不容易,尽管在2015年外面城市网络已经普及,但由于纳子店村的地理位置偏远,海拔高,而且当地的房屋土墙墙体较厚,屋里信号很微弱,这给网络覆盖工作带来了难度。不过这还是没有动摇谢萍的决心,无线网是要建立在有线网的基础上,这要靠基站来连接,所以首先需要在纳子店村设立网络基站。但是按照县上原本的计划,有线网并不经过纳子店村,于是谢萍找到县电信局长,希望能让基站绕线经过纳子店村。在反复工作下,最终基站在村委会设立了一个点,这样网络的有线信号便有了保证。

可是之后的网络运行和使用还需要继续,于是又联系学校扶贫办和网计中心,争取到了学校的支持。攀枝花学院向每户村民捐赠了一套无线路由器,并且专门由校领导带队送到每户村民家中,彻底解决了村民的上网问题(见图12-21)。说起这项工作的完成,谢萍脸上出现了欣慰的笑容,尽管前后花费了大半年的时间,但有了网络之后村民的生活质量有了很大的提升,扶贫工作也有了技术支持,所以他觉得大家的付出是值得的。

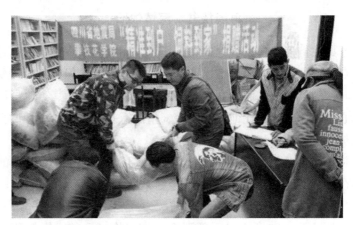

图 12-21　捐赠活动

在谢萍的指导下,纳子店村也成了木里县第一个无线 Wi-Fi 全覆盖的村。"这主要还是国家政策有保障,学校的大力支持,同事们的一起努力。"他始终把自己放在最后,说自己只是起了跑跑腿的作用。

感同身受,将心比心

在扶贫中,要克服的不仅有工作上的困难,还要适应生活上的不便。"当时,我日常都是借住在村文书的家中,他们给我提供了很多生活上的帮助。"但村民的热情接待，还是无法消除生活中的不适应，他向我们讲起了当时村里的生活条件是比较差的，大多还是人畜混住，厕所不在家里，也没有热水。刚到纳子店村开展工作时，正是冬天，村民都是烧的柴火，不可能随时有热水，也不好意思麻烦村民，只能用冷水。谈起这些生活上的问题，更多地是向我们表示对村民的感激，自己只经历这一段时间而村民们却一直生活在这样的环境中，这样的感同身受更加坚定了他干好扶贫工作的决心。

提起纳子店村村民的居住条件，谢萍表示刚才提到的那些问题现在都已经得到了改善。在国家资金的援助下，村里家家户户已经有了太阳能，热水的日常使用是完全足够的。而之前的石子路也已经变成了水泥路，以前从攀枝花到木里县可能会出现车爆胎的情况，现在的话肯定不会了……谈起这些扶贫之后的变化，谢萍很欣慰，最多的付出和经过艰辛都是最值得的。

情牵梦萦，巩固提升

尽管扶贫工作已经完成，但他依旧关注着纳子店村的发展，同村民们保持密切联系。"他们平时到攀枝花来主要是看病，我就给他们联系适合的医院，只要有时间，我会送他们到医院。"医院方面也很照顾他们，都有开设专门的通道针对木里县人民的就诊。说到这里，谢萍再一次强调了国家政策以及攀枝花市政府对木里县村民的资源倾斜，而自己只是去将这些政策资源更好地落实。2016 年年底，纳子店村已经完成脱贫摘帽，村里的各项发展也有了保障，"他们的农产品可以自产自销，也形成了一定的市场和线路，所以现在我涉及的更多的不是扶贫了，帮人的倒是比较多，但这也是一种扶……"说到扶贫，谢萍也表示自己在木里县近三年的时间里，有了深刻的体会。

在不断深入的扶贫工作中，谢萍意识到需要帮助的人还有很多，"也许在自己周围你看不到，但在木里县我的确看到了需要我们去帮助的地方，并且不止这里，很多地方也有很大的一部分人需要帮扶。"有了这样深入的体会后，他也更加融入了当地的生活，对村民们有了更深厚的感情。他说村民们很懂得感恩，经常把"党好，国家好，我好"挂在嘴边，几乎每家每户家里都挂着历届国家领导人的画像。他们可能信佛，但肯定是更相信国家的，谢萍亲眼见证了他们在国家的帮助下，是怎样一步一步好起来的。其实这样具体的事情还有很多，木里县所有小学的教室都是攀枝花市援建的，村民们也始终对此很感激。

在谈完扶贫的各个方面后，谢萍最后提及自身。在经历了扶贫之后，他说："只要认真用心地去做事情，是会有人因此得到帮助的，你的付出就是值得的。其实很多事情和扶贫是一样的，我是愿意去扶的。"这些都在很大程度上影响了谢萍之后的工作态度，他将这种"扶"的精神贯彻到了自身。

扶贫的工作已经圆满完成，木里县的发展也越来越好，在对谢萍的采访中，我们可以看到扶贫并不是单一的，它不仅存在于经济领域。目前攀枝花市对木里县的帮扶还在延续，就像我们从谢萍口中认识到的一样：也许贫已经结束，但扶需要延续。

罗　侃：平凡创不凡，无私换"无穷"

罗侃，男，时任攀枝花市盐边县新九镇人民政府副镇长，凉山州综合帮扶工作队队员，挂职木里县西秋乡党委副书记，被评为全省脱贫攻坚"五个一"帮扶先进个人。

三年，足够发生些什么呢？三年足够一棵孱弱的树苗变得健壮，三年足够一个幼稚的孩童变得成熟……而罗侃用他的三年诠释了：平凡的工作也能折射出不平凡的理想，默默地奉献却闪耀着金子般的光芒，远离亲朋却收获了更多的友谊，踏实工作必将创造美好的明天。

大巧若拙，正身立命

修身以为弓，矫思以为矢，立义以为的。在参加综合帮扶工作之前，虽然已经在基层从事脱贫攻坚工作 4 年有余，但在木里的工作还是让罗侃遇到了不少麻烦，对政策的把握和学习就是其中之一。因此，罗侃思考得最多的事情就是：该如何精准地解读各级各类脱贫和发展的政策，从而完整准确地向群众宣讲。为此，他一方面坚持学习各类文件和政策汇编材料，另一方面主动向同事们学习木里当地的情况，终于落于实际地把自己锤炼成政策宣讲的行家里手。正所谓"书痴者文必工，艺痴者技必良"。除了向群众宣讲政策，如何让政策落地才是使群众获得实惠的关键。在深入研究把握各项政策的基础上，罗侃与同事们在产业发展、集体经济、劳动力转移输出、移风易俗等方面都提出了不少切实的举措，既确保了全乡农户普遍增收，又使社会风气向良好转变，实现了 2018 年全乡贫困村脱贫、贫困户退出贫困的目标。

罗侃坚信，只有认真学习才能不断提升履职能力。为此，他做出了许多努力：认真学习党的十九大，党的十九届四中、五中全会精神，坚定发展信心、坚决扛起责任、不断增强作为一名党员干部的使命感，增强工作的主动性和创造性，为脱贫攻坚战贡献力量；认真学习习近平总书记关于决战决胜脱贫攻坚相关讲话精神后，既要看到多年来脱贫攻坚取得的决定性成就，又要高度重视当前打赢脱贫攻坚战面临的成果巩固等困难，扎实做到责任、政策、帮扶、监管"四不摘"，坚决夺取脱贫攻坚战全面胜利；认真学习当地工作规律，紧紧抓住民族团结进步这条生命线，坚持以谋发展为目标，团结全乡干部群众共同努力，致富奔康。作为省综合帮扶队队员，罗侃带领全乡综合帮扶工作队队员，围绕综合帮扶五项重点工作，以"讲的清政策、办得了事实、融得进群众、留得下清誉"为目标，恪守职责、无私奉献，确保西秋乡全面高标准完成脱贫各项任务。

志之所趋，扎实工作

志之所趋，无远弗届，穷山距海，不能限也。为高标准完成任务，罗侃在多方面做出了努力，站得平稳而能大力挥旗，宣传党的政策、扎实工作是他在木里工作的第一步。

大力宣传党的政策。罗侃利用乡村平台宣传贯彻新时代中国特色社会主义思想和党的十九大精神，宣传贯彻习近平总书记来川视察重要讲话精神，宣传贯彻党的农业农村工作政策和乡村振兴战略；他还通过开展"四好"家庭创建等活动，宣传"四好"政策，引导群众形成讲卫生、讲文明、讲勤俭、讲法治的良好风气和文明习惯；罗侃结合"大排查"等工作，入户发放政策宣传资料，宣讲各种政策，通过常态化宣讲做好群众思想发动工作。

坚持补齐短板。罗侃科学修订和推进脱贫计划，配合乡党委政府，逐项补齐短板、逐户落实帮扶措施；聚焦"两不愁、三保障"，扎实开展"大排查"和"回头看、回头帮"等工作，他多次全覆盖入户排查，对于动态调整、房屋补短等问题，逐一整改化解；他还大力实施特色产业扶贫，在继续夯实核桃、土豆等传统产业的基础上，引导群众发展青红花椒、"红星一号"海椒、羊肚菌等新产业，同时，整合攀枝花帮扶资金和中国电信帮扶资金，在米哑村采取"支部+专合社+农户+公司"的经营模式，实现农户增收5%以上，村集体经济当年获利近2万元并实现逐年增加；强力推进房屋建设，补齐农户住房安全短板，罗侃配合乡党委政府督促全乡72户易地扶贫搬迁，确保全乡农户住上好房子，并深入动员贫困户转移就业，实现了农户年人均增收2 500元。

认真开展综合治理。为了抓好禁毒防艾工作，罗侃配合乡政府、派出所和卫生院在全乡多次组织禁毒防艾讲座、张贴宣传画并发放宣传资料；结合"控辍保学"工作，推动实施15年免费教育计划，他配合乡政府对全乡8名失辍学人员开展劝返和学业补偿教育，协助各村推进"一村一幼"建设，完成全乡4个幼教点建设；以"四好村"创建为载体，罗侃组织各村修订完善《村规民约》，教育和引导全乡群众改变陈规陋习、树立文明新风，全乡健康文明、积极向上的精神面貌初步显现。

协助建强基层组织。罗侃结合开展"担当尽责·建功一线"行动，推动基层党组织落实管党治理责任，督促落实乡村党组织工作运行规则，提高乡村两级党组织班规范化建设水平，努力抓住工作落实，避免对综合帮扶力量过度依赖，让基层力量更加扎实、独立；他从村"四职干部"和返乡创业群众、产业发展大户中培养创业致富带头人6人，充分发挥他们眼界宽、知识面广等优势，带头发展壮大集体经济，实现全乡3个行政村集体经济全部达标；罗侃加大扶贫项目资金监管力度，规范建设村务监督委员会，结合"情卡""明目"等行动的发展，清理并整改村级集体经济项目混乱等问题。

坚持为民办事服务。通过入户调查和联系帮扶户，罗侃与队员主动了解群众需求，帮助群众解决上学、看病、通信等民生问题50余件；他加强乡村便民服务乡村便民服务体系建设，协助乡政府完成便民服务中心建设，同时要求驻村队员与村"四职干部"一起实现在村委会"开门办公"，受到群众好评；他关心关爱贫困户、五保户、残疾人、农村空巢老人和留守儿童，开设志愿服务试点，为群众养成好习惯、形成好风气起到了积极的促进作用。

探索特色工作。在扎实推进综合帮扶工作的同时，罗侃为鼓励队员充分发挥个人特长，探索开展特色工作，米哑村驻村工作队队员王川在帮扶单位的支持下，研究开发建档立卡贫困户信息查询二维码，把精准扶贫对象帮扶告示牌上的内容整合到网络后台进行即时更新，在前台通过手机扫描二维码进行查询，既节约了贫困户信息更新的成本，也提高了综合帮扶工作效率，受到各级领导肯定。

统筹做好综合。罗侃认真履行乡镇工作队队长职责，高标准完成县服管办交办的各项工作，既管理好队伍，又切实关心服务队员；主动投入疫情防控和护林防火工作，三年来，罗侃积极带领队员按照乡党委政府的统一部署投入疫情防控和护林防火工作中，多次参加卡点值守和巡山巡察（见图12-22）；对于党委政府交办的其他工作，罗侃按照县委县政府的统一安排，分别在木里县开展脱贫攻坚督导和在雷波县开展脱贫攻坚普查工作，顺利完成了各项工作任务。

图12-22　在西秋乡咪核村护林防火巡山

品行高尚，引领新风

认真履行"一岗双责"。按照关于实行党风廉政建设责任制的规定，在抓好脱贫攻坚和综合帮扶相关工作的同时，罗侃也把党风廉政建设责任制作为一项重要任务，与中心工作同安排、同检查、同落实并卓有成效；严格执行廉洁自律各项规定，带头执行和落实好上级对党员干部廉洁自律的要求，认真执行民主集中制原则，积极参加各类廉政学习教育，讲实话、办实事、求实效，发现问题、解决问题都在一线；在扶贫领域严格落实"三盯三公开"相关要求，针对存在的问题，尤其是扶贫资金的使用上要求严格按照扶贫规划执行，严格资金使用范围，严格公示公告，严格监督检查，确保资金物有所值。

三年来，罗侃谨记综合帮扶干部的使命，秉持全心全意为人民服务的原则，服从受援地党委政府领导，扎实开展工作，取得了一定的成绩。在罗侃心中，工作认真做，但廉洁守纪不能少讲。西秋的群众历来淳朴好客，热情大方，特别是近年来他们的生活水平大大提升，对于干部入户，很多群众都会盛情款待。罗侃在组织开展各项工作的同时，也不忘和同事们加强纪律学习，坚守党纪政纪，绝不拿群众的一针一线。工作之余，罗侃还号召全乡干部和驻村干部多读书，多运动，培养积极健康的兴趣爱好，在群众中树立起党干部的良好形象。

平凡缩影，辛勤见证

"平凡铸就伟大，英雄来自人民。每一份伟大的成就，无不立足于平凡的岗位和工作；每一段不凡的人生，无不依托于平凡的日积月累。"上午，以入户调查作为开始，使用客观的贫困户识别程序，包括"两不愁、三保障""一超六有"，然后退出程序，对入户贫困户进行再宣传，同时查看对方家中的硬件设施，包括水、电、路、广播电视、房屋等，也会督促家庭环境卫生和"洁美家庭"建设，对于家里有孩子上学的，罗侃会积极宣传补助政策。中途接到米哑村工作队对于中药材种植的计划的电话，为了村集体经济增收，计划已经通过，但由于没有种子和种植技术支持，为了敲定此事，罗侃暂停入户工作，返程协调解决新产业相关事宜。与派出单位新九乡联系解决种子资金后还要联系中药材种植技术支持。到达目的地后，罗侃与驻村帮扶工作队的同志们共同商量中药材发展的具体事项和村集体经济收益的相关问题。其间，和新九乡炉库村支部书记龙德新联系，请求支持村级集体经济发展的相关协议等软件，另外争取到两台电脑的支持。

　　下午及晚上，罗侃在米哑村部翻阅"三落实"材料，指出了个别资料存在的问题。工作之余，罗侃也不忘与家人联系，他和家人视频连线并简单问候，督促女儿练琴并在琴声中看书休憩。每当这时，家人的陪伴总能成为他的慰藉。按照之前乡党委会的安排，干部职工们在工作群内报告全天开展工作情况，罗侃和扶贫专干一起，即时对同志们的工作情况进行研判（见图12-23），形成当天的研判报告。在经过县级联系领导、包乡单位领导审核后，罗侃把当天的工作研判报告整理并上报。最后，罗侃会对当天的工作进行简要的记录，然后休息。

　　航天员翟志刚说："最难的是如何把一件简单的事，用最高的标准百遍千遍地做好。"罗侃或许没有超人一般的能力，但他用每一个脱贫户走出贫困迎接美好的微笑作为他的辛勤汗水的徽章，这徽章由每一位"无穷"的木里人民授予，这徽章永远熠熠生辉。若论成就，罗侃没有惊天动地的功绩，但他在平凡中闪耀着独特的光辉、用无私的奉献带领木里人民走向"无穷"、用无数小事堆砌成木里人民幸福的城邦。

图 12-23　在西秋乡日布佐村与村两委共同商议村集体经济发展

王涛洪：守义持正，民众的福祉就是至高无上的法

王涛洪，男，时任攀枝花市西区河门口司法所所长、河门口街道党工委委员，挂职木里县委组织部副部长。

"服务大局，司法为民。"对他来说，忠诚是本职，尽职是应当。他没有轰轰烈烈的事迹与惊天动地的作为，却用一颗忠诚执着的心尽心帮扶木里，精心守护攀枝花。作为一名攀枝花援助木里的组工干部，他不忘使命，胸怀激情，用真心真情，倾力抓好基层党建工作，用党建工作引领脱贫攻坚工作，为木里打赢脱贫攻坚战贡献了自己的一份力量。

他，便是王涛洪。

2016 年，攀枝花市第四批帮扶工作组进驻木里县，王涛洪挂职担任木里县委组织部副部长。木里藏族自治县区是全国仅有的两个藏族自治县之一，位于青藏高原与云贵高原的接合部，地处川滇藏交界的大香格里拉腹心地带。这里群山围绕，环境封闭，人口分散，基础落后。王涛洪到了木里之后，克服种种困难，真情帮扶，真心帮扶，无私帮扶，认真履职尽责，用实际行动诠释了帮扶干部的铮铮誓言，使各项援助工作进取得良好进展，大大推进了木里脱贫攻坚进程。

立足大局援木里

选择，考验的是我们的勇气与担当。对于 36 岁的王涛洪来说，是否参加帮扶木里的工作，便是当时的一个重大选择。2016 年 6 月 26 日的一个下午，摆在王涛洪面前的有两个选择：一个是工作与职责，期待已久、梦寐以求的帮扶木里机会就在眼前；一个是家庭，女儿刚刚足岁，父母年迈，妻子刚好有孕。这无疑是一个极难的选择。他到底该选择哪一个呢？王涛洪也是困惑与迷茫的。一个长者点醒了他："去木里呀，就犹如上一场'没有硝烟的战场'，考验的是一个人的思想，锻炼的是一个人的意志。要是早几年，我也要向组织请求去。"于是，在"小家"和"大家"之间，王涛洪选择了后者，他决定前往木里。在木里的两年，王涛洪始终秉承"特别能团结，特别能吃苦，特别能奉献"的精神，坚持"科学帮扶，真情帮扶，奉献帮扶"的理念，认真履职尽责。即使在 2016 年妻子有孕，即使在 2017 年母亲患病，他也从未因对家中的牵挂与思念之情影响与耽误工作，仍然坚守在工作

岗位上，为木里人民服务，为社会进步服务，为木里的脱贫攻坚贡献出自己的力量。只有在春节假期时，他才抽空带母亲去看病，尽一尽自己的孝心。

王涛洪的顾全大局不仅体现在这一个方面。他还积极参与其他工作，参与了重点工作的督导与检查，为全县开展脱贫攻坚工作、营造廉洁高效的良好氛围献了一份力，尽了一份责；牵头抓总，参与全县单位班子综合分析研判工作，为县委加强班子建设提供了重要依据；撰写调研文章与信息简报，主动出谋划策，积极宣传帮扶工作。作为第四批帮扶工作组的联络员与临时党支部组委组织委员，王涛洪摆正自己的位置，履职尽责，做好攀枝花市帮扶办与木里县委组织部、帮扶办之间的沟通协调工作，积极为帮扶干部做好后勤保障，协助领队做好干部管理服务。

爱岗敬业护木里

2016 年 9 月，正逢木里县开展县乡村三级换届工作。王涛洪到了木里以后，迅速转变角色，积极投入县里的换届工作，把攀枝花市换届中的一些好经验和好做法带到木里。他经常加班到深夜，周末也几乎没有休息过，用他的敬业精神赢得了当地干部的赞许，为木里县成功换届贡献了一份力量。不仅如此，上任伊始，作为分管党建工作的新人，王涛洪积极思考，主动学习，深入基层调研，借鉴其他市县的好做法，结合木里实际，紧紧围绕脱贫攻坚这一重要的政治任务，与时俱进，守正创新，使党建工作取得了较好的成绩。

两年来，他牵头组织开展多次全县党建工作大会和专题督查调研，指导乡镇完善党委工作要点、党建工作要点及班子成员抓党建工作任务清单。他大力树培先进典型，全方位宣传报道木里先进事迹，营造了见贤思齐、争做先锋的良好氛围。

王涛洪不仅在工作上敬业奉献，也把奉献精神带到了生活中。2015 年10 月 24 日，在加完班驾车返家的途中，王涛洪所驾车辆与一辆失控重型货车迎头相撞，所驾车辆瞬间变得面目全非，该失控货车同时还撞击了其他两辆车。车祸发生后，王涛洪从车里爬出，当看见其他被撞车辆人员时，他忍住伤痛，立即组织周边群众进行救援，并拨打了 120，最后让伤者及时躺上救护车到医院接受治疗。在伤痛中都不忘帮助民众、服务民众，这便是王涛洪生活中的奉献。

模式创新助木里

科技是发展生产力的第一要素。在帮扶木里的几年中，王涛洪并没有盲目坚守传统的扶贫方法，而是选择拓宽思维，锐意进取，创新理念，建立了党建促脱贫示范基地。2017 年是木里县脱贫攻坚的关键年，发挥党建引领脱贫攻坚工作的作用至关重要。王涛洪于五月开始带领党建办部分工作人员在全县部分乡镇和州内外经济发达的地区开展党建促脱贫攻坚工作调研，在历时一个多月调研后，创新性地提出了"支部+合作社+贫困户+农户"的模式，成立集体经济，建立了党建促脱贫示范基地。通过党员引领促进脱贫攻坚工作，起到了示范引领作用，有效带动辐射周边村的蔬菜种植业发展，提高农民收入，对进一步调整优化当地的农业产业结构起到了积极作用，为脱贫工作进行了有益尝试，打造了示范样板，以科技促脱贫，达到智慧脱贫。不仅如此，王涛洪还筹建了党建促脱贫门户网站，补齐短板，拓宽信息收集渠道，为脱贫攻坚贡献了一份强大的力量。

多岗历练立本心

王涛洪总会自我调侃："我是一块砖，哪里需要哪里搬。"这也是他干一行爱一行的真实写照。他先后在甘孜州色达县农业银行、色达县法院、攀枝花市西区法院、西区组织部、西区人社局、西区司法局、玉泉街道办事处等多个岗位工作。两年的帮扶工作中，他跑了 20 多个乡镇，100 多个行政村，发挥党员引领作用带动困难群众脱贫，在全县起到示范带动作用，深受群众好评（见图 12-24）。直到现在，蚕多村的村民都还在打电话邀请他回去看看村里的变化。

图 12-24　深入群众走访

王涛洪始终坚持依法办事，坚持法律才可塑立本心。2007 年，王涛洪在甘孜州色达县人民法院担任审判监督庭副庭长期间承办了一个购销合同案件。王涛洪顶着一切压力，依法办事，依法对案件进行判决，帮助原告打赢了官司，并依法强制执行到位。帮扶木里期间，王涛洪积极带领社区干部分组入户，走访调查，了解情况，宣传法律政策，做好心理疏导，营造"办事依法，遇事找法，化解矛盾靠法"的法治氛围，积极与上级部门进行沟通协调，化解群众矛盾，得到了领导的充分肯定。

"时间是最好的见证者，也是最好的验证者。"在两年多的帮扶工作中，王涛洪得到了许多的锻炼机会，但他从未停下过为民服务的脚步。在之后的2020年，王涛洪刚结束在市委政法委锻炼的工作后，立即返回工作岗位，按区委安排带领相关部门奋战在护航经济社会发展的伟大事业中去。王涛洪于2021年7月被攀枝花市政法队伍教育整顿领导小组办公室评选命名为攀枝花市"十佳花城卫士"，9月被四川省法治政府建设工作领导小组办公室表彰为四川省法治政府建设工作先进个人。

支援木里几多难，驰骋边疆若等闲。夏踏沙丘平恶浪，冬凿雪壁踩泥丸。爱心抚慰千家暖，众手能驱万户寒。傲视天涯风雨雪，由缰信马笑开颜。

对王涛洪来说，帮扶木里不仅仅是一份职责，也不仅仅是一个锻炼的机会，更是一个梦想，一份信仰。为人民服务，为木里人民服务，这是王涛洪身为中共党员的职责，也是他帮扶心的美好体现。

斯慈伟：打脱贫硬仗，答木里考卷

斯慈伟，男，时任攀枝花市委农工委综合和发展改革科科长，挂职木里县政府办副主任、帮扶办副主任、援藏办副主任、金融办主任，被评为省内对口帮扶援藏地区和彝区先进个人。

习近平总书记曾指出："脱贫攻坚本来就是一场硬仗，而深度贫困地区脱贫攻坚是这场硬仗中的硬仗。"脱贫攻坚是中华民族新时代的考题，而深度贫困地区的脱贫攻坚就是这张考卷上的难题。"人心齐，泰山移。"要想攻克这道时代的难题就需要亿万中国同胞们众志成城，同舟共济，先富帮后富。而这其中就不免有敢于作为的先行者、勇于实干的实践者，斯慈伟就是这样一位敢于奔赴木里考场的优秀共产党员。

2018年，斯慈伟加入攀枝花市第四批帮扶工作组，毅然深入地处雪域高原的木里县，并担任木里县政府办副主任、县金融办主任等重要职务。在工作期间，他认真贯彻脱贫攻坚、乡村振兴等方针政策的精神，积极协助木里县政府的相关工作，促进木里的发展。

筑牢帮扶桥，增进攀木情

"一燕不能成春"，阳光明媚的春日，不应是一燕独舞，而要燕雀共舞，协作吟春。木里县的脱贫攻坚战也需要助力，需要与其他区域合作发展。斯慈伟在帮扶工作中，积极利用政府办、帮扶办等平台桥梁，主动发挥其综合协调作用，促进"攀木"两地深化对口帮扶交流合作。

斯慈伟按照省、市及木里县对口帮扶及脱贫工作安排，细化明确了全年对口援建工作目标及责任分工；积极配合两位帮扶领队，组织开展了援建项目集中督促督查，将产业帮扶项目落实到了贫困乡镇、贫困村；协助"攀木"双方相关部门签订了帮扶合作协议，推进援建项目和落实省、州、市、县四级要求的对口帮扶年度任务，提供了合作机制；联络"攀木"双方相关党政部门，深化了党政帮扶，协助木里县对应部门解决了援建项目筛选、援建资金增量、县医院托管、人才培养、就业招聘、援建资金审计等问题；促进"攀木"双方农业及金融行业社会交流，使木里县与攀枝花市一些相关企业建立了技术合作联系；主动协调落实帮扶财政资金；促进协调攀木双方社会帮扶，斯慈伟亲自联系市农商行为木里县捐赠30余万元金融扶贫资金。

对口帮扶是国家一项重要的扶贫开发政策。"优势互补，互惠互利，长期合作，共同发展"是其原则。两地帮扶工作不只是空话，而需要"人"这个主体来牵动。"坚志而勇为，谓之刚。刚，生人之德也。"斯慈伟就具有"刚"之德。他坚定地作为共产党员为人民服务的志向，勇于加入木里考场中，利用相关平台和社会各界来巩固帮扶桥梁，增进两地情谊，带动两地共同发展。

施展专业才，创新脱贫路

"术业有专攻"，用专业知识为蓝图增添智慧之色，也是脱贫路上的重要一步。斯慈伟有能力，有想法，他主动发挥自己工商管理专业的优势，与木里县金融机构共同推进了金融脱贫工作（见图12-25）。

图12-25　与两位帮扶领队共同组织木里县金融办、发改局、财政局、农牧局、农商行等部门研究金融脱贫工作和帮扶项目实施情况

在这项工作中，他们创新推行了金融脱贫分片包干机制。首先，由县金融办统筹，根据金融机构的业务特色和营业网点分布情况，将29个乡镇113个村中的97个贫困村的扶贫小额信贷、扶贫保等金融脱贫任务，分片包给四家金融机构；其次，将金融脱贫任务量化到具体指标，委托县脱贫指挥部与金融机构签订年度目标责任书，实行金融脱贫问责制；最后，是每月不定期召开金融机构业务负责人联席会议，协商解决问题或传达上级工作要求。

积极为金融服务脱贫提供政策保障。斯慈伟一行人在调研摸底的基础上，结合当年金融脱贫任务，对2016—2017年牵头制定的木里县扶贫保险、金融资本助推脱贫、金融去杠杆、普惠金融发展等金融支持脱贫的政策措施进行了完善；同时也组织县内农商行等四家金融机构开展了普惠金融宣传，研究制定了《木里县十三五普惠金融发展意见》。斯慈伟本人也撰写了金融类调研报告 1 篇,为金融机构开展金融脱贫业务、防控金融风险提供了宏观调控依据。

指导金融机构为贫困户提供金融服务。斯慈伟指导县农商行、农行借鉴攀枝花市对应银行的做法,简化了扶贫贷款、扶贫保险等业务流程,规范了村级风控小组的金融信贷风险监管职能,并超额完成了 32 个脱贫村的扶贫小额信贷、扶贫保、支持小微企业和农业经营主体发展特色产业等半年目标任务。

金融是众多产业的基础,金融的支持在"精准扶贫"工作开展中起着举足轻重的地位。但金融是复杂的工作,斯慈伟的专业才能正好可以为木里县的金融脱贫出谋划策,使木里县的金融业能够创新发展。"商品开发离不开创新构想,创新构想是人类智慧中最美丽的花朵。"斯慈伟的加入为木里县脱贫事业注入了新鲜血液,为金融脱贫加入了创新构想,使木里答卷增添了新墨笔。

勇担督促责,常怀敬业心

《人民日报》上曾有言:"督查是抓落实的重要手段。以督查推动改革落地,检验着谋划改革的勇气的决心,更启示着落实改革的智慧和方法。"所以斯慈伟一行人在实施了一系列帮扶政策和创新方法后并没有懈怠,他继续担起了核查督促的责任,立志将工作落到实处。

斯慈伟和同事们的督查工作主要从两方面着手。

一方面是扎实开展援建项目督查。具体来说就是结合省脱贫部核定的 2018 年对口帮扶项目清单,结合省内对口帮扶工作考核办法,细化制定了木里县 2018 年对口帮扶工作任务清单,使"攀木"双方按照相同的任务清单来协调推进帮扶工作,提高了双方的工作效率。斯慈伟也坚持每月深入项目乡镇督查督促项目建设进度,主动向帮扶工作组领队和分管县领导反馈援建项目进度和需要解决的困难(见图 12-26)。他们先后以县政府办名义组织了 3 次项目集中督查督办,开展了 1 次项目限期督办,共深入 12 个项目乡镇 22 个贫困村,为加快项目建设进度,保障建设质量,发挥了助跑器和催化剂作用(见图 12-27)。

图 12-26　2018 年 4 月在木里县沙湾乡打卡村扎言组调查
攀枝花援建引水工程项目建成后的运行情况

图 12-27　2017 年 9 月到木里县项脚乡田间指导村民水稻收割期间安全生产

另一方面是及时收集报送对口帮扶动态报表。斯慈伟及时汇总统计相关情况并向省、州、市和县委组织部、县脱贫指挥部报送各类帮扶报表和阶段性总结。这不仅加强了与攀枝花市帮扶办的工作沟通配合，还及时、真实、有效地展示了"攀木"双方推进对口帮扶工作的动态和成效。

爱迪生说："人生在世是短暂的。对这短暂的人生，我们最好的报答就是工作。"我们是要工作，但我们更要爱工作。对于自己的帮扶工作，斯慈伟曾说："作为帮扶干部，我们将结合当前及今后几年木里的经济社会发展情况，尤其是脱贫工作，带着感情和问题，深入学习贯彻 14 条基本方略，用实际行动高质量完成帮扶工作任务。""爱岗敬业"是美德，斯慈伟爱自己的工作，才能不忘初心，深入大山，带着感情和问题用实际行动高质量完成所有任务，为脱贫攻坚事业奉献己力。斯慈伟也保持着"常怀敬业心"，他对一些难题虽已做出很好的对策，但事后也会时时关注，确保成效，一直秉持着"做一事，专一心，事才能有所成"的态度。

因表现突出，斯慈伟先后获得"2017年凉山州脱贫攻坚先进个人""攀枝花英才"等荣誉称号，但获奖不是目的，投身党的事业，为人民服务才是初心。斯慈伟敢于站出来，勇于作为，与木里人共同书写脱贫答卷，为木里脱贫事业添砖加瓦的事迹值得记载并歌颂，但斯慈伟不是一个人，而是一类人。"其作始也简，其将毕也必巨"，中华民族的脱贫攻坚战已经取得胜利，然而为推进社会主义现代化强国建设，实现中华民族伟大复兴的中国梦，还有千千万万像斯慈伟一样接续奋战在乡村振兴一线的党员干部们，他们像蜡烛、像火炬，有一分热，发一分光，他们热爱祖国，为了国家的利益，使自己的一生变为有用的一生，将自己短暂的生命投入有价值的事业中。他们用自己的青春之笔，书写"中国答卷"，谱写国之华章。

宁秀蓉：格桑花开，扶贫心暖

宁秀蓉，女，时任攀枝花市扶贫移民局后扶科科长，挂职木里县扶贫和移民工作局副局长，被评为省内对口帮扶涉藏地区和彝区先进个人。

人只有献身于社会，才能找到生命的意义。扶贫干部宁秀蓉，远离故土亲人，牢记扶贫责任，不改帮扶初心，投身于脱贫攻坚主战场，用沉甸甸的履职实践响应中国人民政治协商会议四川省委员会（以下简称"四川省政协"）"我为扶贫攻坚做件事"活动号召。

2016 年 9 月，作为一名蒙古族中共党员，宁秀蓉积极响应组织号召，主动加入第四批帮扶干部行列，挂任木里县扶贫和移民工作局副局长。作为攀枝花市帮扶干部中的唯一一位女市政协委员和扶贫移民工作者，在远离故乡、远离亲人的近 2 年时间里，她不忘初心、牢记使命，满怀激情地投身于木里脱贫攻坚主战场，展现了新时代帮扶干部实干进取的奋斗精神和大公无私的奉献精神。

夯基础惠民生，真情帮扶群众

木里县面积广阔，水能资源丰富，是水电开发大县，全县规划设计大中型水电站 24 座。其扶贫移民工作面宽、人多、难度大。作为攀枝花市帮扶干部和扶贫移民工作者，宁秀蓉牢记帮扶任务，立足工作职责，决心从自身擅长的移民后期扶持工作入手，瞄准主攻方向，吃透国家政策，通过扶持移民户，带动贫困户，推动木里群众生活质量的提升。

水电开发速度太快，后期扶持滞后，是木里县扶贫移民工作现状。2016 年，全县境内已建成投产发电的大中型水电站 10 座，在建的大中型水电站 5 座，但纳入后期扶持移民人口的仅 6 个电站的 974 人。木里县锦屏水电站于 2012 年 4 月下闸蓄水发电，整个库区和移民安置区共 4 210 人（含外迁盐源县 537 名移民），没有及时申报为后期扶持移民人口，立洲水电站、卡基娃水电站、撒多水电站于 2014 年年底下闸蓄水发电，1 883 人没有及时申报为后期扶持移民人口。而移民人口的申报是开展后期扶持工作的基础和前提，没有进行后期扶持申报的移民就不能享受国家后期扶持相关政策和相应补助。

针对这些问题，宁秀蓉看在眼里，急在心里，刚到木里县不久，她就克服山高路陡、身体不适等诸多困难，迅速转变角色，与同事一起下基层，深入锦屏、立洲、卡基娃、撒多等水电站所涉及的乡镇和安置区，走访调查实际情况（见图12-28）。宁秀蓉和同事们认真找准问题症结，并积极与相关公司沟通协调，主动汇报请示，力争尽快解决问题。

图 12-28　宁秀蓉与同事们走访调查实际情况

"绳可锯木断，水可滴石穿。苦干加巧干，坚持持久战。"郭沫若曾经说过，持之以恒，终究滴水石穿迎来胜利。宁秀蓉正是秉持着这种迎难而上、坚持不懈的信念，全心全意为木里县脱贫攻坚事业出谋划策，奔波劳累，这才终于在 2016 年 12 月 31 日前完成了锦屏水电站 4 210 名后期移民人口的申报工作。2017 年年底，立洲、卡基娃、撒多水电站的移民人口申报工作也圆满完成。

在宁秀蓉的艰苦付出下，木里县已完成锦屏水电站所涉及的 16 个乡镇、45 个村、727 户、4 210 名移民后期扶持直补金的发放工作。每个移民从 2012 年 5 月起享受国家移民后期扶持补助，每人补发 3 400 元，全县累计补发后期扶持资金 1 431.4 万元。

补短板抓关键，项目开发促发展

经济补助为当地居民生活改善提供了一定保障，而后期扶持项目是扶持移民生产、改善移民生活的关键，但后期扶持项目资金少却是木里县后期扶持工作的瓶颈。为改变现状，宁秀蓉决心在政策、项目、资金上下功夫，在"传、帮、带"上做文章，以项目建设促进木里县发展。

针对库区和安置区移民受地理条件限制，交通不便、设施落后、条件艰苦等问题，宁秀蓉积极向省、州扶贫和移民工作局汇报，在上级部门的大力支持下，2017—2018年连续两年争取到后期扶持项目资金1 188万元。宁秀蓉结合移民人口和贫困人口的实际，合理安排资金和项目，将资金主要用于10个乡镇（其中4个深度贫困乡）、19个村（其中14个贫困村）的基础设施建设上，大力改善出行难、吃水难、发展难等问题，实施移民增收项目2个，修建三桷垭、白碉乡到库区码头的硬化路5.1千米，修建乔瓦镇等7个乡镇的通组路、入户路、人行便桥等，受益群众达6 542人，受益移民达1 721人。

针对新申报的5 556名移民没有编制后期扶持规划，影响项目资金的争取和使用的问题，宁秀蓉认真研究国家相关政策，按照"资金跟着项目走、项目跟着计划走、计划跟着规划走"的要求，积极开展规划编制工作，通过邀标比选的方式，确定规划设计单位，并实地了解移民群众所需、所盼。

针对项目资金使用效率不高的问题，宁秀蓉充分发挥从事后期扶持工作10多年的业务经验优势，组织召开县、乡两级后期扶持干部培训会议，对乡镇分管领导、业务专干及县扶贫移民局干部职工进行培训，提升其服务意识和业务能力。同时，宁秀蓉注重在实践中提升后期扶持干部的工作能力，开展"传、帮、带"工作，与乡镇干部进行座谈、召开群众大会，协助落实后期扶持项目资金568.9万元，推动全县多个乡镇（村）的后期扶持项目建设，让有限的后期扶持项目资金用在了刀刃上。

永远没有人可以摧毁一个坚决强毅的希望。宁秀蓉坚守扶贫初心，倾尽全力地为木里县居民谋福利，搞建设，促发展。正是在宁秀蓉用心用情的努力下，木里县的扶持建设项目才稳步前行。

舍小家为大家，奉献谱写人生华章

太阳之所以伟大，在于它永远消耗自己。

作为女人，她柔弱似水，但作为帮扶干部，她坚强如铁。帮扶工作，给宁秀蓉留下了刻骨铭心、难以磨灭的记忆，她人生中很多的第一次都发生在木里县。

第一次住藏民家，人多屋小，大家一起挤地铺，呼噜声此起彼伏，通宵无眠；第一次睡觉被跳蚤攻击，"战斗"一夜，最后完败，体无完肤；第一次骑马下村，走在悬崖峭壁，马在喘气，人在流汗；第一次路遇险情，雨路滑，车打转，有惊无险……

作为基层扶贫移民干部，走村入户，深入群众是基本的功课。两年来，宁秀蓉深入木里县25个乡镇、60余个村组开展扶贫移民工作，与群众亲切交谈，宣传政策，了解民心，往往下一次乡，就是七八天。

作为一名女同志，她巾帼不让须眉，克服诸多困难，是同事眼中的"女汉子"，是群众口中的"宁大姐"。为了确保后期扶持直补金的安全发放，她曾翻山越岭到克尔乡彭古村残疾人家中，亲手送去 17 000 元的后期扶持金，让移民感受到党和政府的温暖。

作为帮扶干部，她尽职履职，但对于家人，她充满内疚。近 2 年的时间里，她没有请一次探亲假，甚至为了推进工作放弃节假日的休息时间，想念亲人的时候，只能通过电话表达思念。

身为女儿，她看着年事已高的父亲病情不断加重且日渐消瘦，只能默默流泪，待父亲稍微好转，就返回木里县，投入到紧张的工作当中；身为儿媳，公公已偏瘫多年，仅能依靠轮椅出行，但她却没有尽到儿媳的责任；身为妻子，丈夫长期奋战在刑侦一线，身患多种疾病，但她却不能陪伴左右；身为母亲，大四的女儿正面临就业的困惑和应考的压力，她更是无暇关心和照顾。欣慰的是家人的理解和支持，给了她无限的动力。

"有山就有路，有河就能渡。"2017 年 5 月，为了做好所联系的深度贫困乡卡拉乡田镇村贫困户的建房工作，宁秀蓉与单位同事每天翻山越岭，深入到每一个贫困户家中（见图 12-29），为贫困户解决生产、生活中的实际困难和问题。

图 12-29　宁秀蓉深入贫困户家中了解情况

2018 年 4 月，宁秀蓉（照片左二）得知彭古村残疾人不能到乡镇来领取锦屏县移民直发直补资金后，走了 2 个小时的山路为这家人送去 17 000 元的后期扶持金，让移民感受到党和政府的温暖（见图 12-30）。

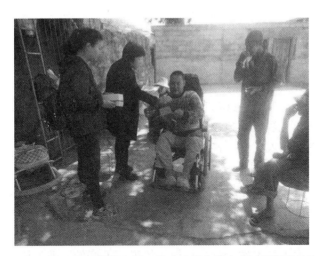

图 12-30 宁秀蓉到克尔乡彭石村为残疾人送去称民后期扶持资金

"上天赋予的生命，就是要为人类的繁荣、和平和幸福而奉献。"作为一名帮扶干部，宁秀蓉用实际行动不负组织重托，用真心付出不愧帮扶承诺，以身体力行诠释了共产党员的初心。她甘做磨刀石牺牲自己，让木里县群众的生活因为有了她而更加美好，她用自己的一言一行为脱贫攻坚事业贡献力量。

"只要持续地努力，不懈地奋斗，就没有征服不了的东西。"在追逐胜利的途中，宁秀蓉也许会疲惫，会失败；但扶贫责任、帮扶初心是她源源不断的动力。正是她这样的一批批帮扶干部不忘初心，牢记使命，在灰心失望中汲取经验，冷静面对，从容应对，这才迎来了脱贫攻坚战的伟大胜利。

龙海涛：全心投入，情倾木里

龙海涛，男，时任攀枝花市东区发改局党组成员、区项目管理办公室主任，挂职木里县发展改革和经济信息化局副局长，被评为省内对口帮扶涉藏地区和彝区先进个人。

全心投入是一个常见的词，但真正做到全心投入却是一件艰难的事。

扶贫干部这个名词也许多年后会成为历史，然而扶贫工作对当事人而言却是一生也不可能忘的经历。2016 年 9 月，龙海涛作为攀枝花市援助木里县干部人才进入木里县工作。自参与帮扶的第一天开始，龙海涛同志始终牢记对口帮扶责任使命，始终坚持学习习近平总书记系列重要讲话精神，认真领会上级脱贫攻坚部署要求和对口帮扶精神，主动转变角色，迅速融入环境，深入调研，真抓实干，取得了优异成绩，深得木里县委、县政府和受援单位的好评。

回首扶贫经历，似乎一切自然而然，而在这云淡风轻的背后有多少人又知道这需要多少付出呢？

不畏艰难险阻，务实推进帮扶规划编制

工欲善其事，必先利其器。龙海涛同志在挂职期间，负责攀枝花市对口帮扶规划、项目管理和木里县项目储备等工作，重点抓好攀枝花市对口帮扶木里县帮扶规划编制工作，做好攀枝花市对口帮扶木里县情况统计工作，组织抓好木里县国家重大项目三年滚动计划库建设。在负责统筹编制《攀枝花市对口帮扶木里藏族自治县规划（2017—2021 年）》工作期间，龙海涛同志积极团结工作组其他成员，统筹协调规划编制领导小组办公室各项工作（见图 12-31），周全考虑各个细节，对每一项工作、每一个项目都要进行详细论证。经修改的地方，都要多方汇报，反复征求意见，直至再无新的修改意见。龙海涛同志对规划编制工作的一丝不苟，最终获得攀枝花市和木里县对口帮扶各个部门的一致认可。

图 12-31　龙海涛同志与工作组成员讨论工作

　　规划编制期间，适逢雨季，道路湿滑，泥泞坑洼，大家随时都面临巨石从山上滚落和车辆侧滑掉进深谷的危险。为了确保帮扶项目精准聚焦脱贫攻坚，龙海涛不顾个人安危，充分发扬艰苦奋斗精神，会同工作组其他成员和编制单位坚持冒雨深入现场调研。通过努力，工作组圆满完成了规划编制工作，并通过各个单位的复审验收。同时，对照脱贫计划，龙海涛统筹安排和跟踪指导 2016—2018 年度攀枝花市对口帮扶木里县 37 个项目，确保项目顺利推进，涉及帮扶资金 8 015 万元。

完善工作机制，抓好帮扶项目督促跟踪

　　制度机制是项目开展的重要保障，检查督促是推进工作的重要手段。作为凉山州木里藏族自治县发展改革和经济信息化局挂职副局长，龙海涛同志负责攀枝花市援助木里县的项目管理工作。当受援单位得知龙海涛同志是项目储备业务专家时，非常高兴和激动，第一时间就告诉他："你来得太好了，正好我们缺少这方面专家，木里县的项目储备工作就交给你负责了。""我服从组织安排"一句简单而又朴实的回答之后，龙海涛用 1 个月时间默默无闻地加班，每个月任劳任怨地跟踪督促进度并提交每季一期的督查报告。

　　帮扶期间，龙海涛同志起草并实施了 5 个项目管理制度，建立了木里县项目储备及推进工作机制；建立了项目推进"五个一"管理机制，将项目储备和推进全部纳入重大项目管理，对每一个项目推进，明确一名县级联系领导、一个牵头单位、一个业主单位、一个年度目标、一套前期工作推进机制；形成了项目整合推进机制，对分期建设的同一项目、同类项目、选址在

同一区域的项目、功能互补的项目，尽可能整合推进；明确了项目前期工作责任分工机制，县发展改革和经济信息化局牵头负责抓好全县项目储备工作，负责总体跟踪协调指导，下达计划任务，负责成立木里县项目评审工作组，对全县建设项目的可研和实施方案进行评审及批复；对需要委托中介机构开展可研编制的项目，已明确由发展改革和经济信息化局负责的，由县发展改革和经济信息化局负责统一组织委托，相关责任单位、业主单位要会同中介机构一起做好项目论证和可研编制。项目责任单位、业主单位是项目推进的责任主体，负责会同行政审批单位、相关乡镇和中介机构，落实项目选址，按规范程序开展前期工作，组织建设。对需要编制可研、实施方案的项目，在完成可研、实施方案编制后，必须报县发展改革和经济信息化局提交评审工作组评审，并经验收批复后，方可继续开展后续工作。相关乡镇承担协作单位责任。配合项目责任单位、业主单位，落实项目用地、相关数据信息摸底收集、维稳及协调与群众之间的关系。建立了项目储备工作经费保障机制，由县财政安排550万元（含攀枝花对口帮扶170万元）前期咨询评估经费，1 000万元土地征收经费，2 000万元争取资金配套经费；所有经费每年滚动安排，根据当年财政收入状况适当增减。形成了重大项目目标考核机制，由县目标办负责每月定期通报项目前期工作开展情况，并将该项工作纳入年终考核；对攀枝花市对口帮扶规划、浙江湖州援建规划及广东佛山援建规划等重大规划的项目全部纳入储备工作计划，顺利推进规划项目130个，总投资69亿元。

在组织抓好项目包装储备工作期间，龙海涛同志不厌其烦地协调各业主单位搜集基础资料，耐心细致地与中介机构沟通交流，并就政策性问题及时与中介机构交换意见。在组织完成32个项目可行性研究报告之后，他又积极主动汇报没有评审专家、短期内无法完成这么多项目的困难，请求攀枝花市发展和改革委员会协调邀请工程咨询专家，在攀枝花市完成了全部项目评审；累计助力木里县2018年争取上级资金约16 291万元，有力保障了项目的顺利推进。

谦虚谨慎，确保帮扶措施科学有效

学习使人进步，反思促进发展。对龙海涛和大部分帮扶干部而言，帮扶工作都是一项全新的工作。挂职期间，龙海涛同志积极融入挂职单位，认真落实县委、县政府交办的各项重大任务。在得知龙海涛同志调研梳理了木里县建筑工程有限责任公司存在的问题及对策建议后，木里县县委书记、县长利用午休时间，亲自听取了龙海涛同志的工作汇报，并作出木里县要即刻面向社会收购建筑施工企业，充实木里县脱贫攻坚项目工程建设力量的指示，将该项工作全权交由龙海涛同志负责。

　　企业并购管理，是龙海涛从来都没有接触过的业务。为了完成任务，他用了整整3天在网上查阅资料。理清基本思路后，他立即联系有关专家，请教求证，第一时间拿出了并购方案、并购流程并经县政府一次审议通过。最终，龙海涛仅用了1个半月时间，牵头组织完成了木里县国有投资发展有限责任公司（以下简称"木里县国投公司"）对四川邦仁建设工程有限公司的股权并购。此后，龙海涛按照县委、县政府安排，还配合木里县起草了国投公司运营方案和木里县县属企业国有资产监督管理办法。

<h3 style="text-align:center">积极调查研究，主动建言献策</h3>

　　没有调查就没有发言权。为深入了解木里县的真实状况，龙海涛同志经常利用各种时机深入基层（见图12-32），积极参与调查研究，主动为木里县经济社会发展建言献策。

图 12-32　龙海涛同志深入基层调查

　　家是每个人心灵的港湾。千好万好，家里最好。帮扶干部也有家，也有至亲和牵挂。龙海涛同志在帮扶木里期间，在4岁女儿生病、父亲手术住院时，一番电话慰问嘱托后，仍继续坚守脱贫一线，全情投入对口帮扶工作。

　　虚心为人，团结同志，责任心强，勤奋踏实，勇于担当，这是龙海涛的风格，也是大家对他的评价，其强烈的责任心和敬业精神带动和鼓舞了整个团队，感动了受援单位。正是这样的精神让援助木里县的工作得以持续，正是这样的精神让木里县实现蜕变。

万雪峰：相约中国梦，共谱致富曲

万雪峰，男，时任攀枝花市无线电监测站八级职员，挂职木里县发展改革和经济信息化局副局长，被评为省内对口帮扶涉藏地区和彝区先进个人。

诸峰云树净，百鹭雪翎乾。

他似白雪一样朴素，又如山峰一样挺拔，在两年多的对口帮扶木里县工作中，他尽职履责、实干担当，坚守初心、担当使命。他是攀枝花市经济和信息化局无线电监测站八级职员万雪峰，援助木里工作期间，他用行动践行一颗赤城初心，倾情书写了脱贫攻坚"纵有万千艰难困苦，丝毫不减赤诚之心"的真情挚爱和优异答卷。

转变角色，主动服务

2018年10月，怀着对脱贫攻坚事业的满腔热情，万雪峰同志毅然决然告别年近八旬的双亲和不到一岁半的女儿，加入对口帮扶木里县的工作组。

在这之前，万雪峰同志主要从事无线电监测方面工作，对脱贫攻坚、农业农村等工作了解不多。为尽快转变角色，融入工作，他坚持边学边干、边干边学，主动熟悉政策和工作方法，主动了解木里县情、乡情、民情，用较短的时间吃透政策、熟悉业务、摸清情况，为对口帮扶工作打下了基础。

到木里县后，根据分工，万雪峰同志主要负责牦牛坪乡异地扶贫集中安置点和定点帮扶唐央乡相关工作，并担任攀枝花对口帮扶木里项目组组长，负责帮扶项目的编制、实施等工作。他迅速转变角色，融入新岗位。

日日行不怕千万里，天天讲不吝千万言，时时做不惧千万事。在木里县的日子里，万雪峰主动申请下乡，与同事们一起吃住在牦牛坪乡易地扶贫集中安置点项目现场，主动对接群众需求，解决施工难题、进行现场指导；一起扎根唐央乡桐窝村桐窝组，开展帮扶慰问、以购代捐、暖冬行动和森林草原防火宣传等工作。他很快得到了贫困群众的交口称赞，木里县群众对他的印象是："不怕吃苦、没得架子""与大家能打成一片，把群众当成自家人"。图12-33是万雪峰与木里县群众的合影。

图 12-33 万雪峰与木里县群众的合影

责任担当，竭尽全力

按照"到位不越位，指导不领导，帮忙不添乱"的原则，万雪峰迅速摆正位置，履职尽责，担当实干；根据帮扶组工作安排，高标准完成了牦牛坪乡异地扶贫集中安置点脱贫工作。

安置点房屋按期保质交付，村里引进羊肚菌种植，万雪峰协调联系技术人员开展羊肚菌种植技术培训，对接羊肚菌回收销售；他积极争取对口帮扶资金 245 万元并建成了标准化生猪养殖场，解决了村民生猪散养的问题；千方百计帮助定点帮扶户脱贫，做好了唐央乡侗窝村侗窝组 2 户建卡贫困户帮扶工作，让 2 户群众 2019 年和 2020 年人均纯收入达 14 000 元以上；争取对口帮扶资金 120 万元，为唐央乡侗窝村修建生产灌溉田水管道 7 千米，有效解决村民多年用水困难问题，让牦牛坪乡异地扶贫搬迁村民住上了好房子。

扶贫路上，万雪峰同志坚定果敢。一方面，他通过与各经政府部门充分沟通，结合木里脱贫攻坚实际，研究编制了《攀枝花对口帮扶木里县 2019 年项目实施方案》，做到了内容客观详实、责任分工明确、资金使用充分、工期安排合理，得到了木里县委、县政府领导及各县级部门的认可。另一方面，他主动加强与攀枝花市相关部门的沟通对接，积极争取资金支持。在他的努力和推动下，攀枝花市 2019 年度帮扶专项资金达到 3 080 万元并及时拨付到了木里县，有效保障了绝大部分项目于 2019 年 3 月动工、在一年内完工。同时，万雪峰通过召开项目推进会，建立月报告、季督办、半年推进等制度，实行"清单制+责任制"，压实项目责任分工，确保项目按进度推进。

帮扶期间，万雪峰同志积极配合市帮扶办和木里帮扶工作小组，积极做好木里县脱贫攻坚考核验收、交叉检查等资料的收集、整理工作，高质量完成了 2019—2020 年攀枝花对口帮扶木里县工作成效省级交叉考核（帮扶方、受扶方）工作。

三次进藏，干净担当

在做好脱贫攻坚工作的时间里，万雪峰同志谨记自己的干部身份，深知自己的一言一行代表的是攀枝花干部形象。在工作、生活和学习中，他严格要求自己，积极参加单位的集中学习，在"不忘初心、牢记使命"主题教育中，认真查找问题，深刻分析原因，及时整改完善；不以权谋私、行贿受贿、滥用职权，始终从严从实，廉洁扶贫，确保每一个扶贫项目都实实在在、落到实处，确保每一分扶贫资金都花在明处，解决实际问题。

"在不惑之年，成为扶贫挂职干部，是人生之锤炼。"万雪峰同志在工作总结中写道，"通过参与脱贫攻坚战，我见证了木里县的蜕变。对口帮扶工作，使我深入了解农业、农村、农民，对'三农'工作的认识更加立体、全面，对中央大政方针的理解更加透彻。扶贫挂职的经历使我获得了宝贵的基层工作经验，增强了自己处理复杂矛盾问题的能力和魄力。同时，与当地干部群众、扶贫帮助干部的一起摸爬滚打，让我能够正视自己的长处和不足，并虚心向基层领导干部、人民群众学习好做法、好经验，并与他们建立深厚友谊。"

不辱使命，坚守初心

一路走来，万雪峰同志始终坚持以习近平新时代中国特色社会主义思想为指导，深入学习习近平总书记关于扶贫工作的重要论述，对扶贫工作有了很深刻的认识和体会。

帮扶期间，万雪峰同志全面了解了木里县实际情况和对口帮扶木里县工作的历史渊源、现实考量及政治意义，找准工作的目标和方向。他始终坚定帮助木里人民全面脱贫摘帽的信心，用实际行动，践行扎根基层、敬业奉献、竭尽全力、不辱使命。

朝暮轮转，两年多的点点滴滴汇成了一帧帧影集，万雪峰同志热爱木里县，热爱这里淳朴善良的人们。他说他的记忆深处，时常回荡着长海子的波光、木里河的涌动，木里大寺的庄严，木里人民朴实的笑容……

莫　超：在雪域高原践行无悔青春

莫超，男，时任攀枝花市实验学校金江校区教务科科长，攀枝花市第六批对口帮扶工作组队员，挂职木里县民族学校副校长。

"耿直豪爽，不畏困难，热爱教育，体贴家人。"这是同事对他的评价。

他就是莫超，帮扶木里的攀枝花教育工作者。

2021年5月，攀枝花市实验学校教师莫超踏上了前往木里的帮扶之路，挂任木里县民族中学教学副校长。至今，他在雪域高原播撒教育火种已快2年。木里学子因为他的坚守而收获了知识，而他也收获了奉献与幸福。

耕耘三尺讲台，丹心育桃李

初上高原时，人生地不熟，加上严重的高原反应，使得莫超面对新的教学对象和任务时产生了前所未有的压力。但抱着"与其苦熬不如苦干"的人生态度，莫超与当地的同事一道，风风火火干教育，风雨无阻教学生。

刚到民族中学，他不仅要从事管理工作还肩负学校的教学任务。在攀枝花，他是一名小学数学教师，但面对木里学校给他安排的初中数学教学工作时，他并没有胆怯，毫不犹豫地接下了这份差事。根据当地教学条件，莫超把"导学案"带入了学生课堂，耐心、细致地引导学生成长，并在数学教研组分享了使用导学案的优势。为了帮助学生更好地成长，莫超经常在课后、周末出现在孩子们的视线里，为他们单独辅导（见图12-34），和孩子们一起学习，孩子们也为有这样负责的老师感到高兴。后来，学校又来了从攀枝花来的两位初中数学支教老师，莫超又服从学校安排转为从事信息技术学科教学。一年下来，莫老师所教信息技术班级在木里县的统考中获得了全县第二的好成绩，得到老师们一致好评。

"教育教学这项工作，你努力了，坚持了，终究会有收获的，我们一定要带着希望走进课堂。"莫超说。

图 12-34　单独辅导学生

情系域高原，学子喝上"放心水"

5月的木里，天气比较炎热，到了中午，很多学生直接走到自来水管就喝起水来。看到这一幕，莫超的心就感到无比的伤感。莫超暗下决心，一定要帮助他们解决这个问题。他及时把这一情况向攀枝花市第六批对口帮扶组汇报，工作组立刻给莫超提出了实质性建议。

按照帮扶组建议，莫超开展调查，实地走访，经过反复调研论证，决定在学校安装直饮机。2022年9月，孩子们喝上了直饮机水，看到孩子们开心的样子，莫超也露出了笑容，感到无比欣慰。

八年级1班的学生撒达次尔说："学校有了直饮机后，我们大家饮水就更加方便了，以前我们接杯热水很困难，而现在，有了直饮机，我们想喝热水直接就可以去接，还有温水和开水两种选择，解决了我们以前想喝热水排不到的问题。为此，我们十分感谢攀枝花来的叔叔阿姨给我们安装直饮机，扎西德勒！"

以身作则，彰显帮扶担当

作为一名挂职教学副校长，莫超时刻铭记履职担当作为，砥砺奋进，为木里教育教学奉献一份力量。他不仅深入课堂一线，也走进学校教研，走进学生心里。

　　莫超每天早出晚归，坚持参与到老师们的教研活动中去（见图12-35），并经常给大家分享攀枝花市实验学校的教学经验。他经常对老师讲："对于基础差的孩子，我们要学会为他们搭建楼梯式的教与学。给他一个台阶，鼓励他走上去，再给一个台阶，鼓励他走上去，一步一步，一天一天，细心付出，耐心等待，他们也就成长起来了。"

图12-35　参与教研活动

　　莫超也经常和老师们就课堂教学单独交流，对老师课堂教学给予肯定的同时，也为老师支招"这个课还可以怎么上更好"，建议老师们让孩子多动脑、多动手、多动口，多鼓励孩子们回答问题，合作、讨论问题。老师们听了后，茅塞顿开，对莫超的教育教学思路深表赞同，也希望莫超经常与他们交流。

　　原七年级12班的折呷次仁谈到："莫老师上课非常认真，他每次都是提前来到课堂，做好上课的准备工作。他上课讲解时非常专注，对知识的讲解就像剥橘子一样，耐心、细致地利用导学案一步一步引导，让我们都听得懂。当课堂上我回答不出问题时，他总会耐心等待，让我再好好想想，并鼓励我、相信我能答出。莫老师也比较幽默，经常给我们讲攀枝花那边孩子的故事和一些有趣的事，我们都很喜欢他的课。课后，我们也喜欢去问莫老师数学问题，莫老师也会开心地给我们解答，甚至周末他都愿意牺牲他的休息时间给我们辅导作业，有时也陪我们打乒乓球、羽毛球，我觉得能遇到莫老师这样的老师很幸福"。

　　从教12年的莫超，教学经验比较丰富，还经常被年级主任邀请到各个年级参加年级会议。在年级会上，莫超受年级主任的委托，为各个年级组的教育教学发展出谋划策。莫超特别强调，我们每个年级（每个班）都要打团体战，年级主任（班主任）一定要协调好每个班的教育教学工作，大家拧紧一股绳，力往一处使，共同推动孩子、学校发展。莫超在学校的安排下，带领教务室的老师们一起狠抓教学"六认真"，督促老师们的日常工作有序、有效地推进，助推学校发展。近几年来，在攀枝花市对口帮扶的大力支持下，木里藏族自治县民族初级中学的教学质量不断提升，升学率不断提高。

在这一年多里，莫超还积极为老师们争取攀枝花对口帮扶办公设备。经过一年多的努力，学校的每一位教师都用上了新电脑。

杨青青老师说：

"秋叶绚丽，秋果香甜。秋，是个丰收的季节。刚开学，我们教师就收到了攀枝花市的开学礼物——电脑。电脑进入办公室后，帮助我们提高了工作效率。利用电脑进行文件管理，使我们办公更加方便。平时，我们还可以利用电脑进行教师业务素质提升的知识学习，提高专业水平。攀木一家亲，友情共长存。感谢攀枝花市对我们在人才与设备上的支持与帮助。吾辈定不负此恩，立志于教学发展。"

"在这里一年多了，这里的民族风情，这里淳朴的孩子，这里可爱的老师，让我的心感到一阵阵暖意。如果可以，我还想在这里待得更长久一些，同这里的同仁共谱教育新篇。"莫超老师说。

李正国：践行初心使命，彰显"硬汉"本色

李正国，男，时任攀枝花市西区纪检监察教育培训与信息中心主任，攀枝花市第六批对口帮扶木里县工作队队员，挂职木里县政府办副主任，被评为省内对口帮扶干部人才先进个人。

2021 年 5 月，作为攀枝花市第六批对口帮扶木里县队员，攀枝花市西区纪检监察干部李正国赴木里县政府办挂职副主任，持续巩固脱贫攻坚成果与乡村振兴有效衔接，开启了对口帮扶木里县乡村振兴发展的征程。

"严于律己，肯钻研、能吃苦、会想办法，也敢于较真，这是我们对李正国同志的一致评价。"木里县政府办主任品初益西说。

不畏艰险，曾被誉为"跑村干部"

他曾被誉为"跑村干部"，曾两个月走遍全县 27 个乡镇 83 个行政村。"巩固拓展脱贫攻坚成果、开展乡村振兴发展、对口帮扶项目、帮扶工作组的对外宣传要落地落实需要更多地留下印记，促进攀木深度融合、共同发展。"

在日常工作中，喜欢走村入户，实地去看、去做是他的一大特点。作为"跑村干部"，刚到木里县时，李正国就随工作组领队赴乡镇进村入户考察调研乡村振兴发展现状，在香巴拉木里的一条条雪山上、一条条山沟里留下了自己的足迹。白碉乡烂房子组海拔 3 000 多米，算是当地海拔较高的村庄之一，因为山路艰险，不少当地的干部都没有去过。山路到底有多难，有多险？借助航拍器可以看到，进山的道路九曲十八弯，很多弯道都需要 180 度向上转弯，山道只有两米宽，一边是大山岩石，一边是陡峭的山崖。几十千米的山路，驱车一个小时只能到半山腰，接下来的路就要靠双腿了。十多户人家走下来，时间已经是下午三点了，山上没有小卖部，填饱肚子成了大问题。走访时，在村民家里搭伙吃饭基本上是常态。

为了尽快掌握对口帮扶乡村振兴发展第一手资料，他数十次冒雨经过木里河、里塘河、水洛河、雅砻江边的悬崖路。记得最清楚的一次就是去牦牛坪乡，途经后所乡的悬崖上，上万吨的石头正好砸在路中央，听说那天在车上的人都吓惨了！司机紧急刹车，躲过一劫。还有一次途经依吉乡麦洛村，突然遇泥石流，山体瞬间倾斜而下，堵住了去路，往下看是万丈深渊，滚滚

江水，前不着村，后住着店。为了继续前行，李正国不顾个人生命危险，带领一行队员沿山坡攀援，从滑坡边缘一直爬到最高点，又沿另外一边下山。爬行过程中，有的队员摔倒了，李正国赶忙拉着他们的手；有的队员恐高，他一路扶着他们一起走过危险区、淤泥地，最后赶在天黑前到达了目的地，见证了帮扶路上从未有过的艰难和恐惧。

李正国曾在赴雅砻江镇的悬崖路上这样写到："滚滚雅砻江水奔腾，巍峨连绵牦牛山呜咽，这里是曾是木里县'3·30'特大森林火灾，27 名森林消防指战员和 4 名地方干部在扑救过程中牺牲的地方。今天踏上前往雅砻江镇的悬崖路，越野车从木里县城出发经过海拔 4 000 米的原始森林，沿着雅砻江一直沿河溯流而上，驶过田镇村，便到了山口，下山的路渐渐变得蜿蜒曲折，陡坡路、急转弯接踵而至。越野车发出低沉的轰鸣，一路呻吟、晃荡着缓缓而下。从车窗往山下看去，只见逶迤的山路似一条柔幔的轻纱，缠缠绵绵围绕着牦牛山，一直飘到山脚，路虽然艰险，山虽然陡峭，但作为帮扶干部就要继承和发扬先烈精神，勇于担当作为，不畏艰难险阻，切实为民办实事解难题，一心一意造福于百姓……"

正因为在李正国不怕艰难困苦，在他的带动下，帮扶干部们奋斗拼搏，攀枝花市对口帮扶木里县的帮扶资金已达 7 905 万元、帮扶项目 47 个，全部按时间节点落地落实，年度考核得到了省委考核组的高度评价。所开展的"万企兴万村""电商帮扶"等对口帮扶活动，累计引导社会力量捐款捐物达 600 万元，惠及木里群众 8 736 人。

授人以渔，"造血"项目播散财富种子

踏上雪域高原，面对高寒缺氧、环境陌生、思念亲人等种种不适，为了完成新一轮对口帮扶工作，李正国时常夜不能寐，辗转反侧思考如何巩固拓展脱贫攻坚成果与乡村振兴的有效衔接。艰苦的生活没有打倒他，反而激发了他无限的潜能和动力。他反复琢磨想着乡村振兴发展，必须要产业振兴，文化振兴，人才振兴，生态振兴，组织振兴。要实现这些振兴目标，除了让对口帮扶干部起到好的带头作用外，还需要制定切合实际的方案，带动木里县群众一起参与行动，只有每个人都积极参与，才能达到好的效果。他经常白天开展调研，晚上就写调研情况，并提出很好的建议供领导参考。

离县城 15 千米的羊棚子曾是典型的贫困村，在精准帮扶的推动下，短短几年时间，村子很快悄然发生了巨大变化。金丝皇菊园区是羊棚子村集体经济的最大产业支柱，但市场销售状况不是很理想，李正国了解之后，如今园区附近的生产加工基地已经建设起来，为了防止返贫致贫风险，他坚决提

出金丝皇菊面积不减，精细化管理力度要加大。他多次深入羊棚子金丝皇菊基地实际踏勘，给村支部班子做了思想工作，坚定信心，切实为金丝皇菊销路打下基础。如今，该村金丝皇菊烘干后产量达 800 斤，截至目前已经卖了400 斤总收入近 30 万元……每晚李正国都要想很多很多，他也会把想到的办法记录下来。

"千盼万盼，通组回家路终于要修好了，以后孩子们的上学路，好走了！"2022 年 3 月，白碉苗族乡白碉村烂房子组机声隆隆，安装了破碎锤的挖掘机正有条不紊地进行施工作业。这条被村民称为"幸福回家路"的通组土坯路修建工程，让村民们露出笑容。受制于特殊的地理条件，当地村民的出入和农产品输出，只能靠一条紧挨悬崖的崎岖山路，物资运送全靠人背马驮。

2021 年 8 月，李正国从挂职的对口帮扶干部邓海华口中了解到当地这一民生难题后，他多方对接联系，多次邀请攀枝花市帮扶工作组领队、木里县交通局和木里县发改经信局等相关部门实地走访，了解道路现状，入户听取周边村民心声。在有关部门的大力支持下，争取到 310 万元的涉农整合资金并配套帮扶资金。"这些钱用于修建一条长约 6 千米，宽 3.5 米的通组路并配套农业灌溉堰渠，在村民聚集村落安装太阳能路灯，照亮苗族村民回家的幸福路。随着工程的逐步实施，当地村民出行条件能够得到改善，也消除了当地村民的"心头病"。

一人帮扶，全家援助

在每一名帮扶干部背后都有一家人的支持，家人的一句"支持，全力支持"就是这些干部们强大的精神力量，他们舍小家、顾大家，为了做好帮扶工作，将家里的负担交给配偶或父母。这种胸怀大局、无私奉献的精神值得称赞。

李正国的母亲患有严重的心脏瓣膜病，长期在老家生活。为了让儿子安心工作，母亲每次心脏房颤，都自己忍受痛苦。春节期间，妻子打来电话说母亲病情加重，已经多次昏倒，经常半个小时才醒来，腿部已经开始肿大，医生建议尽快送往市级医院做进一步检查。李正国强忍着泪水给母亲打电话，老人笑着说"我没事，你好好工作，等你休假回来了再带我去看看"。为了尽快完成手头一大堆要写的年度总结、宣传报道、项目方案等文字材料，他让家人先带母亲去县级医院接受治疗。转眼间，1 个多月过去了，母亲的病情一拖再拖，母亲也多次因心脏房颤、供血供氧不足，窒息昏倒……这期间他加班草拟完了《2022 年攀枝花市对口帮扶木里县项目资金情况报告》《攀枝花市 2012—2022 年对口帮扶木里藏族自治县工作情况报告》《攀枝花市第六批对口帮扶木里县一年工作综述》等重要文字材料，全面铺开新一轮对口帮扶工作的篇章。

3 个月过去了，他才带母亲去攀枝花市中心医院检查，检查结果是心脏主动脉瓣膜重度狭窄，必须进行心脏瓣膜置换手术，如果不及时进行手术，生命危在旦夕。而心脏瓣膜置换手术费用为 30 万元左右，手术成功率也不高。开胸手术创伤较大，对老年人来说，手术成功率也只有 50%，加之其他病情综合症，很难及时进行手术。面对晴天霹雳的艰难抉择，他沉着冷静，多方寻找医生进行综合评估，为了节约时间，早日重返工作岗位，李正国最后还是冒着风险毅然选择了开胸心脏瓣膜置换手术。

帮扶是一种缘分，更是一种责任；是一次历练，更是一生的财富。李正国用帮扶工作诠释青春无悔；用帮扶工作诠释"做神圣国土的守护者，做幸福家园的建设者"神圣使命；更用实际行动诠释帮扶工作者的共同初心——建设木里、发展木里、繁荣木里！

李正国主动申请驻防火卡点，在海拔 4 600 多米的瞭望哨继续奋斗着、燃烧着。提起对帮扶工作的感悟，他说："其实帮扶不仅仅是我们向外输出理念经验的过程，也是自身收获成长和锻炼的过程。唯有与当地各族群众同甘共苦，才能得到认同、实现价值。"在自己的帮扶工作日志上，他写下这样一段话："帮扶干部不是一根柴火，烧完就没了；而要做一个火种，能够带动一片人，薪尽而火传。"

龙顺江：公而忘私远离乡，敢为人先力脱贫

龙顺江，男，时任攀枝花市农业农村局动物检疫所主任科员，凉山州综合帮扶队队员，挂职木里县农业农村局副局长，被评为全省脱贫攻坚"五个一"帮扶先进个人。

"摆正位子，团结其他副职，尊重一把手的领导，工作到位而不越位"，这是龙顺江对自身工作态度的评价。作为攀枝花各系统选派到木里县综合帮扶队的一员，在援助木里的三年时间里，龙顺江身体力行地贯彻了这句宗旨。工作上尽责尽职，心系百姓，协助各级同事共同打赢了木里的脱贫攻坚战。2019年年底，木里县成功摆脱困扰了几十年的难题，摘掉了贫困县的帽子。报国有长策，成功羞执珪。两年后，龙顺江也功成身退，荣归故里。

摆正自己的位置：在其位谋其职

龙顺江是2018年6月援助木里的，作为攀枝花各系统选派到木里县综合帮扶队的一员，他一到职便被委以木里藏族自治县农牧局（2019年3月机构改革更名为木里藏族自治县农业农村局）副局长的重任，他一上任便积极协助海祖里副局长分管畜牧兽医工作，主抓动物卫生监督所工作（见图12-36）。适逢非洲猪瘟肆虐，大到动物疫病防控，小到兽药的监管，龙顺江始终没有掉以轻心，一直以饱满的状态积极应对此疫情，并带头成立了"木里县非洲猪瘟防控应急指挥部"。作为副局长，他严格执行上级命令，协助安排各组成员的工作，积极团结其他同事，响应上级的号召，积极应对突发疫情。为了强化监督检查，为群众筑牢动物食品安全的屏障，他协助指挥部成员单位的安排，设置关口检查站，加大对往来车辆的排查，以保障畜牧业的健康发展，看似小事，却为木里县的脱贫攻坚工作奠定了积极的基础。人们常说："态度决定命运。"明月因满天星河的点缀而耀眼夺目，繁星因黑夜的沉寂而显得闪耀，龙顺江虽只是中国万千工作中里普普通通的一员，木里县却因为他的到来而增添了一抹色彩，他一个人的存在或许不能改变木里县的命运，但正是像龙顺江这样千千万万个投身基层的工作人员的存在，才让木里在脱贫之路上永葆激情与活力。

图 12-36 　了解动物卫生监督所工作

摆正自己的态度：刻苦钻研，求真务实

屋漏偏逢连夜雨，船迟又遇打头风。2019 年非洲猪瘟尚未完全得到控制，脱贫攻坚的收尾工作又迫在眉睫，龙顺江并没有惊慌失措，反而胸有成竹。他在帮扶工作总结里写道："作为一名分管业务工作的副局长，我始终摆正位子，刻苦钻研业务知识，努力提高自身思想政治素质和业务技能。"言既出，躬必行。在这一年里，为了掐断疫情的苗头，把疫情扼杀在摇篮里，哪怕有一例疑似猪瘟病例，他也要带队去检查核实，并根据当地情况，协助当地党委政府拟定防控措施，协助同事增设非洲猪瘟临时检查点，正是如此这般的防之又防，慎之又慎，使得这一年来木里县没有发生任何非洲猪瘟疑似疫情。不仅如此，在严防非洲猪瘟的同时，龙顺江认真履行牵头抓总职责，开展联系站股室项目管理和精准扶贫工作，积极参与并牵头联系攀枝花市对口援建木里县涉农产业项目建设工作。仅 2019 年他就六访宁朗乡则洛村（见图 12-37），进行驻村帮扶，不仅给当地群众送去了基本的生活物资，还专门给他们找专家解决生活中的难题，认认真真地履行帮扶联系人员的应尽职责，不敢掉以轻心、丝毫懈怠。作为农业系统里的一员，无论是督察疫情，还是帮困扶贫，龙顺江本着求真务实的态度，脚踏实地，一步一个脚印，在工作中实践，在实践中学习，最终在学习中获得了长足的进步。

图 12-37　走访宁朗乡则洛村

摆正自己的目标：心系群众，不负人民

采得百花成蜜后，为民辛苦为民甜！2020 年，是全国脱贫攻坚的决战决胜之年。习近平总书记在二十大报告中指出"人民就是江山，江山就是人民"，为了守护好、建设好这片热土，龙顺江总是奔走在巩固脱贫成效工作的前线，仅这一年，攀枝花对口援建资金就安排了 11 个涉农项目，如此一来，龙顺江的个人休息时间便被大大缩短了，但他毫不在意，因为"尽职做好本职工作"是他自己的信条。在此期间，他主动积极对接各项目乡镇和项目建设合作社，全程参与项目实施方案的各项计划，不论再累再忙，他也要每月抽出时间按时联系相关负责人员了解情况，确保项目实施过程中万无一失，面面俱到。功夫不负有心人，历经重重考验，跨越千难万险，最终，这11 个项目都得以顺利实施。这为巩固脱贫攻坚成果、为木里县继续推进乡村振兴战略开好头、起好步做出了积极贡献。而这恰恰正是龙顺江所喜闻乐见的。在忙着统筹项目的同时，他仍心心念念着这片土地上的人民。虽然碍于实际情况，他不能经常到村帮扶，但他始终牢记着"脱贫路上一个也不能掉队"的宗旨，只要一有时间，他就掏出手机联系建档贫困户，细心询问对方最近的生活情况，帮助他们解决生活中遇到的难题。不仅如此，在进行脱贫攻坚工作的同时，他也没有忘记自己的本职。工作上他兢兢业业、认真履行分管执法大队工作职责，依法行政，执法必严，违法必究。即便是忙得像个

陀螺打转，他也会挤出时间。仅这一年就组织农业综合执法大队开展了4次农资打假专项整治行动，并加大禁渔期执法检查，为切实维护广大人民群众的合法权益做出了积极贡献。"我要把有限的生命投入无限的为人民服务之中去"，这是龙顺江身体力行的一句话，这绝不是一句空话！

摆正自己的方向：心向往之，行将必至

龙顺江于2021年5月完成对木里的帮扶工作。回顾2021年这短短的五个月，无论是安排部署农业综合执法工作，还是严厉打击长江流域非法捕捞渔获物的违法行为，抑或是带领工作组下沉帮扶村开展森林草原防灭火工作。在他的笔下，五个月说长不长，说短也不短，似乎从隆冬到入夏，只是弹指一挥间，可细细读来，却满是留恋与不舍。经历三次冬去春来，他来时怀着对木里人民美好的期待，当时树木葱郁，索马花竞相开放；他走后留下美好的祝福，感谢"度过了一段美好时光，是一生的宝贵精神财富"。而此时草木初长成，索马花含苞待放，他曾将自己的热血数千次抛洒在这片土地上，不仅是为了索马花能够绽放出更娇艳的花朵，更是为了木里人民能够拥有更光明的未来！而他，甘做一粒尘埃！

"落红不是无情物，化作春泥更护花"，在龙顺江身上，我们看到了敢于奉献、敢为人先的精神品质。在他的文字里，只字不提三年的离愁苦，无论是一开始积极协助其他领导工作，还是主动组织工作，他总是信守自己的信条，如同一块坚定的指南针，只要摆正方向，便素履以往，一苇以航！

余中玉：厚谊长存梦魂里，校园几度木棉红

余中玉，女，时任攀枝花市第十八中小学校初中英语高级教师，挂职木里藏族自治县乔瓦镇第二小学第一校长，被评为省内对口帮扶涉藏地区和彝区先进个人。

从英雄攀枝花到高原"格桑花"，她一路追逐阳光前行。不管是木里县中学的孩子，还是固增乡小学和乔瓦镇第二小学的孩子，都亲切地称她"余妈妈"。也正是这声"余妈妈"，让她在这片高原坚守了七年。

七载光阴流转，赤诚初心不改。她是余中玉，攀枝花市向阳实验学校初中英语高级教师，曾挂职木里藏族自治县县中学校长助理、乔瓦镇第二小学第一校长。

中通且直，玉汝于成。"余老师，你愿意去木里帮扶不？"2014年6月的一个晚上，余中玉像往常一样在家准备休息，一通电话打破了宁静。15分钟后，她做出了为之自豪一生的决定——到木里支教。也正是这个决定，日后改写了无数高原孩子的命运。

情系学生，身体力行从点滴改变

2014年7月14日，余中玉坐上了去木里的汽车。

接待会上，木里县中学的校长发了话：我们这里有点缺班主任，你们有谁愿意毛遂自荐呀？

"我当时就想，干脆我来吧，要带动引领他们改变，就必须身体力行做一些事情，从自己做起……"余中玉第一个举了手，另一位帮扶老师也随之响应。就这样，一段意义非凡的时光由此开启。

起初，她担任木里县中学校长助理，协助校长做好德育工作。同时担任一个初中班的班主任，除了管理班级外，还要教两个班的英语（见图12-38）。

她带的这个班，藏族学生居多，名字长。为了尽快熟悉班上的学生，每天晚上，她默默地反复记他们的名字。不到半个月，她就能准确叫出班上60多个学生的名字。

结合班级特点，她重点培养学生养成好习惯，叮嘱学生"清扫工具放在固定位置，桌椅摆放整齐，教室地面保持干净。""粮食来之不易，食堂就餐不要浪费。""早、中、晚要提前10分钟进教室读书。"……

每当学生打扫卫生的时候,余中玉都会前去监督。她所在班级负责的公区是校门口,更马虎不得——怎么扫,如何检查,逐一落实,不留任何死角。"这是学校的门面,好习惯从这里开始。"

半个学期后,孩子们不仅学习成绩提高了,生活习惯变好了,卫生也更干净了。木里县中学的校长发现了余中玉所带班级的巨大改变,也要求学校其他班级师生一起变得更好,学校面貌日新月异。

学习上有难题、生活中遇烦心事,学生们也喜欢找余中玉。为了多陪伴他们,她坚持每天早上7点前到学校、晚上11点赶回宿舍。就连周末也要到学校,托管不能回家的住校生。

图 12-38　余中玉与学生

心中有爱,她像妈妈一样温暖

按照一般规定,帮扶干部干满两年即可回攀枝花。然而,正是孩子们的一声"余妈妈",余中玉选择了在此坚守七年,把学生当成自己的孩子来深爱。

"要真正当好中小学生的老师,首先你要成为一个好妈妈。"说起"余妈妈"这个称呼,余中玉的脸上就浮现出一种身为母亲的柔和。

"有什么事情可以找我,我们可以交流;有什么心里话可以给我讲,我给你支支招。"这是"余妈妈"时常对木里孩子们说的话。木里县中学的不少学生每学期才能回去一次，平时得不到父母的关爱，因为心疼，她主动担起孩子们母亲的角色，竭尽所能照顾，用爱温暖陪伴。

好多学生都说，她像妈妈一样温暖。这份温暖，持续传递——她主动申请到条件更艰苦的乡村支教。

2018 年 12 月，一次偶然的机会，余中玉来到距离县城约 4 个小时车程的固增乡小学，为偏远山区的孩子们试讲一堂课，当即激发了孩子们对英语的兴趣。

"老师，你能留下来教我们吗？"下课后，不少孩子围住余中玉。

孩子们的这个小小心愿，深深烙印在她心里。"他们要是没有英语老师，上初中后能不能跟上？"

随后，她联系上了固增乡小学校长周晓云。"因为没有英语老师，学校没开设英语课。"周晓云说，"英语课本一发下来，就只好堆到角落里。"

第二天，她毅然提出到固增乡小学支教的申请。

"乡村小学条件更艰苦，你一个女同志，还是再考虑一下吧。"面对攀枝花市委组织部、东区教体局、木里县委组织部有关负责人的好意，余中玉却铁了心。

2019 年 3 月，新学期开始，她出现在固增乡小学（见图 12-39）。学生们看到后，十分地惊喜地围过来："老师，你真的来了啊！我们不是在做梦吧?!"

"你们的愿望实现啦，今天开始，我就是你们的英语老师。"当得到余老师肯定的答复后，孩子们的欢呼声响彻校园。

根据孩子们英语零基础的实际情况，不分年级从 ABC 教起；资助家庭困难的学生，为他们提供衣物和课外书籍；解决孩子们内部的小矛盾……很快，她和固增乡小学的学生们结下了深厚的情谊，也变成了他们的"余妈妈"。

远离家乡，有时难免想念亲人。有一次，余中玉情不自禁地对学生们说："我从攀枝花来，离家很远，在这里没有亲人和朋友。"

学生洛桑仁青举起手来："老师，我们班 45 个小朋友，都是你的亲人，我们的家就是你的家。"

有时身体不适没精打采，细心的孩子们就会立即上前，关切地询问，"老师你怎么啦？身体不舒服吗？是不是想家了？"

"双向奔赴"的牵挂，驱散了余中玉心里的那份孤单。而孩子们的纯朴美好，以及对知识的渴望，更加坚定了她在帮扶路上勇敢走下去的决心。"希望通过我，让他们了解外面的世界，对未来充满希望和信心，树立远大理想,早日走出大山!"

图 12-39　余中玉与学生

多面角色,一片赤忱洒高原

除了扮演"慈母"一角,余中玉也是一位严师。

在固增乡小学任职后,她发现学生在食堂就餐时,时常乱糟糟、闹哄哄的,于是,她不断规范就餐秩序,要求文明礼貌就餐;学生宿舍每晚就寝晚,她带着宿管人员查寝,不随身携带钥匙串,尽量不穿高跟鞋……"余老师你太厉害了,我在这儿工作近两年,学生们从来没有这么早入睡,谢谢您。"宿管人员感叹。

2019 年 9 月,因身体原因,她依依不舍地离开固增乡小学,前往新建的乔瓦镇第二小学,继续从事英语学科教育。

唱英文歌,做英语问答游戏……在这里,她因材施教,用轻松愉快的教学方式,改变了学生对英语的看法,从当初的畏惧变得喜爱,甚至主动要求课后学习更多的英语知识。随后,她还组织了木里县小学的第一次英语书法比赛和英语绘画手抄报比赛,极大地激发了学生对英语的学习兴趣和热情。

一封封稚嫩又真挚的书信,是学生们对她的喜爱之情。因表现突出,她被任命为第一校长。

角色发生转变,她深感肩上的重担,奋力为学校的发展奔走。和帮扶干部王坤、周红一起,为学校成立训练鼓号队、为学校录制高质量宣传片、创作校歌并制作 MV,录制的学生组诵经典节目获得凉山州一等奖、教师组诵经典节目获得凉山州二等奖，让朗朗歌声、诵读声在大山深处回荡。

提议申请学校微信公众号；策划组织学校课间操藏舞比赛、首届运动会以及首届毕业典礼等大型活动；通过好友资助贫困学子、募集新校服、捐赠书籍……一项项举动，满载着她对木里孩子的深情（见图12-40）。

回首往昔遥遥路，七年无愧献身躯。因为热爱，她把一片赤诚洒在木里高原，希望当地的孩子通过读书改变自己的命运。

然而，对于家人，特别是自己的母亲，她充满愧疚。帮扶期间母亲患病，她未能陪伴左右，甚至母亲去世，也没能赶回去见最后一面，这成了余中玉心底的遗憾，"使命在肩，不给攀枝花丢脸，不给帮扶工作拖后腿，相信老人家会理解我。"

"中咪山下，小金河畔，有我们美丽的校园，呀啦嗦；追逐梦想，乘风扬帆，民族团结和谐发展，呀啦嗦……"无数次夜深人静时，她的耳旁仿佛又回响起参与创作的《乔瓦二小之歌》，阳光明媚的操场，书声朗朗的教学楼，孩子们肆意的欢笑，那些热烈的过往，一起涌上心头，化作此生最美的回忆。

图12-40　余中玉与学生

何正江：沃土深根育高树，枝繁叶茂铸梦魂

何正江，男，时任攀枝花市第十二中学教导处主任，挂职木里县中学校长助理，兼任地理学科教研组长和师带徒指导教师，被评为省内对口帮扶涉藏地区和彝区先进个人。

鲸落海底，哺暗界芸芸众生；烛照红船，聚热风铸就青春。多年来，他在艰苦的环境中充分发挥自身的作用，托举大山深处的教育梦想，将知识的光与热送往偏远边陲。他就是攀枝花市第十二中学教导处主任、攀枝花市级骨干教师，中学一级地理教师——何正江。何正江于 2016 年 9 月参加帮扶工作，挂职木里县中学校长助理，兼任地理学科教研组长和师带徒指导教师。

满怀热忱，奔赴木里

从美丽的木棉之地奔赴壮美的雪域高原，从四季如春走进四季交替，带着对家人的无限眷恋和无私奉献的教育情怀，经历气候、饮食、人文、心理等巨大的变化，克服头晕脑胀、血压升高、心率过速、难以入睡等严重的高原反应，全身心投入帮扶工作中去。何正江老师始终坚持做老师就要抱着"一诺千金"的态度，以十足的韧劲把承诺的事情做好，以持之以恒的咬劲把承诺的事情做实。期望将攀枝花优质的教育资源"嫁接"在木里这片美丽的土地里，浇灌出健康苗壮的"新苗"。正所谓"一次援木里，一生高原情"。

坚定选择，勇担重任

在对何正江的采访中，我们多次提到"重任"，何正江的回答很坚定。"攀木一家亲"，他希望用自身扎实的专业知识和多年的教育经验为木里的教育发展添砖加瓦。正是这样的信念支持着何正江不仅主动揽下了四个毕业班的教学（见图 12-41），课时多达每周 33 节课的重任，而且同时还兼任地理学科的教研组长。在教学上，认真钻研教材，厘清教材的基本思想、基本概念，了解教材的结构，重点与难点，掌握知识的内在逻辑，做到了对知识运

用自如，尽善尽美地完成教学工作。用自己的真情书写木里情怀，为建设木里付出了辛勤汗水，贡献智慧力量。

图 12-41　何正江授课

学高为师，身正为范

经历风雨满肩，这是师者的常态。一支粉笔写了又写，粉尘飞扬仿佛彰显教师的信念。在教育这条路上，最有价值的东西最有重量的是师者本身，在何正江老师身上很好地体现了这一点。他常常告诉年轻教师"要想在学生心目中树立教师的威信，除了要有扎实的专业知识和广博的知识面外，还要在道德行为上以身作则，以己服人"。他开始接手的是一个有藏族、汉族、回族、蒙古族、彝族等多民族混合的班级，不同民族的风俗习惯有很大差异。为了保证良好的班风和学风，何正江老师就如郑板桥的石竹一般"千磨万击还坚劲，任尔东西南北风"，每天早上天还不亮就打着手电筒来到学校，一天的工作从和学生一起跑早操开始，一直到晚自习下课以后才回到寝室，一天差不多有十三四个小时扑在工作岗位上陪伴着学生（见图 12-42）。这样的他经常得到领导、教师和学生的一致好评，在教师当中树立了好榜样。

图 12-42　何正江与学生

痴心不悔，倾囊相授

一个地球仪，一张世界地图，在何正江老师手中似乎成就了广阔的未来，托举着孩子们的梦想。"师者，所以传道受业解惑也。"在采访过程中，何正江老师告诉我们他会根据学生特点和兴趣，以思想教育为龙头，有针对性地考虑教法，认真组织好课堂教学，关注学生信息反馈，调动学生的情感，促使学生成绩保持相对稳定并不断提高。同时，利用好成都七中的远端教学资源，有选择性地补好网班学生地理知识上的短板。积极参与成都七中远端备课活动，与成都七中的老师们一起探讨学生在地理课上暴露出来的种种学习问题，找到最佳的解决方法，同时，激发学生的情感，使他们产生愉悦的心境，创造良好的课堂气氛，课堂语言简洁明了，课堂提问面向全体学生，注重引发学生学习地理的兴趣，课堂上讲练结合，使学生成绩在原有的基础上大大提高。经过不懈的努力，他所任教的普通班实现了学生上本科的历史性突破，高考地理平均分也从倒数第二名变成了全年级第二名，超越了同年级多个班级。

以身作则，教管结合

木里教育基础薄弱，教学充满挑战。作为学校地理学科的领头人，何正江老师对原有的教研组制度进行了整改和完善，明确了教研组长的职责，规范了教研活动开展的基本流程。同时，亲自示范，例如，如何写一份合格的、优秀的教案；如何进行有效的集体备课等，并把本组教研的经验在全校推广，多次向全校其他教研组进行展示、汇报，获得了省级专家和学校领导的一致好评。在他的带动下，学校的其他教研组有了很大的转变，都能根据自己的学科特点开展丰富多彩的教研活动，使本校教研很好地服务于教学。何正江老师谈到他所带的新老师骆泽群在这两年里有了极大的提升，从刚开始的入职懵懂成长为独当一面的优秀地理教师。这不仅仅是他自身的努力，更是何正江老师带徒成功的硕果，为木里中学培养了一支合格的教师队伍。

直面困难，积极抗疫

支援木里之时，突遇疫情。面前是疫情防控，身后是教育教学。何正江老师担任着学校教育教学管理工作，为了不耽误地理学科的教学进度，何正江老师组织全体帮扶教师与受援学校教师开展线上教研，印制近三年高考试卷，自己编撰学习资料，准备教学课件，命制相关试卷，创新线上教学模式，为老师们提前备课及线上教学做好准备。采访时何正江老师笑着说："没想到一过来就碰到疫情，但兵来将挡，水来土掩，我们总会有办法不耽误大家的教学任务，不耽误孩子们上课。援助木里，我们就是过来解决问题的。"满怀着对事业的热忱，用赤诚、乐观的心态，为木里中学的发展和攀木的深厚情谊贡献自己的力量。

情注高原，孕育雏鹰

"谁爱孩子，孩子就会爱他"，何正江老师以人格魅力呵护学生的心灵，以学术造诣启发学生的智慧。何正江老师谈到，令他最骄傲的便是他木里的孩子们，孩子们有着孜孜不倦的求知热情，尊师重教的品德和真挚友好的情感。孩子们热爱着他，而他自己也享受着课堂的快乐教学，愿意毫无保留地传授知识（见图12-43）。在教学过程中，何正江老师对一位学生记忆深刻。这位学生由于初中时没有学习过地理学科，所以基础知识薄弱，跟不上教学进度，学习情绪不高，考试成绩不理想。得知这些情况后，何正江老师就一对一地帮扶，从初中知识开始讲解，总结方法，鼓励他再努力。只要成绩进步了，就公开表扬，让其他学生学习他不服输的精神。后来，他的地理成绩进步很大，成为了当年高考地理单科的第一名。像这样的学生还有很多，他们有的还在读书，有的已经走上了工作岗位。何正江老师说，知道这些孩子的消息，得知他们的成长，是他最开心的时刻，也是支教人得到的最好回报。

图 12-43　何正江与学生

辛勤付出，满载而归

不经一番寒彻骨，怎得梅花香扑鼻。2017 年的高考，何正江老师实现了多方面的突破。他所带的一个普通班实现了学生上本科的历史性突破，同时该班高考地理平均分也从全年级倒数上升为全年级第二名，超越了同年级多个班级（包括重点班）。在一次攀枝花高三第一次诊断考试中的地理成绩全校上本科线达 22 人，创造了这个年级的历史新高。攀枝花高三第二次诊断考试中地理成绩全校上本科线达 29 人，超学校下达的任务 300%。在凉山州高三诊断考试中，毕业班文科入围人数也在去年的基础上翻了一番。2019 年高考成绩喜人，又一次实现历史性的突破（去年高考硬上线 58 人，今年硬上线 81 人），何正江老师授课的文科班占 15 人（全校文科班上线 17 人）。与去年文科班高考上线人数相相比翻了一番多（去年高考文科班上线人数 8 人），另外何正江老师授课的艺体班成绩也有巨大提升，今年上线近 20 人（去年只有 6 人），超额完成了学校下达任务的 200%。

作为一名帮扶教师，何正江老师舍身为人，积极响应号召，舍小家、为大家，积极投身帮扶事业，大力发扬"让攀枝花精神融入木里"的精神，深刻认识到帮扶就意味着选择奉献，选择责任。何正江老师克服高原缺氧和任务繁重等重重困难，快速进入教学状态。在面对严峻的新冠病毒感染疫情形势同时，快速完成开学筹备任务，顺利开展学校教学和管理、线上教研和授课、巡课听课和诊断等工作，做到了疫情防控和教育教学两不误。他在木里这片土地上，不负学生，不负师职，不辱促进发展木里教学教育的使命，担负起教书育人的职责，将木棉之城的温度和高度带到凉山州木里县，助力木里县教育事业的高质量发展。

毛光明：悬壶济世，铁血丹心

毛光明，男，时任攀枝花市中心医院药剂科主管药师，凉山州综合帮扶工作队队员，挂职木里县卫生健康局副局长，被评为脱贫攻坚"五个一"帮扶先进个人。

来自攀枝花市中心医院的毛光明医生，于2020年被中共四川省委、四川省人民政府授予2019年脱贫攻坚"五个一"帮扶先进个人。在这份荣誉的背后，是无数个挑灯夜战的夜晚，是坚持，更是担当。

告别即是出发时，誓叫木里换新颜

舍小家，顾大家，尽职守，诚于民。毛光明用实际行动诠释了共产党员的先进性，视社会责任为己任，他心中那团"全心全意为人民服务"的铮铮诺言之火被彻底点燃，坚定了"不破楼兰终不还"的决心。在为期3年的脱贫攻坚的道路上，"牢记重托，不辱使命，决战脱贫，不胜不休"的出征话语始终伴他左右，激励他前行。

当时毛光明还在天津市第一中心医院进修，没等进修完，就接到医院通知，组织将选派他参加凉山州脱贫攻坚工作。"当时我的内心非常复杂，既激动、兴奋，又感到忧和愁。"毛光明对我们说道。激动的原因是医院对他的信任，把如此重大的任务交给他；忧的是怕自己阅历尚浅，经验不足，难以圆满完成任务；愁的是家中的爱人和其腹中的孩子，自结婚以来，本就因在外进修学习和爱人聚少离多，并且爱人即将在两个月后生产。

"我也有过犹豫，但最终想到自己是一名共产党员，想到党员的使命和义务，而且我自己也来自凉山州冕宁县，我的家乡，我的同胞需要我，我应该及时伸出援手。"通过与家人的沟通，父母和爱人都十分支持这项光荣的工作。毛光明接受了这项艰巨的任务，提前结束了进修学习，告别了妻子与尚未出生的孩子，收拾行囊，踏上木里的热土。

艰难方显勇毅，磨砺始得玉成

知责于心、担责于身、履责于行。从进入木里那一刻起，他就把自己当成木里人，一心做木里事。毛光明深知前路充满艰辛、布满荆棘，但他没有心灰意冷。"既然来了，就一定要踏出痕迹，做出成绩，让当地老百姓得到实惠。"

"我去的那一年，木里县卫健系统领导和工作人员紧缺，于是我便主动接手了分管医疗卫生业务的各项具体工作。"毛光明在木里时负责艾滋病防治、计划生育、疾病预防控制、国家基本公共卫生、妇幼健康、医政医改、基层卫生等工作。木里卫生局人手十分紧缺，很多工作人员身兼多项工作，。为了能把工作做好，他也经常充当工作人员的角色。有时各科室已经成了他的流动办公室，工作人员加班，他陪着加班；工作人员不懂，他就耐心指导；工作人员忙或者不会，他就自己分担落实。小到一个会议通知、一个情况说明、一个回复、一篇简报，大到一个方案、会议领导的讲话稿，都常常是毛光明利用自己的休息时间完成的。

内化于心，外化于行

亦余心之所善兮，虽九死其犹未悔。脱贫攻坚的道路不是一帆风顺的，面临很多挫折，对于曾经面对的困难，毛光明说："既然选择了帮扶就注定风雨兼程；既然锚定了目标就要坚决实现；既然坚定了信念就无怨无悔。"

毛光明从没有忘记过自己的帮扶使命，积极认领帮扶任务，履职尽责，担当作为，穷尽毕生之力开展传帮带教工作。他认真分析研判当地的各项医疗卫生工作。一是望闻问切，深挖问题症结。对各医疗机构进行走访调研，召开座谈会，进行深入沟通，分析根因。二是因地制宜，注重建章立制。开强方、下良药、割症结，从查问题、添措施、补短板、压责任等方面着手，修订完善工作制度，明确工作职责，细化工作措施，落实考评。三是盯紧目标，持续发力。咬定目标不放松，围绕各项重点目标，聚焦工作任务，筑牢夯实基本工作，各个击破，久久为功。

千淘万漉虽辛苦，吹尽黄沙始到金。通过毛光明和队友们两年多的努力，截至 2021 年，疾病防控体系逐步完善，多项工作稳步提升；艾滋病疫情得到有力控制，各项核心指标提前完成；国家基本公共卫生服务项目实现逆转，成绩提升明显；医疗质量稳步提升，依法行医逐渐规范；妇幼健康实现多项零的突破且二级乙等医院创建已通过评审。医疗机构间协作机制完善，合作交流频繁；统筹管理省内医疗卫生帮扶队，帮扶团队成绩突出；所帮扶 2 户已顺利通过脱贫验收，不再愁吃穿，住房、教育、医疗得到保障。

毛光明和队友们矢志不渝地坚守在帮扶岗位（见图 12-44），无数个挑灯夜战的奋斗迎来了黎明的曙光；无数个周末节假日的不休打破了禁锢贫穷的枷锁；无数艰辛的汗水凝聚成徽墨，书写出胜利篇章。

图 12-44 坚守帮扶岗位

用务实笃定帮扶，用行动鏖战新冠疫情

英雄何惧渡沧海，甘逆狂风暴雨行。疫情就是命令，防控就是责任，生命重于泰山，随着疫情形势的日益严峻，疫情防控容不得半点犹豫。

木里在党中央、省州县委政府的领导下，在广大扶贫干部的努力下，终于顺利通过脱贫摘帽验收。于是 2020 年春节，县委政府利用春节期间把之前取消的节假日给所有扶贫干部多放几天，让大家好好调整恢复疲惫的身躯，过个愉快的春节。然而 2020 年春节前一场突如其来的新冠疫情席卷祖国大地，但再大的灾难也摧不垮坚强的中国人民。无数勇士争当守护人民的逆行者，这其中也有毛光明。

"本来在年初答应了我爱人一定趁此次假期好好陪陪家人的，但我又食言了……"谈到这里，毛光明的脸上满是愧疚。"当时的我虽身在攀枝花，但已经投入抗疫中，我远程起草相应文件，审批各种上报材料。"大年初二，在全县 200 人左右的综合帮扶队伍中，毛光明率先请缨，立即动身赶回木里。得到批准后，毛光明简单拾掇行囊，只身一人驱车向木里驰骋而去。

没有半刻的停歇，刚到木里，领导便安排毛光明负责卫健系统的疫情防控工作。毛光明当即开始分析研判当前的疫情形势和存在问题，并积极整合单位人员，明确职责分工，压实责任，集中人员全力以赴防控疫情。在疫情防控的最初 40 多天里，毛光明没有周末和中午晚上的休息，每天忙碌于签阅文件、审批报表、拟订草案、参加会议、督导检查、协调安排。疫情防控进入常态化后，他仍在负责应急指挥部办公室和卫健系统疫情防控具体工作，积极落实上级各项防控要求，起草文案，制定预案，召开会议，强化医疗机构疫情防控，提升院感防控能力，加强督查，开展应急演练，落实人物同防，推进疫情防控工作。

"每天电话比脱贫攻坚时期还多，还有必须上报的报表，紧急待发布的文案，每天上班时间做不完的事，我就用休息时间做……连续二十多天从早到晚奋斗。"毛光明和全县的防控人员一起为木里筑起了坚实高大的城墙，无论病毒如何猛烈进攻，木里依然坚不可摧。

信念如磐，初心如故

"虽然脱贫攻坚战取得了全面胜利，但我们的帮扶任务还要继续，我们的帮扶使命依然在肩。我们将继续和当地群众一道，心连心、肩并肩，努力跑好由'脱贫攻坚'到'乡村振兴'的接力赛。"毛光明坚定地说。毛光明牢记心中的誓言、不忘组织的嘱托，始终跟当地人民在一起，守卫着木里这片圣洁美丽的土地，守护着人民的身体健康和生命安全。

　　　　白衣执甲，生命至上，这是他生命的主旋律

　　　　脚沾泥土，手撷芬芳，这是他行动的写照

　　　　山河锦绣，国泰民安，这是他毕生的心愿。

严石春：踏遍青山人未老，风景这边独好

严石春，男，时任攀枝花市第四人民医院副主任医师，挂职木里县人民医院院长，被评为脱贫攻坚"五个一"帮扶先进个人（凉山州综合帮扶工作队优秀队员）。

"感叹时光流逝的同时，心里也有丝丝安慰，我帮助了很多需要帮助的病人，让他们的痛苦得以减轻。虽然我的工作很平凡，但我觉得每天都很充实。山高路远，阻不断我的援木情。"这是一名参与凉山州脱贫攻坚工作的医生说的心里话，他就是攀枝花市第四人民医院副主任医师、木里县人民医院副院长，曾在西南医院、市中心医院进修，现为全国肝胆病咨询专家、攀枝花市消化内镜专业委员会委员，荣获 2018 年脱贫攻坚"五个一"帮扶先进个人、凉山州综合帮扶工作队优秀队员的称号、2018—2020 年木里县优秀医务人员——严石春。

患者的需要就是自己的需要

2014 年 7 月 14 日，攀枝花一群雄鹰般的白衣天使，展翅飞翔，越过高山大河，雪山草原，栖落在木里，他们用坚定的脚步丈量康巴大地，如高原牦牛一样坚韧，如格桑花一样美丽，他们用勤劳的双手打扮着木里明天的美好。

长期以来，攀枝花市卫生计生委积极响应四川省委关于精准施策综合帮扶凉山州全面打赢脱贫攻坚战的决策部署的号召，从市级各医疗卫生机构、各县（区）精心选拔优秀人才奔赴凉山州。

严石春曾经前后两次参与木里县的工作，在此一共工作了 5 年。第一次是 2014 年 7 月到 2016 年 9 月，他参加了攀枝花市第三批援助木里干部，在木里县医院挂职，主要负责胃肠镜的检查。那时木里县胃镜室没有医生，只有严石春一个人做胃镜室的工作，虽然是一些日常工作，但每次只要听到病人说这是攀枝花的专家医生，他内心还是很自豪的。

第二次是参加四川省扶贫攻坚，严石春到木里县医院挂职副院长，主要负责艾滋病管理，每个月都要到乡下去检查艾滋病工作，同时加强艾滋病知识的宣传，在此期间，他走遍了木里县 29 个乡镇（见图 12-45）。

图 12-45　艾滋病知识宣讲

在严石春印象中最为深刻的是一对艾滋病夫妻。妻子被丈夫感染了艾滋病，她得知这个消息时难以置信，每次都给严医生打很久的电话，甚至严医生有时半夜都能接到她的电话，她会在电话里哭诉很久。在这位病人日常的就诊之余，严医生无时无刻不呵护这位病人的内心世界，最终她接受了这个现实，积极配合治疗。严石春说道："作为一名医生，有时候也很无奈，但用我们的真心换得病人的配合也是值得的。"

山高路远挡不住帮扶之心

多年来，无论是冰山雪域、高原草甸、交通建设现场、学校教室讲台、手术台病床边、蔬菜大棚田间地头，还是藏族兄弟家中、彝族同胞火塘边、蒙古族乡民田埂旁，都活跃着攀枝花市第三批援助木里干部们的身影。

2018 年 6 月 30 日上午，攀枝花卫生计生系统综合帮扶凉山州工作队 11 名队员带着组织的信任和重托奔赴凉山州，开展了为期三年的脱贫攻坚综合帮扶工作，严石春再次投入医疗援助工作中（见图 12-46）。

早在 2014 年 7 月，严石春医生就积极响应攀枝花市委组织部的号召，放弃了对年幼孩子和年迈父母的照顾，毅然投身到帮扶工作中；他深知一名医疗技术人员对贫困地区医疗事业的重要性，他带着愈发成熟的医疗技术，参加到综合帮扶脱贫攻坚工作中。严石春说道："木里人民纯朴可亲，我工作热情不减，我有信心做好，圆满完成组织安排的任务，我想用我的微薄力量，改善当地的医疗环境。"

图 12-46　医疗援助

严石春介绍木里的工作环境以及基本情况：那边的人们少群居，多散居，范围广，但人口较少，呈现出地广人稀的状况。严医生一行人到乡镇地区大概需要花费两天的时间，到村上去的话，还需要额外花一天的时间才能到，最远的地方来回花费的时间接近一个星期。乡与村之间的距离非常远，再加上有的地方道路也还未完全修建好，路很难走，花费一大半的时间在路程上，这是得不偿失的。对此，严石春医生等人每次去基本上是把乡上的居民召集在一起，最大限度地为当地居民做事，尽量覆盖到每家每户。严医生等人的主要工作是宣传艾滋病的危害性以及如何去预防，同时也会进行诊断，在一定程度上可以确保当地人民的身体健康，做到早发现、早治疗。

这么多年援助木里的医务工作人员中，严石春是帮扶人员中唯一一个把29个乡镇走完的医生。严医生在总结援助木里的一系列工作时，这样说道："五年时间，很长也很短，回归正常的工作后也会想起过去的事。"

严石春医生是援助木里干部人才的缩影，他们挥洒汗水，用行动诠释责任；付出智慧，用真情奉献木里。即使前方惊涛骇浪，也挡不住他们的援木情。几年时光弹指间，离开时，他们都可以骄傲地说：木里，我曾来过！

在帮扶过程中升华自己

晒黑了，皮肤糙了，人瘦了……但是心里踏实了，脸上笑容更灿烂了……

木里县县城的医疗现状是药品供应充足，但科室里面持有职业医师证的人屈指可数，大部分都是没有取得相关证书的人。因此，严石春等一行人会对当地医生进行一些专业培训，提升其专业知识储备，大力支持当地卫生院的技术提升。

是执着，还是执念？更温柔一点，是细水长流。严石春在木里县兢兢业业工作了几年时间，即便是每次去的工作性质不同，但总的来说都是为了木里人民的发展，他对当地人民产生了深厚的感情，至今也未断了联系。

木里县人民只要是有关疾病这一块的问题，都会咨询严医生。特别是在当地诊断过的一些病人，在严医生返回攀枝花后，遇到什么问题，依旧会打电话向他咨询。有时候他们或许并不是真正想要看病，而是想要找人倾诉，遇到这种情况严医生都会认真地倾听，即便有时候严医生工作很忙，但也还是会认真的去开导他们。在他看来，只要找到人倾诉，有人在听他们说，这样对他们来说心里会好受一些。倾诉是最好的治病良药。

严石春医生表示，在援助木里县的过程中，所面临的主要困难是经济问题。对于这一问题，严石春医生等人也是竭尽全力，对木里县人民进行支援。严医生所在的攀枝花市第四人民医院也积极为他们出谋划策，想尽一切办法去解决经济困难问题。同时，医院也尽最大的努力为木里县争取资金支持、申请了一些项目、提供了一系列技术支持。

有人问严石春，"在木里县的五年时间里会不会觉得很枯燥？毕竟背井离乡这么多年，难以和家人团聚。"而严石春是这样回答的："这么多年在木里县待下去是需要毅力的，只要我自己在干实事，为当地人民提供了帮助，就会觉得时间过得很快。因为那些日子不是虚度时光，不是为了混时间、混资历，而是把我自己掌握的技术带过去，为当地培养一些医生，解决一些实际问题。这是我自己人生价值的体现。这边的工作我也会积极地完成，但木里县医院和木里人民或许更需要我。"

攀木一家亲，攀凉兄弟情！严石春等帮扶干部人才身上肩负着 123 万攀枝花人的重托，为木里儿女带去技术和项目，带去真情和真心，带去理想和文化，带去吉祥和安康！

李秀敏：巾帼不把须眉让，志愿送医到藏乡

李秀敏，女，时任攀枝花市米易县中医医院检验科主任，帮扶期间任木里县中藏医院检验师，被评为省内对口帮扶涉藏地区和彝区先进个人。

"金钱名利淡如水，医德医道大如天。"对于李秀敏来说，作为一个医生，最重要的并不是那份工资，而是医者仁心。一声令下，她义无反顾地踏上了帮扶之路，坚守在岗位3年，不忘帮扶初心，牢记脱贫使命。直至现在，她已然把藏乡当成了故乡，扎根木里，医技帮扶，助力木里脱贫致富。

她是李秀敏。2018年10月，攀枝花市第5批援藏工作组进驻木里县，其中医疗队有7人，而李秀敏就是这支医疗队中唯一的女同志。45岁的她被派遣到木里县中藏医院检验科担任副主任一职。木里藏族自治县隶属四川省凉山彝族自治州，因历史和地理原因，木里县中藏医院医疗人才匮乏。除了流传的中医藏医以外，中西医检测检验成为中藏医院的技术短板，李秀敏来到医院后发挥自己所长，牵头整改，在她的协助下，西医检测检验工作流程逐步完善，医院检验科管理水平有效提高，为当地患者提供了更加便捷、优质的医疗检测服务。

立足本职，强化检验基本工作

在岗三年间，李秀敏与同事相互协作，共同配合，极力克服检验人员少、检验工作量大等实际困难。"检验工作需要注重细节，确保工作准确。"李秀敏说，在帮扶三年中，他们圆满完成了检验科各项常规工作，完成临检、生化、免疫标本约9 000人份，高质量完成体检6 000人份，其中建档立卡贫困户287人份，为木里脱贫攻坚做出巨大贡献。不仅如此，李秀敏在负责检验工作的业余，还会向医院的其他医生了解学习博大精深的藏医文化，增加自己的知识储备的同时也增进自己对藏族文化的了解，她觉得，"在木里工作非常有意义"，不仅帮助了他人，也充实了自己。

除了重视外部的检验工作，李秀敏还额外重视内部的院感监测。为了有效预防和控制院内感染，保证医疗安全，中藏医院还开展了院感监测工作，由李秀敏牵头，会同院感科医护人员一道，在医院重点科（室），重点部位和关键岗位展开。通过各种采样结果得出：手卫生监测合格率为50%。数据表明部分医务人员对手卫生的意识不强，手卫生措施落实不到位。中藏医院

院感科将检测结果反馈临床各科室，针对薄弱环节制定整改措施，在今后的工作中，医院会定期开展院感监测，加强内部卫生监督，切实提高管理水平。

创新举措，助力医院高质量发展

木里医疗缺什么？这是大多数攀枝花医疗工作者初到木里都会问的一个问题。木里县群山围绕，环境封闭；人口分散，基础滞后。毫无疑问，木里医疗工作面临的最大难题，除了基础设施相对滞后，就是缺少专业人才。而李秀敏到了木里之后，上交了一份可以解决人才缺少问题的完美答卷——创新，创新技术可以很好地弥补人才缺少的不足。"删繁就简三秋树，领异标新二月花"，在木里中藏医院任职的这几年，李秀敏贯彻实事求是思想，根据医院的实际情况和患者需求，对医院检验科的项目与举措进行了一系列创新，新开展了多种检测项目（见图 12-47），扩大了服务范围，为临床诊断提供了更加全面精准的检验支撑，得到了医院与患者的一致好评。不仅如此，由李秀敏牵头的院感检测更是改变了中藏医院院感外送监测的局面，使得这项工作走向了规范化与常态化，助力医院更好地发展。

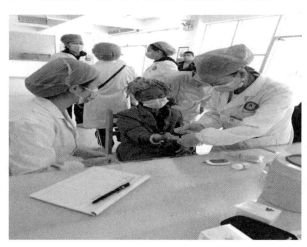

图 12-47　为病人做检测

加强培训，提高医务人员能力

李秀敏特别注重医务人员的专业素养高低，帮扶的两年多内，她带头开展全院业务培训 4 次，检验科三基学习 30 次，希望通过培训与学习进一步提升医务人员的业务素养，为患者提供更好的服务。不仅如此，李秀敏也注重保护从业人员的安全。2019年6月18日，木里县中藏医院医务科组织全员医、药、护、技人员50余人进行人类免疫缺陷病毒（HIV）防护培训。其中李秀敏就HIV职业暴露与预防措施做了专题讲座，从多个方面入手，对艾滋病的基本知识、职业暴露的危险、职业暴露的防护、职业暴露后的处理四个方面进行了详细讲解，并结合个案深入阐述和剖析。她的精彩讲座得到了县中藏医院领导和参训人员的一致好评，进一步加强了医院医护人员的职业安全防护教育，提高了医务人员预防HIV感染的安全意识。

医疗走向乡村，义诊奉献爱心

为了让医疗走进乡村，更好地推进木里脱贫攻坚，李秀敏积极参加义诊活动。李秀敏与帮扶医疗人员一起于2019年10月24日赶赴距县城一百多千米的沙湾乡开展为期两天的守初心、解难题、助扶贫主题大型义诊活动（见图12-48），她不忘初心牢记使命，深入调研主动作为。在活动现场，前来义诊的人群络绎不绝。李秀敏耐心地为群众检测血糖、测量血压，每一项工作、每一个步骤都一丝不苟。为期两天的义诊活动，他们前后问诊321人，免费为群众发放药品，开出188张处方单。

图12-48　义诊活动

李秀敏等医务人员用真心的服务得到了沙湾乡广大干部群众的一致好评。他们始终铭记为人民服务宗旨，坚守健康扶贫理念，认真履职尽责，全面贯彻落实"不忘初心、牢记使命"主题教育精神，为木里县脱贫摘帽贡献了一份力量。为了进一步巩固木里县脱贫攻坚工作，也为了更好地满足老年人安度晚年的实际需求，体现党和政府、全社会对老年人的关心，2020年6

月6日，木里县中藏医院到木里县农村中心敬老院开展了以"医养结合"为主题的专家义诊活动。李秀敏作为攀枝花市第五批帮扶干部人才、木里县中藏医院检验科专家积极参与，全心投入，得到了敬老院干部老人的一致好评，获得了良好的社会效益。

做好后勤，解除战友后顾之忧

工作上，李秀敏扎根木里，用心服务木里群众；生活中，李秀敏认真对待，切实服务帮扶"战友"。自从李秀敏担任工作组后保组长以来，大大地减少了帮扶人员的后顾之忧。她利用周末节假日组织大家自己动手包包子、饺子、抄手，不仅增进了"战友"之间的友谊，还融洽了工作氛围。李秀敏还为驻乡"战友"回城办事临时的住房添置了床上用品，规范了入住制度，使房间始终保持整洁舒适，提高了其生活质量。在新冠疫情期间，李秀敏积极展开防疫工作，加强帮扶楼环境消毒防疫，就餐实行分餐制，切实保护"战友们"的身体健康。

医护人员不是铁人，他们也是普普通通的人，但是没有他们就没有我们一生的健康。帮扶医疗队任重道远，他们如格桑花一样用青春和热忱在雪域高原上绽放，用自己的时间为木里人民保驾护航。她在45岁时离开家乡来到木里县，兢兢业业工作3年，坚守初心，牢记使命，奋斗在脱贫前线。无论条件多么困苦，气候多么恶劣，她也从不抱怨，坚持为民服务，坚持健康扶贫，展现了攀枝花新时代白衣天使的良好形象，为人民群众的健康福祉和幸福生活作出了应有的贡献。她便是李秀敏，一位普普通通却又伟大的帮扶医务人员。

赵昊宇：大医精诚，大爱无疆

赵昊宇，男，时任攀枝花中西医结合医院副主任中医师，凉山州综合帮扶队员，挂职木里县中藏医院治未病科主任，被评为全省脱贫攻坚"五个一"帮扶先进个人。

"人命至重，有贵千金，一方济之，德逾于此。"古往今来，医者仁心，饱含博爱。2018年6月，中医药学专家赵昊宇，响应党的号召以省委组织部省综合扶贫攻坚队队员身份组团前往木里藏族自治县开展扶贫攻坚综合帮扶工作，开启了为期三年（2018年6月—2021年6月）的帮扶生涯。在几年里，赵昊宇坚持做着一个医护人员应该做的事，承担直面生命的责任，以救死扶伤为己任，坚守在脱贫攻坚的岗位上，以实际行动传扬着白衣战士的无私、无畏情怀。

牢记崇高使命，致力医卫扶贫

作为一名帮扶医疗专家，赵昊宇深深地懂得：只有全心全意努力工作，帮助受援单位中藏医院提升医疗技术水平，才能建立攀枝花市中西医结合医院与中藏医院之间的协作，才能从根本上改变木里的现状。他将协助医院、科室加强管理这一任务，作为自己扶贫攻坚帮扶工作的重中之重。针对受援单位——中藏医院，建院时间短、起点偏低、地理位置不佳等限制条件，确定了帮助其快速提高医疗技术水平、提高医疗服务能力、提升医院品牌形象、扩大医院影响力，以更好地服务于各民族人民，减少人民医疗负担，达到防止因病致贫、返贫的目标。

两年时间里，他结合自身的专业特长，将自己所学的知识和当地的条件需求相结合，通过开展门诊诊治、病房查房、传帮带、讲习讲座、疑难危重疾病讨论、组织科室急诊急救以及相关培训、病历质量控制、病历点评、新项目开展以及内联合大查房等各种方式，帮助中藏医院康复科、内科、藏医科提高医疗业务技水平、业务技能。两年多的坚持不懈，中藏医院尤其是治未病科、康复科的急诊急救、疑难危重病人处治能力，青年医师临床诊疗水平，科室医疗质量医疗安全控制，病历质量水平均得到了明显的提升，年轻一代医师已经成长起来，科室诊治病人从门可罗雀到要加班加床。两年以来，赵昊宇默默无闻地坚守在医护岗位上，利用毕生所学去诠释着对生命的热爱。看着一个个满带笑意、满意而归的患者，尤其是贫病交加的各民族患者，赵昊宇由衷地感到欣慰。个人的力量微入尘埃，可是通过国家的意志，白衣战士的信念，全社会的支持以及所有人的付出，脱贫攻坚战取得了巨大的胜利。

医疗义诊洒满爱，生命抢救在路上

医疗健康扶贫攻坚，除了所在医院的工作外，医疗健康下乡义诊、宣传、义检等，也是重要的内容。两年来，赵昊宇积极地参加各种级别、各种形式的健康义诊、义检、宣传工作，面对面地为木里人民提供优质的义诊服务。

在亲身经历脱贫攻坚工作的困难与艰辛之后，赵昊宇更是不留余力地去贡献自己，积极地参加各级向木里贫困群众的义捐、义购活动，为木里贫困人民贡献一份微薄之力。

帮扶三年，赵昊宇经历了太多从死神手中抢救生命的瞬间。突发头痛的吕某，在给予对症治疗后，症状仍然无缓解。赵临危不乱，冷静分析患者病情，结合患者有"癫痫发作病史"，考虑到这是癫痫前趋症状，立即给病人进行了生命体征检测。在赵昊宇一系列正确地指导救助下，医护人员反复给予病人地西泮镇静止搐等综合抢救。最终在大家的共同努力下，患者症状缓解，病情趋于稳定。

木里的环境条件极度恶劣，时常狂风乍起，暴雨倾盆，飞沙走砾，但是这里脱贫攻坚的热情却持续高涨。赵昊宇肩负着医疗健康脱贫攻坚的艰巨任务，在中藏医院次尔央初院长的组织领导下，连续两周长途驱车，不惧风雨，不惧寒冷，不惧路途艰险、晕车呕吐，先后来到后所乡呷古村、沙湾乡麻窝村开展"不忘初心 牢记使命 解难题 助扶贫"巡回义诊活动，为边远贫困地区各族同胞义诊服务，助力扶贫攻坚！

通往胜利的路途总是遥远而又荆棘遍布，可再多的风雨都浇灭不了扶贫干部们要打赢脱贫攻坚战的热情。纵然狂风暴雨，赵昊宇也仍旧迎难而上，哪里需要他，他就投身到那里去；纵然天寒地冻，赵昊宇也仍旧砥砺前行，哪里有病人，哪里就有他的身影。所谓"夫医者，皆仁爱之士。"正体现于赵昊宇的行动之中。

医患一家亲，携手助脱贫

木里医疗条件以及居民家庭条件极其有限，但帮扶医护人员真情的服务，让藏族同胞感受到了党的扶贫帮扶政策的温暖！

一位特殊病情的老年女性患者，病情十分危重，赵昊宇反复建议其立即前往县医院住院专科诊治，防止病情恶化及危险的发生。患者及家属却由于各种原因只能在家中治疗，在医护人员对病情的反复分析下，给予了对症药物，让老人情况有所缓解（见图12-49）。老人的病情得到控制，不仅让医护救助人员松了一口气，而且患者及家属对于医护人员的做法也十分满意，并且对医护人员表示诚挚感谢。

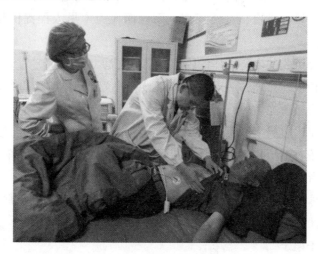

图 12-49　危重病人急救

医患关系是医疗服务中一大棘手问题，但是却因为赵昊宇等医护人员对木里群众细心负责的服务态度以及高超的医术，让木里群众对帮扶事业大力支持，对帮扶医护人员饱含谢意。正是有赵昊宇这样的无私奉献，才能更加巩固民族之间相亲相爱的桥梁，才能让各族人民都感受到党和国家对于他们满满的关心与爱护。

义诊活动开展过程中，赵昊宇等医护人员通过专业的知识、真心的付出为当地各族群众驱病解困；让党的医疗健康脱贫政策深入人心；为扶贫攻坚工作的最终胜利奉献出一份力量（见图12-50、图12-51）！

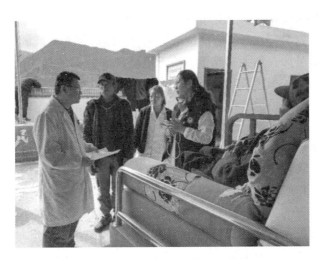

图 12-50　巡回下乡义诊接诊重病患者

图 12-51　义诊活动

学无止境，妙手回春

尽管赵昊宇已经有着非常丰富的知识储备和实战经验，但是他仍然不断看书学习，精益求精。赵昊宇每天晚上，都会抽出时间来看一些与突发疾病相关的书籍，拓宽自己的知识面，让自己的医术在知识积累和实践操作中越来越出色。

2020 年 10 月 13 日晚，赵昊宇一如既往地在宿舍内看书学习，突然接到科室主任急电：康复科 8 床病人，突然出现紧急病情。在听了值班简述病史和突发相关病情变化后，赵昊宇对患者的身体进行了进一步细致的检查。综合患者病情，赵昊宇判断患者病情十分危重，随时都有猝死的可能，随即嘱咐病人要绝对卧床、加大氧流量，给予医院现有的硝酸甘油、速效救心丸、卡托普利等药物。患者及其家属表示支持和配合科室救治。经过一系列抢救措施，约半小时后，患者疼痛有所缓解，夜间病情基本稳定。次日查房，患者身体情况已经基本恢复正常。

这是一次非常成功的急诊急救！作为一名康复科医师，赵昊宇对于处理颈肩腰背疼痛等常见慢性疼痛性疾病，对于伴发肩颈部疼痛的心血管急危重症，其实不算精通。尤其是这一例以"典型"肩周炎症状入院的病人，更易发生认识、处理的错误。一旦误诊、漏诊，后果不堪设想。值得庆幸的是，在赵昊宇等医护人员的共同努力下，他们临危不乱，正确地对症采取措施，妙手回春，挽救了患者生命。

学无止境，医者更甚。作为一名悬壶济世的医生，赵昊宇做到了真正的"医贵乎精，学贵乎博，识贵乎卓，业贵乎专。"

杏林春暖——他时刻铭记从医之德，律己之心，这才让他在面对突发状况和疑难杂症时能够冷静、正确地分析病症，作出合理的判断，对症下药，以解除患者疾病之苦。"金钱名利淡如水，医德医道大于天。"赵昊宇传承并发扬着中国传统医德，在默默无闻之中全心全意地奉献自己，行医治病兢兢业业却不求回报，他用自己的实际行动诠释着文明美德和医学能力。

"面对疾病，个人的力量微如尘埃。国家的意志，白衣战士的情怀，全社会的支持，所有人对生命的热爱，像三山五岳巍峨，像江河大海澎湃。"这样力量的整合，换来了脱贫攻坚医疗事业的胜利归来！

王永锐：医者仁心助木里，格桑梅朵满高原

王永锐，男，时任攀枝花市妇幼保健院产科医生，挂职木里县妇幼保健计划生育服务中心孕产保健部主任，被评为省内对口帮扶涉藏地区和彝区先进个人。

凉山州木里藏族自治县，美丽的香巴拉宁静悠远，令人向往。木里坐落于四川省西南，位于凉山彝族自治州西北，东跨雅砻江，西抵贡嘎山，南临金沙江，北靠甘孜州，是云贵高原与青藏高原的过渡地带。在旅行者眼里，木里是个梦中天堂，境内拥有屋脚乡利家嘴、纳西古寨等旅游景点；在探险者眼里，木里属于典型的高山、山原、峡谷地貌，这些特点无不吸引着他们。然而木里秀丽风景的背后是长期以来十分落后的医疗条件。

2018 年 10 月，攀枝花市妇幼保健院产科副主任医师王永锐发扬"艰苦创业、无私奉献、团结协作、勇于创新"的三线精神，踏上了这片土地，成为木里县的一名帮扶医生。援助医生不仅是为当地患者提供先进的医疗服务，他们更肩负着另一重任——"传、帮、带"，切实提高当时医生的诊疗水平，改善当地的就医条件（见图 12-52）。

图 12-52 "传帮带"帮扶工作会

讲政治，不忘初心

奋斗百年路，启航新征程。作为一名共产党员、一名帮扶干部，王永锐积极参加"不忘初心、牢记使命"主题教育，认真学习习近平新时代中国特色社会主义思想，贯彻落实中央和省委、市委关于对口帮扶的部署要求。正因如此，帮扶路上才会出现这么一位医者，不远千里，无惧群山围绕，来到环境相对封闭的木里，亦无畏木里简陋的医疗设备条件，毛遂自荐，只为贡献自己的一份力量。王永锐兢兢业业，恪尽职守，始终以饱满的热情投入木里的医疗卫生事业和脱贫攻坚工作中。

医者父母心，杏林天使情

如果说病人是受伤的小草，那么医生则是为他们施肥、除害的园丁；如果说病人是遭遇骇浪的船客，那么医生则是为他们保驾护航的船夫。故曰："医者父母心，杏林天使情"。

连续守护 10 余小时，他在高原迎接生命降生。2018 年 12 月 19 日，王永锐第二次到木里不到三个月时间，他接诊的 1 位产妇顺利分娩。受条件限制，从准备物品到临床观察，王永锐必须独自完成每一项工作。产妇分娩时，由于木里县妇幼保健院还没有专业助产士，他也只能一个人为产妇接生。随着婴儿嘹亮的哭声响起，守护了 10 多个小时的王永锐整个人累瘫了。"那是一个很漂亮的女孩，也是我在高原地区接生的第一个孩子。"在这个孩子的出生前，木里县妇幼保健院已经有近 10 年时间没有顺产病例了。因此，王永锐也被群众亲切地称作"格桑梅朵"。据说，那是高原上象征生命的花朵。

行动永远是最好的证明。

宝剑锋从磨砺出，梅花香自苦寒来。没有生而英勇，只是选择无畏。王永锐在访谈中表示帮扶虽然艰辛，但也磨练了自己的韧性和毅力，更为以后的工作积累了宝贵的经验。这种"不来帮扶就无法体验到的独特经历"，值得永远珍惜和铭记。谈起帮扶的这段时间，王永锐满脸笑意，眼睛里闪着光，他说"这是一次难忘的经历，对于一名医生来说，意义非凡。"他说，到木里县妇幼保健计划生育服务中心上班的第一天，他就被领导任命为妇产科主任，要求必须将产科发展起来，争取把木里县妇计中心创建为二级乙等妇幼保健院。在工作期间，面对种种困难的时候，不断发扬"能吃苦、能战斗、能忍耐、能团结、能奉献"的帮扶精神，迅速在新的环境中积极作为，克服高原反应身体不适等困难，认真履行职责，积极投入工作，针对两癌筛查工作，加强对宫颈液基细胞学取材等技术的指导，开展宫颈 LEEP 手术，大大提高了宫颈疾病的诊治水平，为木里百姓带去优质的医疗技术。

医者仁心，大爱无疆

新竹高于旧竹枝，全凭老干为扶持。授人以鱼，不如授人以渔，木里地区环境艰苦、医疗条件落后，王永锐在帮扶前就做好了心理准备，决定以医者仁心、大爱无疆的精神温暖藏族同胞，传道授业解惑，发挥"传帮带"引领作用，为当地培养医疗技术骨干人才，让医者精神在雪域高原绽放。医疗水平的提高不仅仅是技术上的支持，更重要的是医务人才的递进培养。为提升当地医务人员水平，两年来，王永锐坚持每周至少讲 1 次专题课，并发起全院"每天学习 1 小时"活动，组织医务人员坚持学习专业知识，努力提升专业技术。为培养医院骨干力量，王永锐亲自带徒弟 3 人，其中 2 人已基本能独立处理简单的产科病人状况。针对当地孕妇忽视正规产检、妊娠知识缺乏、进院情况紧急等情况，王永锐还加强了对医务人员标准防护和应急演练的培训，提升医务人员自我防护能力和母婴安全保障水平（见图 12-53）。

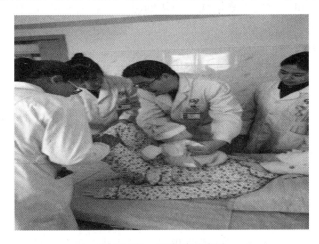

图 12-53 应急演练培训

扶贫帮困，结下攀木情

生逢盛世，当行胜于言，当孜孜以求，当胸怀大局，当不负组织和人民。2016 年城乡对口支援时，王永锐曾到木里工作半年，对木里的情况比较熟悉。2018 年组织选派帮扶医生时，他义无反顾，响应号召，加入了第五批帮扶工作队。奔赴木里之前，他便决心更加努力，时不我待，严谨务实，全力完成好组织交给的各项任务，为帮扶做出应有的贡献。

"在木里那么长时间，总有一两件难忘的事。"在木里工作期间，他主动联系帮助了许多贫困家庭。在访谈中了解到，其中芽祖乡关门山村上八组贫困户何伍呷家令他印象深刻。何伍呷一家共 6 口人，靠种土豆、养羊和牦牛为生。接到帮扶任务后，他经常到帮扶对象家去谈心，开展感恩教育、卫生指导、劝其小孩上学、协调村领导进行产业帮扶、以购代捐等。经过努力，何伍呷一家卫生条件明显改善、子女已上学、光卖羊一项收入已达 5 万多元、生活充满了希望，他经常感谢党的政策好、感谢村领导和攀枝花的王医生。

汉藏一家血肉连，同舟风雨化冰川

帮扶的每一天，既有着日复一日的光阴叠加，也有着受用终身的成功喜悦。壮丽优美的自然景观，悠久灿烂的民族文化，绚丽多彩的现代生活，在木里融为一体，欣欣向荣，焕发出勃勃生机。今天的木里，经济活跃、产业兴旺，人民群众安居乐业，各项社会事业发展水平全面提升，人民群众的幸福感、获得感和满意度不断增强。两年的时光，有太多的收获留在了王永锐的心里，刻在了他的记忆里，言语道不尽，文字述不明，而他的能力素质也在潜移默化中得到了质的提升。

在访谈的最后，王永锐表示作为一名医生，他并没有惊天动地的业绩，只是履行了作为一名医务工作者应尽的职责。风起，他逆风而来；风停，他平安离去。木里之行他没有辜负单位的信任，组织的肯定，不辱使命，最终平安着、胜利着归来。木里之行教会他成长，这正是：初心使命勇担当，惜别家人赴木里，木里暮雪披锦绣，韶华万里助医康！

帮扶精神，熠熠生辉

帮扶是奉献和收获，更是一种精神和情怀。两年的帮扶工作即将结束，短暂的帮扶，让王永锐感到他不仅仅是进藏帮扶，更是入藏"取经"。帮扶不只是使命，更是责任！缺氧不缺精神，艰苦不怕吃苦，海拔高境界更高，王永锐十分高兴，高兴自己用微薄的力量让攀枝花三线精神、大爱无疆的医者精神在高原绽放……

绵绵用力，久久为功。一代又一代帮扶人的"涓滴"之功，终将汇聚成雪域高原上的千顷澄碧。

王帆帆：妙手挽生命，馨德传藏乡

王帆帆，男，时任攀枝花市第二人民医院肛肠科副主任、副主任主治中医师，攀枝花市第六批对口帮扶木里县工作组队员，挂职木里县人民医院副院长，被评为攀枝花市优秀援藏干部人才。

2021 年 5 月，王帆帆来到木里。如今，他被称为木里县人民医院的"一把刀"。

"有能力、有担当、无私奉献"都是形容他的词组，王帆帆能够在危机情况下有条不紊地分析患者情况为患者做出医疗方案，同时带领医院里的大家一起对抗病魔。

危难当前，为患儿紧急解"锁"

2022 年 6 月的一天上午，县医院接诊了一位出生仅一天的新生男婴，因腹胀，未解胎便前来就诊。该男婴经查诊断为"先天性肛门闭锁"，又称无肛门症。这个新生儿若不及时医治，定会患病身亡。

王帆帆分析道，"对于出生仅 1 天的新生儿来说，生理发育尚不完全成熟，生理储备、体温调节功能低下，对手术、麻醉的耐受差，术中、术后并发症和意外的发生率高，这个手术难度很大，风险极高。"况且木里县医院抢救条件有限，王帆帆建议婴儿转院，但患儿的父母拒绝出县治疗，说如果治不好，就要带回家按照当地习俗将婴儿扔到山上。"不能让一条小生命就这样没了"。在这个关键时刻，这位有着十七年党龄的帮扶干部内心没有丝毫犹豫，立即认真分析患儿病情，做好严密的术前准备，联系麻醉科、新生儿科共同配合，征得家属同意后，于当日下午紧急做了经骶会阴肛门成形手术。经过 1 个多小时的紧张操作，手术顺利结束，为患儿成功"解锁"（见图 12-54）。

术后交代婴儿父母一年内每月来院复查一次，但随后的两个月左右时间，患儿既没来医院复查，也联系不上其父母，留的联系电话也始终关机。王帆帆在这样的情况下只能驱车 7 个小时，赴水洛镇两保村找到病人，为婴儿检查复诊，患者家属为此感激不尽。这是木里县首例救治成功的新生儿肛门闭锁症，此前同样疾病的婴儿均死亡，且目前患儿术后恢复情况良好。

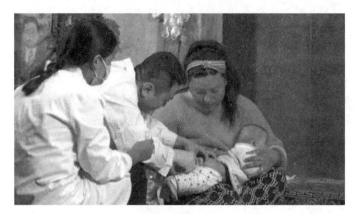

图 12-54 检查患儿

医德所致，加班途中跪地抢救癫痫患者

2021 年 7 月的一天，王帆帆接到县医院外科值班医生的紧急电话，有一名 20 岁的胃穿孔患者需要立即手术，他急忙往医院赶去。途经县妇幼保健院背后的公路时，他远远地看见一名男子平躺在路上，四肢抽搐，口吐白沫。出于职业的敏感性，他急忙跑到男子身边蹲下查看，该男子此时面色青紫、牙关紧闭，嘴里不断有混合着红色血液的白沫流出。王帆帆立马用手拍打他的肩膀，并大声呼喊他，发现男子没有回应，意识已经丧失，随即摸他的颈动脉，脉搏很快。作为一名有着十多年工作经验的医生，他立刻意识到这是一个癫痫（俗称"羊角风"或"羊癫风"）患者，若不尽快抢救，会出现死亡或因缺氧时间过长造成脑损伤窒息。他毫不犹豫地将病人身体偏向一侧，随后用手将病人口腔扒开，把嘴里的食物及分泌物清除，防止呕吐物引起呛咳导致窒息，同时呼叫路人帮忙拨打 120 电话。

救护车到达现场之前，他跪在地上持续为患者做着抢救工作。时间一分一秒过去，男子情况慢慢好转，意识逐渐恢复。时值正午，地面温度较高，为避免患者被烫伤，他和路人一起将男子移至阴凉处，随后指挥过往的车辆，防止造成二次伤害。几分钟后，木里县人民医院 120 急救中心医护人员到达现场，将男子护送到县医院进一步检查治疗。

大家问他跪着抢救患者那一刻时的感想，他说，当时根本没有考虑其他的，也不会知道自己两只胳膊竟然会如此酸痛，只是一心想要救活患者，争取抢救时间，患者转危为安，自己再累也都值得了。

传道授业，带领他人一同进步

2021 年 10 月 19 日，普外科值班医生接诊了一名患者，男性，53 岁，因突发腹痛 6 个小时以上，经询问病史，该患者曾经有过类似的腹痛发作数次，辗转到上级医院诊治检查过 2 次，无明确诊断，均予输液治疗后缓解。普外科通过各种检查资料及查体，诊断为：①急性腹膜炎；②腹痛待诊；③不全性肠梗阻；④急性阑尾炎穿孔；⑤腹腔空腔脏器穿孔；本次入院后给予抗炎对症治疗后腹痛无明显缓解，且腹痛持续加重。经王帆帆查看病人后发现患者腹膜炎体征加重，病情危重，有手术探查指征，需及时进行手术，否则有感染性休克死亡的可能。但此时已来不及转入上级医院治疗，很有可能在途中病情加重而死亡，最终家属商量后决定同意在县医院行手术治疗。

在王帆帆医生的带领下，在普外科医生的不懈努力下，顺利在腹腔镜下成功完成了难度系数很大的变异阑尾手术，患者术后恢复良好，并顺利出院，这个康复病例标志着普外科腔镜技术水平又上了一个新的台阶。王帆帆在采访中提道："我把技术传给了当地医生，培养了一支留得下的'医疗队伍'。"

一年多来，王帆帆在木里共诊疗 6 000 余人，开展疑难会诊讨论 80 余次，手把手示教手术 400 多例，学术讲座及业务培训 121 次，师带徒教学查房 66 次。带领外科医生做腹腔镜下的阑尾切除术、腹腔镜下的胆囊切除术、腹腔镜疝修补术、腹腔镜胃穿孔修补术、肠穿孔修补术等微创手术。这些手术现已能在县医院独立开展，王帆帆也被木里人民尊称为县医院"一把刀"。

妙手回春，与死神"抢夺"生命

2021 年 11 月 13 日星期六下午，王帆帆接到外科值班医生的紧急电话，说有一个患者在木里县博爱医院做完手术以后，高热不退，体温一直在 39.5℃，目前病情十分危重，血压不正常，已有休克迹象。患者已经由博爱医院向县人民医院转运，两分钟后就能抵达，由木里县博爱医院的相关领导及主要负责医生陪同护送。挂断电话，王帆帆急忙往医院赶去，在急诊科刚好与转运的车辆相遇，立即和急诊科医护人员一起把病人护送到抢救室，途中能闻到病人身上传来一种腐烂的恶臭味。患者高热，大汗，神智已有些不清，是感染中毒性休克的表现，一测体温竟然高达 39.8℃，随即检查患者的手术部位，一阵恶臭扑鼻而来，患者的臀部及肛周可见多个手术切口，周围皮肤大面积红肿，有混浊脓液和气泡从切口溢出，伴有腐烂的恶臭味，切口下方可见发黑坏死的肌肉。凭他多年的临床经验判断，这是一例坏死性筋膜炎患者。

目前这个患者的病情十分危重，感染很严重，细菌已经入血，引起了脓毒血症，随时有可能因感染导致休克及全身多器官功能衰竭而死亡。王帆帆立刻意识到了病情的严重性，该患者必须立即进行第二次手术清除坏死组织，只有这样，他的生命才有一丝希望。但是更严重的问题也出现了：患者目前已经不具备再往上级医院转运的条件，去攀枝花至少也需要五六个小时，并且患者很可能在途中死亡。虽然在本地再次手术风险极大，但此刻救命要紧，患者必须马上手术。

王帆帆医生向患者家属反复耐心地讲解病情，与他们沟通。征得患者家属同意后，王帆帆立即安排紧急完成手术。患者因感染过重，术后体温仍维持在39℃上下，王帆帆在科室守了整整两天，随时调整用药。功夫不负有心人，术后第三天，患者体温终于下来了，意识也清醒了，可以进食了，身体各项指标也都在好转（见图12-55）。大家都非常高兴，医生们的努力也没有白费，他们从死神的手中抢夺回了患者的生命！

正如晋代杨泉笔下所述："夫医者，非仁爱之士，不可托也；非聪明理达，不可任也；非廉洁纯良，不可信也。"只有像王帆帆这样恪尽职守、对每一位病患负责到底的医生，才会被百姓尊重、信任。而雪域高原也正是因为有了这样的医生，才让百姓们温暖地度过一个又一个的寒冬！暖阳化雪，灯火可亲，王帆帆于木里群众而言便是这样一束暖阳，劈开了冰封的湖面，洒下了希望。

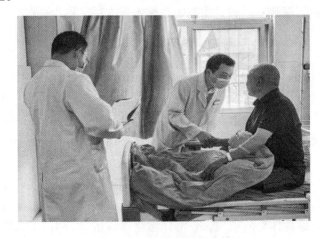

图 12-55　王帆帆询问病情

陈柏霖：想干事、能干事、干成事的“魔芋书记”

陈柏霖，男，时任攀枝花市东区信访局党组成员、区群众接待中心主任，攀枝花第六批对口帮扶工作组队员，挂职木里县沙湾乡党委副书记，被评为攀枝花优秀援藏干部人才。

保持健康的情趣，想干事、能干事、干成事，积极展示好心向阳光、干净担当的攀枝花干部形象。

这是陈柏霖对自己的要求，也是他帮扶木里以来经历的真实写照。

2021年，作为攀枝花市第六批对口帮扶工作组的一员，陈柏霖到了木里，从此，这里成为他的第二个家。他也有一个响亮的名字——“魔芋”书记。

全面掌握情况，确保工作有的放矢

了解情况是开展工作的第一步，陈柏霖到木里藏族自治县的沙湾乡的第一件事就是认真开展调研（见图12-56）。帮扶一年多来，他对沙湾乡的一切已经了然于胸。

图12-56　调研走访

沙湾乡位于木里藏族自治县中部，木里河东岸，海拔高度3 000～4 300米，距县城169千米，全乡面积652.87平方千米、耕地面积6 611亩，下辖沙湾村、麻窝村、打卡村、纳瓦村 4 个行政村 28 个村民小组，39 个自然点和 2 个国营牧场，境内居住着汉族、彝族、藏族、苗族、蒙古族 5 个民族共 1 350 户 5 371 人。现 3 个贫困村全部退出贫困序列（现行标准下 281 户 1 263 名贫困人口全部脱贫，享受低保 341 户 1 059 人）。

他所联系的沙湾村面积 168 平方千米，距县城 189 千米，全村总户数 172 户 723 人，其中建档立卡贫困户 36 户 149 人。该村交通条件较差，村落分布稀散；产业单一落后，村民主要种植玉米和土豆，养殖猪、鸡、牛、羊以满足自需；人居环境卫生条件较差，村落仍存在人畜未分离的现象，村落未建垃圾池；村委会办公设施设备滞后，无党组织活动阵地，村集体经济十分薄弱。

开展"回头看"，努力提升帮扶质效

为巩固拓展脱贫成果，陈柏霖认真组织开展"回头看"工作，制定完善工作规划 4 个、实施方案 5 个，建立了沙湾乡防止返贫动态监测和帮扶机制；为守住不发生规模性返贫的底线，对易返贫致贫人口实施动态监测，重点监测农户收入支出状况、"两不愁三保障"情况，以及安全饮水、生活用电等情况，做到发现即研判、确定即上报；对贫困群众和易返贫致贫群众因户施策地做好帮扶和兜底工作，确保了帮扶工作任务高质量完成。

通过摸底调查，陈柏霖发现沙湾乡是养牛大乡，全乡存黄牛 4 321 头，因黄牛喂养周期较长和受传统观念影响，从未进行集中育肥，经济收益低下。他通过整合各村扶贫扶持资金建成了吉祥畜禽育肥农民专业合作社（育肥厂 800m²），利用合作社对牛进行集中育肥 3 个月，再销入市场。年出栏达 4 批次 200 余头，年利润达 50 余万元，归集体所有，老百姓参与分红。同时，引导当地配套种植了芦甘草（牧草）80 亩，保障饲草供给。

为从根本上改善人居环境，陈柏霖积极争取攀枝花及州上资金支持，帮助当地修建生态垃圾池和改造卫生厕所。一年来，共修建生态垃圾池 6 座，试点改造了 50 户农户旱厕，惠及 147 户 789 人。项目的实施提升了乡村环境和面貌，实现了农村生活环境治理科学化、规范化和制度化，确保群众在乡村振兴的路上不掉队，让脱贫基础更加稳固、成效更可持续。

"输血"变"造血"，魔芋变成"金蛋蛋"

"欢迎我们的魔芋书记来家里做客，来来来，进屋吃开茶！"陈柏霖刚走进魔芋产业户次伦偏初家院子，主人已经热情得不得了。如今陈柏霖走到哪里都被叫作"魔芋书记"。

陈柏霖挂职木里县沙湾乡副书记，分管乡村振兴发展相关工作，带着对口帮扶工作发展理念和责任，思考如何让沙湾人民持续巩固脱贫攻坚成果与乡村振兴有效衔接，如何让沙湾人民富起来、强起来。他日夜兼程地赴各村调研，走进村民家中，嘘寒问暖，与村民共同思考如何发展致富。陈柏霖与村民探讨的话题紧紧围绕乡村振兴产业发展这个关键，对每次探讨的话题，他都用笔一一记录下来，白天调研，晚上写产业发展方案。通过反复研究调研时与老百姓交流的话题，陈柏霖综合得出，沙湾乡地处东经 100°49′~101°7′，北纬 28°19′~28°41′之间，海拔高度在 2 760 米左右，土层深厚、土质肥沃、疏松透气性好，地理和气候条件都特别适合魔芋生长。借助得天独厚的自然资源禀赋，陈柏霖在沙湾乡勾勒出一幅美丽的魔芋产业发展的天然图景。

"我们采取'党支部+合作社+农户'模式，构建'党建引领、支部牵头、致富能手带头、群众参与'的产业发展体系，把魔芋产业发展作为农民增收致富的优势产业来抓。发展魔芋产业，有利于促进农业产业转型升级，促进农业产业结构调整，发展壮大合作社经济，不断增强村级合作社自身'造血'功能和综合实力。"一个"我们"让人深深感到这个攀枝花小伙已经融入了沙湾乡的山山水水。

2021 年，在陈柏霖多方协调对接下，沙湾村、麻窝村、打卡村、纳瓦村村集体合作社共同出资成立了沙湾乡红旗农产品专业联合社，秉承集约资源，效益最大化的宗旨，主要从事种植、养殖业发展以及农副产品销售。联合社正常运转后将对促进沙湾产业发展、带动农民增收、增加村集体经济收入等起到积极的作用。

虽然有了集体合作组织起到龙头领航的作用，但陈柏霖心里还有一件大事始终放不下。"技术！关键还在技术，我们有懂经济的，有懂程序的，可我们在黑土地上的问题不解决，就对不起信任我们的老乡。"他心里想。

为了解决这个问题，陈柏霖说干就干。他立即联系了攀枝花市农林科学研究院魔芋种植专家赴沙湾乡开展技术培训，专家们对魔芋栽培环境与地块选择、种植时间、种植密度等都进行了详细的讲解。陈柏霖在培训现场带上小本子，和种植户们一起认真听、仔细看，对种植技术要点不停地发问。

培训结束后，陈柏霖和种植户们一起来到田间地头，把学到的理论和实际操作相结合（见图 12-57）。"感谢专家们，感谢帮扶的小伙子，我们感觉自己的地里种的不是魔芋，是'金蛋蛋'！"

图 12-57　与种植户一起实践

2022 年，沙湾魔芋产业达产达效 260 万元，种植户 68 户 435 人，助力脱贫户 120 人持续增收。老乡感谢的话语萦绕在陈柏霖的耳边，这不只是感谢话，而是一份更深更重的信任与责任。"我还要加强和种植户的联系，一家一户都不落下，更精准、更快速地帮大伙解决技术问题，让小魔芋带着大家都致富。"陈柏霖对魔芋种植户村民这样说。

如今，沙湾乡各村各户的田间、地头，一株株挺直的魔芋，见证着村庄的变迁。陈柏霖带着村民因地制宜，积极推动当地地方经济发展，带领沙湾乡的村民增收致富，助力乡村振兴。

"目前，沙湾乡魔芋产业发展已初见成效，但仍需要打通完整的产业发展链条，结合市场规律，认真研究分析魔芋产业的现状及发展趋势，让木里魔芋产业持续发展壮大，带动农民致富增收。"攀枝花市第六批对口帮扶工作组领队、挂职木里县委常委、副县长高升洪说："陈柏霖的目标是用两年时间落地一套完整的魔芋产业发展成果经验推广方案，以沙湾乡为'试验田'，打造木里县域的雪域高原'魔芋'样板。"

张高铭：无畏奔赴火热实践，倾情守护格桑花开

张高铭，男，时任米易县人民法院司法警察、四级警长，攀枝花第六批对口帮扶工作组队员，挂职木里县博科乡党委副书记。

泰戈尔曾说："只有经历过地狱般的磨砺，才能练出创造天堂的力量；只有流过血的手指，才能弹出世间的绝唱。"

2021年2月25日，当习近平总书记宣布"我国脱贫攻坚战取得了全面胜利"时，总书记掷地有声的话语让张高铭激动不已。受此精神鼓舞，2021年5月20日，张高铭毫不犹豫地加入了攀枝花市第六批对口帮扶木里县工作组，努力为木里县的乡村振兴工作贡献力量。

勇接大爱接力棒

父爱如山，大爱如疆。舐犊之爱是父母的本性，但献爱于帮扶之地却非人人都能为之。张高铭在前往木里帮扶前，儿子喃喃细语道："爸爸，下次你回来的时候，我学了新的儿歌唱给你听。你要快点回来哦，不然我长高高了，你就抱不动我了。"临行前，5岁的女儿一边用稚嫩的小手帮他把衣服塞进行李箱，一边不停地问他要去多久、什么时候回来。张高铭不敢做声，生怕自己的声音掩饰不住离别的不舍。单位领导也打来电话嘱托："这次前往木里帮扶，不忘使命，不负木里人民对美好生活的希望。"纵有千般离愁，万般不舍，作为一名党员干警，张高铭毅然决定放下个人的小家，让青春之花在祖国最需要的地方尽情绽放，用青春、汗水和热血擦亮青春底色。

深入调研攻难艰

"蜀道难，难于上青天。"张高铭久居四川，然而在前往木里的崎岖山路上他才真切地体会到这句诗意。一面是万丈悬崖，一面是高山绝壁，道路狭窄得仿佛刚好能架住大巴车的四个轮子，而时不时擦肩而过会车避让，也总是让他全身紧绷。一路颠簸、一路烟尘，即便是经历过体能训练，自诩身强力健的张高铭也感觉仿佛全身抖散了架，或许这就是"天将降大任于是人也，必先苦其心志，劳其筋骨……"等不了充分的休整，张高铭就正式开展工作了。

"张书记，我来换班了。"这是张高铭在9号瞭望点听到最多的一句话。

来木里的前一个月，博科乡刚发生了一起雷击火，耗费了大量的人力物力才将火扑灭。天灾难测，为有效防止森林火灾蔓延，条件有限的他们只能采用"笨办法"——人员监控，张高铭和另外一名随乡工作人员驻守9号瞭望点，白天轮换瞭望，夜间每隔一个小时轮换值班，发现火情第一时间报告（见图12-58）。9号瞭望点处于原始森林的最高点，手机连一格信号也没有，值守等于和外界失去联系，驻守工作既枯燥又重要。张高铭时刻会想起"进藏为什么、在藏干什么、离藏留什么"的三个问题，在换班休息的间隙利用自带的拍摄设备和自身掌握的技能，为博科乡拍摄了森林防灭火宣传视频，让更多人了解了森林草原防灭火的知识，也让更多的人看到了木里藏乡的森林美景。

图12-58　驻守9号瞭望点

"张书记，你看我家的牛长得多肥实，可惜卖不到好价钱！"

张高铭了解到博科乡地处木里县腹地，距木里县城2小时车程，想要去趟州府西昌，开车甚至要7个小时，路途遥远加之路况不好，运输成本大，导致运出去的农产品已经没有了竞争力。博科乡优质耕地数量少、质量不高、农业面临污染加重等问题也十分明显，怎么才能真正"助农"，替他们找到一条"出路"呢？"纸上得来终觉浅，绝知此事要躬行"，张高铭觉得自己必须去实地看看。11月的木里已经大雪皑皑，身为不常看到雪景的南方人，张高铭顾不上兴奋的劲儿，冒着大风雪入户开展调查，先后走访了100多户农户。这一路走来，他第一次知道大雪天的太阳也能把人晒脱一层皮，第一次知道零下的天气也会让人大汗淋漓，第一次感受到课本里说的雪地里走路"一脚深一脚浅"（见图12-59）。

图 12-59　冒雪调研

通过大量走访调查，张高铭发现博科乡地广人稀，且当地农户发展养殖的积极性非常高，发展畜牧业可作为当地"三农工作"和脱贫攻坚与乡村振兴有效衔接的"出路"之一。看到突破口的他顿时干劲十足，立即着手带领老乡们投身建设。2021 年至 2022 年，博科乡已完成畜圈建设 107 户，其中 40 户由攀枝花市对口帮扶援建，全乡养猪出栏 11 086 头，牛出栏 5 071 头，羊 8 090 只，年养殖业产值近 1 000 万元，帮助群众增收 400 余万元。如今，博科乡畜牧养殖产业已初具规模。通过圈舍设施改建、扩建、改造，有效降低了养殖风险和环境污染，而通过推进科学养殖，后续的生产效益将更加明显。

"张书记，我们家也有冲水式厕所了。"张高铭到木里之前，想象藏区的生活，应该是辽阔的大草原、蔚蓝的天空、奔驰的骏马、翱翔的雄鹰，却从没想到过，连"人之三急"都会难倒"英雄好汉"。作为木里县"厕所革命"整村推进试点村之一的博科乡洛纳村，几乎家家都有一个粪便堆积、蚊蝇滋生的旱厕。这种让外乡人想着就头皮发麻的如厕环境，本地人却早已习以为常，想要说服他们建新厕所可不是一件易事。入户的第一天，张高铭就吃了一个"闭门羹"。"我们建不建厕所你们都要管啊？""政府出钱给我们修厕所？不如拿给我们买一只羊子吃。"村民们的思想不转变，想要推动"厕所革命"无异于天方夜谭。张高铭和村职干部们一次次地入户给村民做思想工作，为他们讲清政策、说明道理，并提供技术指导，经过耐心细致的工作，终于顺利完成了洛纳村整村推进试点项目 143 户厕改。因为洛纳村厕改试点的成功，2022年博科村和日古村同时被纳入2022年"厕所革命"整村推进项目，共计435户村民完成厕改，大大改善了博科乡农村人居环境，美丽乡村建设稳步推进（见图12-60）。

图 12-60　厕所改造

厚积薄发胜孤鸿

法国作家巴尔扎克曾说："在各种孤独中间，人最怕精神上的孤独。"初来木里，陌生的地方、陌生的人，甚至绝大多数人都说着听不懂的语言，让张高铭经常会回想起和家人、朋友、同事在一起的快乐时光。这里没有人和他一起打球，没有人和他一起跑步，甚至想要视频看一下女儿，也会因为信号不好时常中断。寒冷的天气，空荡荡的房间，无不提醒他作为一个外乡人独享此刻的孤独。房间桌边墙上有一行小小的字——"帮扶是一种经历，帮扶是一种寂寞，帮扶是一次磨砺"，大概是前任帮扶干部写下来自勉的话，也深深触动了张高铭。在木里，他体会了孤独，也学会了正视孤独。孤独亦是一个人的狂欢，正是这种独处的机会，让他有更多的时间去学习、去思考。"不忘初心，敢于亮剑，厚积薄发，方能行稳致远。"张高铭将这句话写在墙上，时时激励自己，也想鼓励后来的人。

勇于担当甘奉献

"志不求易者成，事不避难者进。"在一面是万丈深渊、一面是悬崖峭壁的小路上行走，在万里星空的异乡不眠不休，几个月不修边幅变成胡子拉碴的"野人"，把传说中的"踢不烂"穿烂，寒冬腊月里四处走访得眉毛头发结成"冰雕"……这对于很多人来说可能是"挑战"，但对于张高铭来说都是日常，也是一种奉献和担当。

时光如梭，不知不觉之中张高铭到木里已经一年多了。他说："在这片土地上，我遇到了善解人意的同事、热情好客的木里人民，也遇到了不一样的自己，我决心用不悔青春深刻践行习近平总书记对青年人的谆谆教诲——'希望广大青年用脚步丈量祖国大地，用眼睛发现中国精神，用耳朵倾听人民呼声，用内心感应时代脉搏，把对祖国血浓于水、与人民同呼吸共命运的情感贯穿学业全过程、融汇在事业追求中'。"

沙路华：不负振兴志，藏乡当故乡

沙路华，男，时任攀枝花市东区人才服务中心主任，攀枝花第六批对口帮扶工作组队员，挂职木里县李子坪乡党委副书记。

"我选择了帮扶工作，就做好了奉献的准备。"在帮扶申请上，沙路华曾经这样写道。

把藏乡当作故乡，把木里人民视为亲人，为木里人民谋福利，情系香巴拉木里，逐梦雪域高原，攀枝花市干部人才沙路华在经受锻炼和洗礼的同时，与木里各族群众一道创造了一个个产业奇迹。

提升脱贫成效，有效衔接振兴

经过组织选派，沙路华成为凉山州木里县李子坪乡一名乡村振兴对口帮扶干部——挂任乡党委副书记。5月21日，他来到李子坪乡报到，感受到乡村干部如火般的热情，站在乡政府的坝子遥望着白云深处的金子沟、白草坪、黄泥巴三个村落，他心潮澎湃地有感而发："愿以此身栖之，不负振兴之志。"

位于木里县境东南部，距县城10千米的李子坪乡是一个彝族、苗族同胞居多的乡镇。沙路华认真学习当地文化、尊重当地风俗，维护少数民族团结，随时注意自己的一言一行，积极同少数民族同胞友好交往，从而迅速、有效地打开了工作新局面。沙路华报到的当天就开始全身心投入工作，深入海拔4 000米的金子沟长海子山顶开展森林草原防灭火工作。5月22日，乡党委进行分工，沙路华分管防汛、地灾、国土、林业、安全生产、交通、气象等，并担任金子沟村包村工作组组长，重点分管脱贫攻坚与乡村振兴有效衔接、全乡重点项目建设、劳务输出、东西部协作、驻村帮扶工作队等相关工作。

5月，正值森林防灭火与防汛、地灾交织期。按照上级安排，沙路华积极主动配合做好森林防灭火工作，主动跑山巡林，深入群众宣讲护林防灭火政策和反面典型案例，指导农户清理堆放柴禾、焚烧垃圾等，共参与60余次巡山、50余个蓄水池修建、40余千米防火通道修建及4个瞭望哨修建等，为召开全州森林防灭火现场会及防治工作贡献了自己应有的力量。同时，做到防火防汛两不误，沙路华倒排时序，用20天时间实地查勘全乡31个地灾、山洪点，编织完成全乡地灾、山洪抗险救灾演练方案和应急预案，并组织 31 个点位约 2 600 名老百姓进行演练（见图 12-61）。通过这种方式，沙路华圆满完成了上级安排的工作任务，更让老百姓知道了什么是地灾，什么是山洪，当灾害来临应该怎样提前避让，怎样从安全路线撤离至安置点等。防汛期间，工作组共迎接省、州、县 20 余次督导检查，均一次性通过，得到上级高度表扬。直至汛期结束无一人伤亡，工作组圆满完成防汛地灾各项工作任务。

图 12-61　防火防汛演练

落实帮扶主责，切实巩固脱贫成果。沙路华安排工作组对全乡 1 162 户 4 383 人进行防止返贫监测全覆盖排查，排查出 5 户农户出现返贫，均系因重大疾病开支较多导致家庭人均年纯收入低于 6 000 元，因此按照相关程序将 5 户农户纳入 2021 年新增监测对象，并通过申请低保、公益性岗位、医疗救治、民政救助等针对性帮扶措施，使 5 户家庭人均年纯收入达 9 000 元，达到脱贫摘帽标准。

培养乡土人才，激活动力引擎

习近平总书记说："在高原上工作，最稀缺的是氧气，最宝贵的是精神。"沙路华用一组组数字，彰显着共产党人的执着：他每周两三天在农户家里开展调研工作，实地调查了三个村 1 162 户 4 383 人，收集了一系列产业发展的现状需求资料，将先进的产业发展理念撒播在高原上（见图 12-62）。

图 12-62　走访调研

沙路华利用防火防汛的间隙时间，走村入户，了解群众的困难和诉求。他白天与村民座谈交流了解乡情村情、民风民俗，夜晚挑灯研读乡村振兴发展政策文件以及种养殖技术等林业生态产业发展知识，迅速进行角色转换，争分夺秒自我充电；草拟形成乡级产业规划，主持调研并上报 2021—2025 年李子坪乡储备建设项目等项目申报，最大限度强化产业发展规划引领作用；多次联系攀枝花市炅林工贸有限公司、攀枝花农科院专家等，千方百计为本地产业发展找思路、为蔬菜大棚种植和养殖业发展找出路。

根据群众需求，他组织举办新型农民职业技能培训班，激发内生动力，邀请西昌维克职校到李子坪乡开展为期 10 天的电焊工技能培训；邀请省农科院专家、攀枝花市农科院专家及职业技术学校专家 80 余人次到李子坪乡就蔬菜、水果、畜牧等产业进行培训；以产业发展为依托，在李子坪乡累计组织了 500 余人次参加技能培训，涉及畜牧养殖、蔬菜种植、汽车修理、手工艺品加工等多个领域。这些学员回到工作岗位，就像一颗颗种子，带动更多贫困户，结出致富的果实。截至目前，李子坪乡 40 余亩大棚蔬菜基地搭建完成并已耕种，10 余户家庭已初步取得收益；40 余名电焊工已奔赴攀枝花、西昌，以及浙江宁波等地就业，都有不错的收入。

念好"养殖种植经"，开辟致富振兴路

李子坪乡面积 200 余平方千米，平均海拔在 2 900 米以上。沙路华实地调研后，决定将海拔在 3 000 米以上的地方定为养殖帮扶区，海拔在 2 500~3 000 米的地方定为种植帮扶区，有效挖掘山体经济，实现靠山吃山，真正

践行"绿水青山就是金山银山"。

李子坪乡金子沟村村民有养马的习惯，该地有悠久的养马历史、浓厚的马文化底蕴，村里海拔 3 500 米的地方有大面积的草场，牧草丰盛，天然饲草充足。沙路华经过多次调研发现，高海拔地方大规模养马不易得病，投入成本低产质高的优势。他与村两委班子集体决策，成立了李子坪乡金子沟村飞跃农牧专业合作社，推广"马产业+旅游"融合发展模式，让金子沟群众依托发展现代马产业，提升乡村振兴速度和自我发展能力。随后，沙路华多次与攀枝花对口帮扶工作组对接，争取帮扶资金 48 万元，帮助专合社修建养马圈舍 200 平方米，购买种马 26 匹，帮助金子沟村搞活村集体经济。如今，专合社已发展成马 32 匹，预计在未来两三年内能产生可观的效益。与此同时，沙路华还借助电商，积极拓展马肉系列产品深加工，增加产品附加值，依托电商平台，打开线上市场，销售熏马肉、马肠、马奶等特产，促进村民增收。下一步，金子沟村将依托资源，发展特色旅游，通过举办赛马运动会、马术表演、骑马观光等项目吸引游客，鼓励周边村民建设农家乐、果园，带动餐饮、住宿等娱乐行业发展，增加村民收入。

除养马外，金子沟村高山绵羊养殖也名声在外，是很多农牧民家庭的主要收入来源。沙路华在多方学习总结后，便以此为抓手，与当地群众共同培育高原上的"致富羊"。作为包村领导，沙路华进入养殖专合社实际调研，经过多次调研协调，综合得出养殖高山绵羊收益较好，决定帮助金子沟村千农养殖农民专业合作社扩大规模，对接协调攀枝花对口帮扶工作组帮助修建肉羊养殖圈舍 200 平方米，购买种羊 150 只。针对高山绵羊的保种问题，沙路华为该村建设了绵羊胚胎移植保种基地，协调攀枝花市农科院专家组到现场提供智力支持。依靠攀枝花的技术帮扶，金子沟村的高山绵羊养殖基地逐步发展振兴起来。目前在金子沟村，高山绵羊产业已经带动 60 人致富增收。伴随着基地运营进入正轨，眼下，专合社从管理层到员工，越来越多当地人参与其中，挑起大梁，养殖基地的功能也逐步实现了从输血到造血的转变。

木里县地处高海拔地区，县城蔬菜普遍价格较高，常年吃不到新鲜蔬菜，进入冬天，县城所有蔬菜全部来自其他县市。发展高原蔬菜产业，托稳雪域高原"菜篮子"是沙路华想实现的一个梦想。经过多次下村调研核实，他发现白草坪村地势平坦，水质较好，适合种植高山大棚蔬菜，且离县城不到 10 千米，交通便利，市场销路好。他多次对接协调，在帮扶工作组的大力支持下，拉开了白草坪蔬菜大棚种植序幕；建成了攀枝花援建项目"白草坪村大棚蔬菜示范基地"（见图 12-63），总占地 41 亩，投资 260 余万元，惠及农户 31 户。

图 12-63　大棚蔬菜示范基地

"太感谢你们攀枝花的人了，以前我们都是种包谷，一亩地几百斤包谷，两亩地挣不到 1 000 块钱，现在一个两亩地的大棚就至少要赚 1 万多元，让我们在家门口就可以致富增收，脱离贫困。"白草坪村村民熊志明如是说。种植大户陶华贵的 8 个蔬菜大棚年收入差不多有 10 万元。蔬菜产业为当地巩固脱贫攻坚成果提供了重要支撑，过去以种植玉米、土豆为主的 30 多家农户、130 余人转为种植蔬菜产业，年人均增收 3 万元以上。该村蔬菜种植面积达到 60 余亩，年产量达到 4 万斤，产值近 120 万元。

"脱贫只是第一步，更好的日子还在后头。摘帽不是终点，而是新生活、新奋斗的起点。未来，攀枝花还将继续'产业帮扶'，持续巩固提升脱贫攻坚成果助力乡村振兴。"攀枝花市第六批对口帮扶工作组领队、木里县委常委、副县长高升洪表示。

谭建红：一次帮扶行，一生难忘情

谭建红，男，时任攀枝花日报社记者，凉山州综合帮扶工作队队员，木里县雅砻江镇尼波村驻村工作队队员，被评为全省脱贫攻坚"五个一"帮扶先进个人。

2018年6月，根据全市统一安排，攀枝花日报社职工谭建红同志作为驻村工作队队员，被派遣到木里县雅砻江镇尼波村，他怀惴着激情与使命，从"新闻阵地"奔赴"扶贫战场"，开展脱贫攻坚驻村帮扶工作。

在到达工作岗位后，他主动要求到艰苦的地方去（见图12-64），创新工作方式，充当脱贫攻坚主力军，带领百姓补短板强弱项、致富增收。当新冠病毒感染疫情发生后，他二话不说毅然决然地冲在第一线，坚持抗疫和脱贫两手抓，诠释了驻村帮扶干部的责任和担当。

图 12-64　谭建红（右一）入户了解贫困户产业发展需求

三年的驻村帮扶，不仅让谭建红同志获得了木里老乡的赞扬和认可，更是通过自己的辛勤汗水和努力，让尼波村焕然一新成为"行走的风景"，尼波村的村民过上了更加幸福美满的生活。

倾情投入，倾心帮扶

初进木里，尼波村的生活条件和谭建红想象大相径庭。即使他早就做好了心理准备，但一个个始料未及的难题还是超出了他的预期。通往村委会宽不到3米的土坯路沿江而建，坑坑洼洼、碎石遍地，车辆随时面临着落石和坠江的危险。回想起当时的艰难状况，谭建红说道："因为没有交通工具，我与另外两名驻村干部徒步去市场，采购了20多斤易保存的土豆，短短4千米道路硬是走了近两个小时。肩膀磨出了血泡、身上的衣服也湿透了。"但这样的情况并没有让他退缩，反而坚定了他"俯下身、沉下心，真正为群众做点事"的决心；他说："从新闻记者到驻村干部，我的身份变了，但初心不改。出发前，就暗下决心：绝不给攀枝花丢脸、绝不给自己丢人；用真心、真情、真意去做群众工作，融入群众生活，聆听群众心声，解决群众困难，尽最大努力帮助群众过上好日子。"

道路问题才是尼波村贫困的最大障碍，为了从根本上打退尼波村民脱贫的"拦路虎"，谭建红同志先后多次从不同渠道为村里的道路建设争取资金，直到2019年年底，尼波村的道路建设才被纳入全县的通村路范围进行硬化。在道路施工期间，他每日废寝忘食地整理项目资料、与村两委勘察线路走向、参与制定施工方案、督促施工进度……经过近两个月的紧张施工，困扰村民多年的交通难题终于得以解决，村民出行方便多了，辖区的松茸等农特产品也可以第一时间送到商贩手中，这下村里的脱贫工作便开始渐入佳境。

"一屋不扫，何以扫天下。"良好的居住环境卫生，不仅有利于提升群众生活质量，更有利于树立良好家风、培养孩子良好卫生习惯。为充分激发群众爱家园、爱卫生的良好风气，在帮扶过程中，谭建红时刻把"改变村容村貌、提升户容户貌"放在心中，结合"四好创建"活动，走进帮扶户家中开展环境卫生整治，与村民一起整理床铺、摆放家具，打扫院落。如今，尼波村旧貌换新颜，山林间入户路纵横交织，村民靠山而住，家家户户干净、整洁，坝坝舞等丰富的文化活动更加充实了村民的精神生活。

解决了道路、居住环境和一些基础设施的问题后，"如何引导产业发展，帮助群众增加收入"成为谭建红帮扶工作的又一重点。根据尼波村2 000米海拔非常适宜魔芋生长的气候、地形特点，谭建红在2019年按照县委县政府的产业布局为村里争取到了150亩的魔芋种植面积指标。在魔芋种植推广阶段，针对农户参与少、观望的情况，他与村委委员挨家挨户做思想工作，动员党员干部带头示范，打消村民顾忌；组织种植技术培训、协助发放种子农药，全村主导产业实现了零的突破。如今，尼波村绿草如茵，田间地头，四五十公分高的成片魔芋苗正迎着阳光茁壮生长，尼波村农户人均年收入从2018年的4 000多元增长到了9 118元，群众满意度、幸福感、获得感显著提高，如期实现了户脱贫、村摘帽目标。

发挥专长，坚守阵地

在驻村帮扶期间，谭建红同志积极主动，利用空闲时间，协助木里县委组织部处理文字稿件。先后两次借调到县委组织部，充分发挥个人专业特长，协助开展撰写材料、对外宣传等工作任务，累计撰写各类材料及新闻稿件200余篇，其中，《绽放在木里的"格桑花"》《摘掉"三顶穷帽"奔小康》《小小羊肚菌，做出大文章》等30余篇稿件，被共产党员网、四川日报、四川党的建设、攀枝花日报、凉山日报、封面新闻、先锋凉山等媒体平台采用，县委组织部信息工作在全州排名靠前，创下了组工信息史上新高。

不仅如此，后来他又牵头筹备建立"先锋木里"微信公众号，在高压的工作下，兼顾自学微信排版技巧、推文编排知识，承担日常运营任务，目前，"先锋木里"微信公众号拥有粉丝用户6 000余人，推文点击量最高达2万余人次；他主动深入乡村，力求写出真实不虚构的感人事迹，深入挖掘基层党员干部和帮扶队员的日常生活，跟踪他们的工作日常，采写《靠山不靠天的"土专家"脱贫路上的"先行者"》等稿件，参与制作《火塘边的微党课》，作为全国优秀电教片，在全国党员干部现代远程教育——共产党员网面向全国播出，尽心讲好脱贫攻坚的"木里故事"。

勇于担当，尽心竭力

虽说身处脱贫攻坚队伍，但遇见疫情的他也并未松懈。春节期间，一场突如其来的新冠病毒感染疫情席卷全国。刚刚回到老家准备过春节的他，却因头痛、全身无力，不幸被检查出患有双肺肺炎，需要住院治疗。疫情就是命令，防控就是责任，考虑到木里县事情多、责任重，在接受治疗4天，情况有所好转后，他便第一时间从老家赶回攀枝花，准备返岗。而此时，疫情形势越来越严峻，从外地返回的人员必须进行居家隔离。隔离期间，他充分利用专业知识，发挥专业特长，开展网上办公，参与起草县委组织部疫情防控相关文件、撰写党员干部抗疫相关信息简报和新闻稿件。

在谭建红隔离期结束后，他克服客运班线停运的现实困难，第一时间返回木里。到岗后，他丝毫也没有停歇，争分夺秒投入工作，坚持抗疫和脱贫两手抓，撰写党员干部抗疫先进典型事迹，为抗击疫情加油鼓劲；梳理当地复工复产相关政策和信息，引领各行各业有序复工复产；主动加入党员先锋队，走街串巷开展疫情防控文明劝导，劝导居民加强自我防范。同时，厘清工作思路，紧盯脱贫攻坚，围绕党建促脱贫，圆满完成脱贫成果巩固提升相关工作（见图12-65）；配合筹备和运行"先锋木里"微信公众号。

图 12-65　利用休息时间在村委会整理扶贫档案

谭建红并没有将这些艰辛挂在嘴边，当被问到这几年脱贫工作带给他最大的收获时，他谈到："在这里，我与当地朋友结下了深情厚谊，生病时，村民的嘘寒问暖总能让我感动；农户带来新鲜蔬菜、对我表示认可时，我感到一切付出都值得。带着"泥土味""汗水味"，和带着"人情味"的帮扶经历，更让我受益匪浅。"

席慕蓉在诗中写道：我终于相信，每一条走上来的路，都有他不得不那样跋涉的理由。就像谭建红这样兢兢业业，尽心竭力，无私地将自己所有身心投入到工作中的同志，早已遍布在中国的每个省市，每个村落；正是因为他们对于自己工作抱着事必躬亲，善始善终的认真态度，中国的脱贫工作才得以顺利进行，才有更多的村民吃饱穿暖，过上他们从前从未想象过的幸福生活。

殷吉勇：攀枝花盛开，格桑花绽放

殷吉勇，男，时任攀枝花钒钛高新技术产业开发区金江镇移民安置服务中心副主任，凉山州综合帮扶工作队队员，木里县后所乡田坝子村驻村工作队员，被评为全省脱贫攻坚"五个一"帮扶先进个人。

"自踏上木里土地的那一刻起，木里就是我的第二故乡，我要做木里人，讲木里话，干木里事，不给攀枝花援凉队伍抹黑。"作为一名由攀枝花市钒钛高新技术产业园区推选派到木里参加对口帮扶脱贫攻坚工作的扶贫干部，殷吉勇是这样对我们说的。

道别亲人赴凉山，攀枝花开到木里县

艰难困苦，玉汝于成。越是在关键时刻，越是能够考验一个党员干部的党性意识。脱贫攻坚道路任重而道远，当前已到了决胜关键时期，面对国家的需要，殷吉勇迎难直上，毫不犹豫地奉献出自己的一份力量。

"我是一名共产党员，我坚决服从组织安排，但请允许我征求一下我父亲的意见。"这是殷吉勇接到选派通知时内心的第一想法。原来他的父亲那时刚刚做完肺癌肺部切除手术，正在医院进行放化疗治疗。父亲刚刚做完手术，身体异常虚弱，他有些不放心。当他赶到医院，向病床前的父亲说明情况并征求意见时，父亲语重心长地说道："我的病情能否好转主要取决于医生的帮助而不是因为你在哪里工作。既然组织需要你，你安心去干好工作，我这里你大可放心……"得到父亲同意后的殷吉勇与妻儿告别，背上行囊，与其他 29 名同志一起踏上了去往凉山州木里县的征途。

劳动积极勇当先，扶贫攻坚显真情

当殷吉勇经过长途跋涉到达驻地报道时，正值全村干部、群众在对辖区进行大扫除。他不顾身体的疲劳毅然加入村组干部清扫村委会周边区域的队伍。临近正午，正当大家热火朝天，尘土飞扬之时，从远处走来几位村民过来帮着打扫起来，原来他们在另一个区域清扫完以后赶过来帮忙。其中一位看起来 40 多岁，腿部有些残疾的中年男子引起了殷吉勇的注意。"他那时就一言不发，只顾挥舞扫帚埋头扫地，满头大汗，虽有残疾但动作迅疾且有力，给我留下了深刻印象。"后来一段时间，殷吉勇也经常看到他出现在村委会附近，主动清理路边垃圾，偶尔也来办公室坐坐，来的时候经常主动帮着清扫办公室、倒垃圾，还给驻村工作队送过蔬菜，"当我们要给他菜钱时他却坚决不收，满脸的腼腆而坦诚。"殷吉勇谈到他时脸上也满是怀念的神情。

后来殷吉勇了解到，他叫田文华，属于村里的残疾人五保户。"了解到这个情况后，我和驻村的几位同事决定到他家看看，发现他家里真可谓是家徒四壁，房子是危房，墙体开裂严重，随时有垮塌危险，家里几乎没有一样像样的家具，唯一算得上完整的家具是一个很老旧的碗柜，还缺了一只腿，用两块碎砖垫着，碗柜里几乎什么餐具都没有。"殷吉勇回忆道。面对田文华这样的情况，殷吉勇要怎样才能让他树立起生活的信心，走上脱贫奔康的道路呢？

经过殷吉勇和同事们反复讨论研究后，一致认为根据脱贫攻坚"四个好"（住上好房子、过上好日子、养成好习惯、形成好风气）的目标要求和田文华的实际情况必须优先解决住房问题。但是修砖混结构成本太高，不切实际。最后殷吉勇想到了最近隔壁村正在进行淹没区移民搬迁，很多农户的木楞子房屋需要拆除处理，可以买一栋拆迁木楞子组建，方便快捷，经济实用。

大家一拍而合，说干就干。建新房首先得拆掉旧危房，田文华是一个肢体有残疾的五保户，根本无法自行拆除，于是殷吉勇和全村的党员同志立即行动了起来。接下来的一周里殷吉勇每天都要去施工现场帮忙，关注老房子拆除以及新房修建的进度。殷吉勇也将带来的 1 000 元现金给予田文华去购置生活用品。同时殷吉勇利用回攀休假之际，前往帮扶企业——攀枝花国正有限公司联系，请求他们给予帮扶，公司领导们听说事情经过后立即给田文华户捐助电冰箱一台，乡亲们也纷纷慷慨解囊出手给予资助，在各方力量帮助下，一个月左右的时间，新家落成，在一片快乐吆喝声中，田文华眼中闪动着泪花搬进了新家。

彝乡人民有梦想，美好生活有盼望

从农村出来的殷吉勇特别清楚教育的重要性，也清楚振兴乡村青少年是希望和未来，所以他常常跟村中的年轻人交流想法，跟孩子们打成一片。

"我在入户途中遇见一个读小学一年级的小姑娘用普通话和我打招呼，落落大方地微笑着向我问好，她头上戴着一顶小花帽，我因为对她的落落大方、普通话以及头上的那顶小花帽感到惊奇便和她交谈起来。"这个殷吉勇偶然认识的小姑娘叫阿呷，她的理想是长大以后当一名服装设计师。她说出她的理想的时候，殷吉勇说他当时感到很惊讶，但看见她坚毅的眼神，他仿佛看见一个美丽的彝族服装设计师设计出来的各式各样色彩斑斓的民族服饰，走向全国，走向世界。"彝族像她这样的孩子有很多，我为他们感到骄傲，我坚定地告诉她，她的理想一定能实现。"

村卫生室村医阿西是个美丽善良、阳光的女孩子，她热爱工作，对未来满怀信心与希望，每当有村民来看病拿药什么的时候，她总是满面笑容，如同面对自己的亲人，和蔼可亲，深得村民的喜爱。工作间隙，当殷吉勇和她谈起关于彝族青年恋爱与婚姻的话题，殷吉勇说道："她们现在年轻一代崇尚自由恋爱，反对娃娃亲，父辈们的思想也在慢慢转变，定娃娃亲的现象也越来越少。她还羞涩而甜蜜地告诉我她有一个男朋友，父母也支持她自由恋爱。她还说，是学校的教育和书本的知识改变了她们这一代人的婚恋人生，年轻一代能够勇敢自由地追求自己想要的幸福，她觉得一切都很美好。"

帮扶工作显成效，共建幸福一家亲

搬进新家后的田文华表示，明年准备和村民一道试种植两亩珍红海椒，再种植两亩大棚羊肚菌，和大家一样尽快过上富裕的好日子。田文华说："这什么都不愁了，托国家和帮扶干部们的福，可以安心过上好日子了。"望着门口的小菜园子，田文华的脸上露出了笑容，清晨的阳光洒在家园的屋顶上，洒在门口的油菜花上，洒在他充满笑容的脸庞上，金灿灿一片，是如此美丽和谐，宛如一幅乡村农家田园山水画。

同时周围群众也纷纷感叹党的政策好，议论着攀枝花对木里10多年的无私对口帮扶，对修路建房、新修学校、产业扶持、就业帮扶、医疗卫生支持、派遣帮扶干部、以购代捐等帮扶项目如数家珍，纷纷道来，无不赞赏有加。

三年的帮扶驻村工作，对田文华的帮扶过程只是殷吉勇工作的一个细微缩影，看见驻地日新月异的变化，产业从无到有，住房从灰暗破旧到白墙红瓦色彩斑斓，道路从泥泞变坦途，站在村委会门口，看见家门口、田间地头群众那一张张洒满阳光的笑脸，这些都是殷吉勇的回忆，三年来走过的路、吃过的苦、经过的曲折、忍受过的孤独都变成了他最美好最温暖的记忆。

坚守初心担使命，无怨无悔献韶华

"自踏上木里土地的那一刻起，木里就是我的第二故乡，我要做木里人，讲木里话，干木里事，不给攀枝花援凉队伍抹黑。"这是殷吉勇来时说的话，他是这样说的，更是这样做的。他舍小家顾大家，放弃城市的喧嚣与繁华，用脚步丈量凉山的每一寸土地，用肩膀挑起脱贫致富的重担。寒来暑往，斗转星移，花白的头发，疲倦的身心。

三年的驻村帮扶工作，让殷吉勇经历了许许多多令人难以忘怀的事情，有初来乍到的新鲜，有面对贫穷时的震惊，有脱贫攻坚成功的喜悦，有付出艰辛和汗水后收获的成就。"多少次午夜梦回时，我总能感觉到自己仿佛又回到了那个号角声响战鼓擂的峥嵘岁月，那个让我洒下青春与汗水收获喜悦的时光，每当回想往事，一切犹如昨天祝福木里的明天更加美好，愿攀枝花的阳光温暖如故。"当殷吉勇谈到这些时，脸上充满了自豪而又怀念的笑容。

这一刻，殷吉勇说道："我觉得值了，岁月有痕，青春无悔。"

　　　　　无怨无悔献韶华，
　　　　　雪域高原建新家。
　　　　　阳光洒满峥嵘日，
　　　　　青春绽放格桑花。

袁晓辉：但求众生皆得饱，不辞羸病卧风霜

袁晓辉，男，时任攀枝花市东区农业农村和水利局高级农艺师，凉山州综合帮扶工作队队员，木里县三桷垭乡里铺村驻村工作队队员，被评为全省脱贫攻坚"五个一"帮扶先进个人。

这世上有一种人，生命的目的并不是为了存在，而是为了燃烧，用光芒照耀别人。木里县三桷垭乡里铺村驻村工作队队员袁晓辉就选择了燃烧，他扎根木里乡野花草间，以生命为焰，烧断贫穷上的桎梏，照耀前行的道路。

精感石没羽，岂云惮险艰

凉山州是全国 14 个集中连片贫困地区之一，有 11 个县为国家扶贫开发工作重点县，约占全省总数的 1/3，集中连片贫困地区达 4.16 万平方千米，占全州总面积的 68.9%。而地处青藏高原东南缘，横断山脉终端的木里县，高山树立，沟壑纵横，交通不便，人居环境差，千百年来与贫困相伴。全县有数万名贫困人口居住在海拔 2 300 米以上的高寒山区和地质灾害多发区。他们的住房简陋，农作物品种单一，缺乏支柱产业。千年来形成的生活习惯使得他们的思维方式也很落后，对他们来说，只要有个遮风挡雨的茅草屋、石板房栖息就很满足了，从来没有打算修根基牢固、能在风雨中屹立百年的房子。一座泥草房子几天就可以修成，又何必珍惜呢？再差的环境，只要地里能种出土豆、苦荞和芫根就行了。有些老一辈的人，不习惯睡床铺，在火塘边竹篾上一蜷就是一辈子。习惯于贫困，也是一种看不见的贫困。受历史、地域和人文的影响，贫困成了木里县久治难愈的痼疾。自 1984 年国家实施扶贫政策，到 21 世纪初，国家对这里的关注从没有少过，可依旧没有什么起色，可见这里问题的严峻性。

相知无远近，万里尚为邻。自 2009 年开始，攀枝花市把对口帮扶工作作为一项重要政治任务，精心策划、大力推进，选派对口帮扶工作人员，真心实意为木里县群众谋福祉，把智慧和汗水奉献在香巴拉木里。攀枝花市东区农业农村和水利局高级农艺师袁晓辉欣然前往工作的第一线。

纵使晴明无雨色，入云深处亦沾衣

在踏进木里那一刻，袁晓辉和所有帮扶工作人员便坚定了一个信念：用

攀枝花"三线建设精神"开展帮扶工作,发展木里县经济,立足当地的实际情况,坚持木里生态保护第一原则,在木里大地上播撒财富的种子。通过走访、资料查询等形式,袁晓辉发现当地主要农作物大多收成不好,像玉米和小麦等虽然种植比例不小,经济效益却很低。加上当地交通受限制,贫困户们缺少资金,有的还无劳动力,当地发展困难重重。

袁晓辉发现木里县急缺一门支柱产业,需要加强造血功能,激发"内生动力"。天天想着扶贫就是给贫困户项目、给贫困户资金是不行的,一定要让他们有个真正长远的发展规划。不仅要解决基础设施建设问题,改善村民的住房条件,还要加大教育扶贫的力度才行,充分调动村民参与脱贫攻坚的积极性,把他们的内生动力充分发挥出来,变"要我脱贫"为"我要脱贫"。袁晓辉对基层的工作有着清晰的认识,马上就抓住了问题的关键。充分发挥专业技术优势,根据当地的实际情况,指导合适的种植技术,增加魔芋、珍红海椒、花椒、核桃等的产量并提高品质。与同事一起努力将五彩马蹄莲、金丝皇菊、藏红花、重楼等花卉和药材引进木里,推进木里县现代农业产业示范园区的建设进程(见图12-66),并成功带动了当地人的脱贫积极性,践行了"绿水青山就是金山银山"的发展理念。

图 12-66　产业示范园区建设

落红不是无情物,化作春泥更护花

2012年以来,攀枝花市与木里县共同坚持不懈"钉钉子",精准发力"啃硬骨头",携手攻克了贫中之贫、坚中之坚,木里县脱贫攻坚取得全面胜利,全县97个贫困村退出、7 391户共33 772名贫困人口脱贫,贫困发生率从 25.8% 下降为零，历史性解决了存在千百年的绝对贫困问题，成功摘掉了深度贫困县的帽子，全面建成小康社会。

就业帮扶——授人以鱼更授人以渔。袁晓辉于 2022 年 4 月 18 日在木里县乔瓦镇锄头湾村银盘组举办了金丝皇菊种植现场培训会。培训会上，袁晓辉详细讲解了金丝皇菊移苗下种、施肥管理及病虫害防治等技术并做了现场示范。金丝皇菊产业发展市场前景宽阔，具有良好的社会效益、生态效益、经济效益，是兴村富民的绿色发展之路。对此，袁晓辉非常重视，坚持以市场需求为导向，科学制定农业研究和技术开发方向，不断优化品种结构、创新产品供给，持续促进农民增收。袁晓辉还注重培养农民们的种植技能，根据农业特色和农户所需，开展理论培训、现场教学、提供咨询等多种形式的技术培训和现场指导，为农户解决生产活动中的实际难题，传授实用的科学技术知识，让经验、技术在田间地头"开花结果"。

功夫不负有心人，每天扎在花花草草里，袁晓辉成功带出了不少"领头雁"，村民李正华就是其中一位。最先是因为看好园区发展，李正华主动将自家 25 亩土地流转进村集体经济，到后来跟着袁晓辉边学边试，现如今已经基本掌握了种植技巧，"没想到我成了村里的'土专家'，不仅自己致富，还能带着乡里乡亲一起往前奔。"李正华高兴地说。

不要人夸好颜色，只留清气满乾坤

2022 年 9 月，新冠病毒感染疫情来袭，攀枝花连续 925 天无新增确诊病例、疑似病例的历史被打破了。仁和区、东区相继报告确诊病例、无症状感染者，部分区域按下了"暂停键"，实行静态管理。攀枝花市各志愿者人士闻令而动，"疫"往无前，他们在工作岗位、在核酸检测点、在志愿服务岗、在疫情防控前沿，默默奉献自己的力量，用实际行动践行使命。

袁晓辉在木里驻村回攀枝花休整期间，家住仁和区一直居家。9 月 7 日，仁和区有序梯次解除静态管理，袁晓辉赶紧与单位取得联系，报名了参加东区抗疫志愿服务工作。单位同事都劝袁晓辉，说他年纪大了，当地工作辛苦，回来休整就好好休息一下。袁晓辉却开玩笑道："意思是嫌袁哥年纪大了，不愿与袁哥一起干活啦？"当天下午袁晓辉就上了岗，东区政府对奋战在疫情一线的出租车、货车司机的慰问品近 300 件，袁晓辉负责搬运、清点、验收。第二天一大早，袁晓辉又赶往机场，开展疫情防控劝导工作。

衣带渐宽终不悔，为伊消得人憔悴。

黄沙百战穿金甲，不破楼兰终不还

"贡嘎山下，雅砻江边，青山绿水，绿水青山，丰收的歌声像百灵婉转，美好的生活就像火红的杜鹃，我们可爱的家乡，幸福的摇篮……"当地的农民们跳起欢快的锅庄舞，唱起幸福的山歌，朵朵格桑花与索玛花交相辉映，犹如一个个锦绣花园点缀了美丽的藏乡。自2020年3月，木里县全面脱贫，当地人民的生活越来越红火。为了防止返贫现象发生，巩固拓展脱贫攻坚成果同乡村振兴有效衔接，袁晓辉等帮扶人员仍需上下而求索。作为经验丰富的农艺师，袁晓辉放弃了回家过"坐看庭前花开花落，笑看天边云卷云舒"的日子，选择"雨足高田白，披蓑半夜耕"，继续燃烧，担任了巴登拉姆农业投资有限公司的技术顾问，传帮带公司年轻员工，让年轻员工在技术方面能早日独当一面。

这里的夜空清净如洗，星星晶莹剔透，如黑夜的眼睛，游弋在每一个角落，捕捉着尘世间的每一丝隐秘；这里春夜的风是那么的温馨而柔润，一扫白天的喧嚣和身心的疲惫；这里的瀑布夜越深吼得越响，山谷、树林都在呼应。袁晓辉知道，这就是他要守护的香巴拉。

耕犁千亩实千箱，力尽筋疲谁复伤？

但得众生皆得饱，不辞羸病卧残阳。

缪显洋：用心去走，就不怕扶贫帮扶路难

缪显洋，男，时任攀枝花市东区卫健局办公室工作人员，凉山州综合帮扶工作队队员，木里县俄亚乡大村"四治"专员，被评为全省脱贫攻坚"五个一"帮扶先进个人。

"扶贫路长且艰，用心去走，终会走出致富的道路，奏出胜利的凯歌"，这是攀枝花市东区卫生健康局派驻木里县俄亚大村"四治"专员缪显洋对于帮扶工作的坚定信念和热烈理想。在帮扶工作期间，缪显洋始终以高标准要求自己，始终不忘帮扶初心，牢记脱贫使命，在藏乡继续发扬英雄城市"三线精神"，展现出钢城人无畏艰难、艰苦奋斗的优良作风。三年的坚守，从陌生到熟悉，用一千多天的汗水和辛劳浇筑起了俄亚大村全体村民的美好新生活。

青春献党，投身木里

"在党的生日之际，攀枝花市卫生健康委员会选派 11 名队员踏上前往木里的道路"。得知确切的消息后，缪显洋毅然决然地选择了投身木里，开展脱贫攻坚工作。"作为队中最年轻队员，我被派驻在木里县最偏远的俄亚纳西族乡大村"，谈到这点，我们在缪显洋脸上丝毫没有看到因将大好年华奉献在这块贫瘠土地上失落的表情，在他心中，作为脱贫攻坚一股年轻的力量是极其自豪的。他始终认为，青年干部是党的建设的主力军和先锋队，全心全意为人民服务的宗旨使他对这块土地倾注了全部的热情。

在乡镇和局机关的工作经历，使他对脱贫攻坚有深刻的理解，在缪显洋眼中脱贫攻坚是消除贫困、改善民生、为百姓创造福祉的伟大工程。所以，年轻的他将青春献给了脱贫攻坚这一伟大工程，以青春之热血投身木里。

道阻且艰，行之将至

作为一名脱贫攻坚的工作人员，缪显洋在来之前已经做好了充分的心理准备，但是仍被俄亚大村的险峻地势吓了一跳。"俄亚大村距离木里县城 300千米左右，全程山路，路远且险。有的路段狭窄到仅容一辆车通过（见图12-67），靠山体侧道路上很多落石，随时有山体滑坡的风险，悬崖侧道路边

上没有护栏，一眼望去，惊险万分，雨季的时候，道路更是难行。"缪显洋向我们介绍初次踏上俄亚大村道路的险峻情况。缪显洋在途中遇到的困难不仅是道路塌方导致道路不能通行，还有许多更加惊险的时刻。

　　来这里真的只是作为一个帮扶人员吗？站在塌方道路上的缪显洋深感怀疑。"那天是扶贫以来最难忘的一天，那一刻感觉到自己不仅是一名扶贫队员，还是一名道路施工队员"，缪显洋回忆起那天的情景依然十分清晰。树坝是县城到俄亚最惊险的路段，短短几千米，全程道路狭窄，行驶在上面犹如车在山间穿梭，道路一侧便是水流湍急的水洛河，另一侧是山体滑坡带来的泥石流和落石。被泥石流冲毁的道路无法前进，也不能后退，在这样进退两难的情况下，唯一办法便是推通道路。

图 12-67　俄亚大村狭窄路段

　　然而在没有信号和修路工具的险峻条件下，怎样才能在短时间内凿开一条去俄亚大村的路呢？最后，女队员观测山体，男队员搬石头（见图 12-68），用手推出了可以供车通行的道路，终于在深夜到达了俄亚大村。

　　要想富，先修路。俄亚大村险峻的地势并没有让缪显洋打退堂鼓，而是让他下定决心要好好组织建设村里的道路安全设施。

图 12-68　通路

驻守一线，冲锋向前

知民意，察民情，办民事，解民忧。为了了解村民真正所需要的，缪显洋同百姓拉家常，听群众声音，通过沟通交流，了解群众的困难，收集问题，及时为群众解决困难，像群众需要农药化肥或者兽药之类的问题，工作队会在返回村的途中为群众购买。

临渊羡鱼，不如退而结网；扬汤止沸，不如釜底抽薪。为了让村民们有一技之长，足够养活自己，工作队组织村民学习各种种植养殖技术，在拥有 10 年石榴种植经验的第一书记的带领下，缪显洋他们带上枝剪和压枝使用的细线来到村民的石榴地，在地里拉上横幅，手把手地指导村民如何修枝、施肥、灌溉和压枝等石榴种植技术。定期组织村民进行"农民夜校"授课，通过工作队协商、各队员向派驻单位和木里工作队友请教、网上搜索、请有经验的专家现场指导、组织参加培训等方式，提升村民的技能，为其就业打下基础。

没有条件，创造条件也要上。村民需要种苗、管道、种植工具、农药等，工作队就在西昌为村民购买。村上经常停电，没有播放和打印设备，工作队就提前将课件做好，待回到攀枝花或者西昌打印后，在村活动室组织村民学习。在一次次的精心准备和一次次的努力指导下，村民的种植养殖技术提升了，收入也大大增加了，缪显洋谈到这儿的时候，脸上洋溢着满足的笑容。

工作期间缪显洋主动承担村党务工作，组织村"两委"和党员干部在村活动室召开党建月会，组织学习政治理论，加强村组干部、党员、驻村工作队和群众代表政治理论学习，加强了村民的思想道德建设。

经过大家的一致努力，2019年全村村民平均年收入均在5 000元以上，77户贫困户全部达到脱贫收入标准，这是极为难得的成绩。

躬体力行，尽心尽责

初到俄亚大村时，缪显洋就发现了这里极其"脏、乱、差"。据缪显洋了解，通村道路于2011年建设完成，以前走出大村要走20多千米山间的马路才能到达乘车的道路，长期的封闭，导致村民思想观念和生活习惯守旧。村民没有修建厕所，村内也没有排污管网系统，圈养的猪、牛、羊等牲畜粪便都漫出畜圈，散养的猪、牛、羊、马和骡子等牲畜粪便在道路积累，大村村内道路上到处是垃圾和粪便。所以平时入户走访时，到处都弥漫着一股臭味，雨季天走访，道路到处泥泞。

面对这种情况，缪显洋并没有选择退缩，而是选择了和大家一起思考问题，提出解决问题的方法。他们一起制订大村移风易俗工作计划，在村宣讲个人卫生和环境卫生对健康的影响，督导村民将牲畜赶到山上自家庄房饲养。为了让村民们更加详细地了解这些政策，缪显洋和工作队全覆盖入户宣传脱贫攻坚政策、宣讲个人卫生和环境卫生对健康的影响，指导打扫屋内及门前卫生，整理杂物等。

通过村广播、村民微信群、"农民夜校"、村民大会、入户走访、火塘夜话等方式宣传艾滋病防治、禁毒、疫情防控知识，指导农户养成良好生活习惯，防止艾滋、毒品致贫返贫，改善了大村村民人居环境，营造良好的"四好"氛围，完善贫困户各项脱贫攻坚软件材料，为脱贫迎检做好准备。围绕"两不愁、三保障"排查问题，为住房保障不达标的贫困户和非贫困户申请住房修建资金，帮助改建改造住房和畜圈；帮助辍学儿童返校；帮助贫困户通过医疗保险报销医疗费用；配合完成全村饮水工程改造及入户路硬化路和下水官网工程建设。向贫困户送去米油和慰问金，通过"以购代捐"向贫困户购买鸡、猪肉、黄酒、菌类等农产品，激发贫困户致富动力（见图12-69）。

图 12-69　向贫困户捐赠

帮扶的贫困户瓦木家户主为肺结核患者，女儿是白癜风患者。同哥哥分家后，一家 6 口人居住在 20 平方米的火塘旁边。缪显洋及时同在木里县医院挂职的工作队友和乡卫生院工作人员联系，寻求治疗方法；又帮助其申请新居、畜圈改造项目和"八件套"验收奖励金，帮助其联系工匠，为其修建房屋和畜圈，规划种植和养殖业，现在瓦木家已经搬进新房，并于 2019 年脱贫。

在一次入户走访中，缪显洋因摩托车倾倒压到右腿，导致右侧小腿烫伤。缪显洋不顾伤痛，坚持工作。右小腿开始肿胀，伤口开始渗液，行走不便，回到攀枝花市中心医院治疗，被诊断"右小腿内侧 3 度烫伤"。在治疗期间，缪显洋也不忘工作，抓紧电视采购，通过比性能，选价格，最终为大村贫困户送上了 12 台电视机，确保贫困百姓都能通过电视不出门就能学习汉语、了解国家政策和新闻娱乐。

之后，缪显洋主动申请参加"决战收官攻坚队"，赴昭觉县完成百日冲刺攻坚工作，完成昭觉县上级领导安排的其他工作，为昭觉县脱贫攻坚工作贡献力量。

不忘初心，意真情切

战贫困，他与俄亚人民共进退，在山区木里深耕耘；奔小康，他与工作队员齐上岗，在俄亚村铺好致富路。

苦心人，天不负。2019 年年底俄亚大村达到贫困退出标准，贫困户达到脱贫标准，顺利通过四川省脱贫攻坚验收。缪显洋深刻感受到了此次脱贫攻坚战不仅给俄亚大村带来了翻天覆地的改变，更磨砺和提升了自己，让自己与俄亚大村一起经历了蜕变。

奋斗是青春最亮丽的底色。面对一系列的艰难困苦，缪显洋并没有选择退缩，而是坚持在脱贫攻坚工作中奋斗，将青春的热血，洒满了俄亚大村，为我国脱贫攻坚工作贡献出了一分力量。这次脱贫攻坚工作取得了圆满的成功，俄亚大村展现出崭新的面貌，古村终于焕发新颜，同时俄亚大村的通信、交通、水电等基础设施得到了极大的改善，俄亚大村村民们也迎来了一个充满希望的明天。

回首在俄亚大村进行脱贫攻坚工作的岁月，缪显洋坚持走过的扶贫路，每一步都用心、用情、用力。正如缪显洋所说："扶贫路长且艰，用心去走，终会走出致富的道路，奏出胜利的凯歌！"

第五篇

经验做法

第十三章　对口木里帮扶模式

帮扶工作，是新时代党的治藏方略的重要组成部分，是促进各民族交往交流交融的重要载体。攀枝花参与援助木里县工作的十多年来，牢记帮扶使命和责任，始终把加强民族团结作为帮扶工作的着眼点和着力点，把改善民生、凝聚人心作为推动木里县经济社会发展的出发点和落脚点，大力实施经济、教育、科技、干部人才等全方位帮扶，累计支援木里县建设资金3.74亿元，实施项目207个，一批批来自攀枝花市各部门、各领域的专家和帮扶干部人才，科学帮扶、真情帮扶、奉献帮扶，接续奋斗在木里县，既与木里县干部和群众结下了深厚的民族情谊，也锻炼了攀枝花援藏干部、成长了队伍，在依法治藏、富民兴藏、长期建藏、凝聚人心、夯实基础等各项工作实践中不断开拓创新，探索并积累了宝贵的援建工作经验。

回首十三年的工作，攀枝花市有效开展木里县对口帮扶工作的基本思路可总结为：在中国共产党的坚强领导下，遵循"输血"与"造血"相结合，"民生"与"发展"相结合、"全面"与"重点"相结合、"长效"与"共享"相结合工作原则，围绕"断、保、稳、提、增"的工作内容，以精准识别、精心帮扶、精细管理为标准的对口帮扶脱贫工作法，简称为"四五三"工作法。

一、工作"四原则"

（一）"输血"与"造血"相结合

坚持加大"输血"与木里县自我"造血"相结合，将攀枝花市的资金、技术、人才、管理等优势与木里县的资源、劳动力、市场等优势相结合，大力发展特色优势产业，加强民生基础设施建设，不断提高木里县自我发展能力。

（二）"民生"与"发展"相结合

以发展惠民生，以民生促发展。始终把保障和改善民生放在对口帮扶工作首位，以设施完善、能力提升和产业发展为重点，将项目资金向基层倾斜，持续改善木里县群众生产生活条件，拓宽增收致富渠道，切实解决好群众最关心、最直接、最现实的问题。

（三）"全面"与"重点"相结合

坚持总体规划和年度安排相协调，局部经验探索和全面复制推广相结合。注重不同区域的不同特征，既分类推进，又典型引路，不搞"一刀切"；既全面推进，又突出重点，不撒"胡椒面"；推动对口帮扶工作有力有效有序开展。

（四）"长效"与"共享"相结合

充分发挥援受双方主导作用，强化组织领导，创新帮扶模式，建立健全医疗、教育、产业、人才的高层互访、部门协作、企业合作、考核评价机制，探索建立合作开发、群众参与、成果共享的长效机制。

二、帮扶"五内容"

（一）隔断贫困代际传递：教育帮扶

扶贫先扶志，扶贫必扶智。教育是拔穷根，阻止贫困代际传递的重要途径，让贫困地区的孩子接受公平且有质量的教育，是我国教育精准扶贫的重要任务。从长远来看，只有提供优质教育，让贫困地区的学生获取更多、更有效的知识和技能，实现他们核心素养的提升，从"输血"到"造血"，才能真正阻断贫困的代际传递。

教育扶贫面临的主要困难是，贫困家庭的孩子受教育的机会较少，接受的教育质量差。产生这些困难的原因主要包括贫困地区自身的经济发展水平不高等经济贫困因素，贫困地区学校办学条件较差、教育质量薄弱、教师专业能力不足等教育贫困因素，学生家长的教育理念落后等文化贫困因素等。鉴于此，教育精准扶贫的理论逻辑应是在各级政府的宏观统筹下，着力提升贫困地区学校的办学条件，促进教师的专业发展，以此改变贫困地区学校的教育质量，破除贫困地区发展的核心瓶颈。

因此，攀枝花对口帮扶工作队将教育帮扶作为工作第一重点，持续投入教育帮扶资金 5 814 万元，实施项目 14 个，从学前教育到基础教育，实施点对点、一对一的精准教育帮扶。2017 年以来，攀枝花市更是组织 36 所中小学校与木里县 36 所中小学校结对帮扶（"36+36"支教工作）。高考升学率则从 2010 年的 6 人本科上线到 2022 年本科硬上线人数 163 人，在凉山州升学率排名由倒数第三、第四名到前八。"9+3"教育计划则从职业教育的角度入手，为 1 827 名涉藏地区学生提供了职业教育的机会，重新点燃了贫寒学子的读书梦想，提升了个人素质，为实现就业脱贫打下了良好的基础。木里县教育体育和科学技术局相关负责人表示，攀枝花市实实在在的帮扶，人才和教科研支援显著提升了木里县义务教育教学质量和木里县中学高中部的教育教学质量，办学成绩创历史新高，木里县教育实现了质的飞跃。攀枝花市把教育扶贫的重点放在提升教育水平和加强师资力量建设上，立足木里县实际情况，派送老师送课程，这是一种有尊严的帮助，具有适用性和可持续性，可以从根本上帮助贫困地区人民隔断贫困代际传递。

（二）保障脱贫不返贫：医疗帮扶

据学者的研究，贫困地区脱贫最大的挑战就是因病致贫返贫。通过调查部分贫困地区患病家庭的情况，我们发现，其医疗费用支出占总收入的25%左右，而非患病家庭这一支出比例为10%左右。贫困户家庭比非贫困户家庭平均多支出约3 000元用于医疗，而收入仅是非贫困户家庭的68%。同时，在贫困摘帽后的脱贫不稳定户中，因病因残致贫的家庭占50%左右，成为返贫最大风险。因此，从中央到地方形成了一套完善的健康扶贫政策体系，如提高医疗保障覆盖率，提高医疗报销比例，建档立卡的贫困人口，还有医疗再保险和医疗保障兜底等报销政策，基本解决了医疗保障问题。但由于不健康的生活环境、不良生活习惯，以及疾病预防方面理念落后，仍然会有因病返贫现象发生。

因此，攀枝花市卫生计生系统在对口帮扶木里县之初，即制定了详细的对口支援实施方案，同时还分别拟定了援助木里县医院、县中藏医院、县妇幼保健院、县疾控中心、木里县卫生人才培养等5个方案，并以四家县级医疗卫生机构创等达标为抓手，细化、实化、具体化各项措施，建立医院联盟、专科联盟和转诊"绿色通道"，推进"医联体""医共体"建设，开展远程诊疗服务、推广应用新技术、开展新业务新项目、医疗卫生人才培养、重点专科建设，以及对口支援"传帮带""组团式"帮扶、选派帮扶干部人才、医疗卫生人才培养等。13年来，攀枝花市在医疗卫生帮扶上投入了大量的人力、物力和财力，"攀枝花医生"成为木里县群众最信任的品牌。充足而有效的医疗资源提供，保障了贫困家庭脱贫后不会再轻易返贫，在某种程度上是保持脱贫成果、展望乡村振兴的兜底基础。

（三）稳定减贫成果的基础：基础设施建设

有学者研究表明，相对于产业扶贫，基建投资对较低脱贫能力贫困户的减贫效应更显著，且长期减贫效果优于短期。农村基础设施建设可以从减少贫困人口、节约扶贫成本和缩小不平等程度三个方面来促进农村地区"益贫式"增长，当宏观政策稳定时，农村基础设施建设的促进效果更为明显，且重心应偏向交通信息类基础设施建设。交通基础设施建设与产业结构调整及减贫效应之间表现出一种稳定的长期均衡关系，交通投资与产业结构调整互为双向关系，而交通基础设施建设与减贫效应之间是单向关系，交通投资对农民收入呈现出较强的正向影响。可以说，基础设施建设是稳定减贫成果的基础。

木里县由于地质复杂、森林密布、人口居住分散，基础设施建设的人口覆盖率和受益率不高，此外，受生态保护的严格要求，林地占用报批手续审批存在难度，也影响了基础设施建设的进度。为了增加群众幸福感和保障经济发展，基础设施建设需要尽快完善。攀枝花市对口帮扶工作组搭建了一个由点及面、立体纵深的基础设施硬件援建网络，同时立足长远，建设项目下沉到最基层，最贴近当地群众工作、生活、发展的方方面面：通乡油路、住房改造、自来水厂、污水厂、水窖、水池、水渠、卫生所、路灯、文化广场等。

基础设施建设将木里县各乡村由以前的信息孤岛、经济孤岛通过交通、通信等基础设施联通起来，融入到中国社会发展的大循环中，这不仅是为了完成扶贫工作，更是中国共产党对公民享受平等权利的尊重，是对人渴望幸福生活的尊重。

（四）提高经济发展活力：产业帮扶

产业发展是区域经济增长的主要驱动力，产业扶贫政策的设计初衷即在于此。对于贫困地区，产业帮扶是近期目标与发展基础，产业兴旺是远期图景与发展期望。产业帮扶是以市场为导向，以经济效益为中心，围绕贫困地区的某种资源、产品或服务，构建一套完整的经营方式、组织形式及生产链条，以产业发展为载体促进贫困地区转型发展、增加贫困农户收入的扶贫路径，是精准扶贫的战略重点和主要任务。产业帮扶是一种内生性发展机制，有利于增强贫困地区的自我积累与自我发展能力，培育发展动力，阻断贫困发生的动因，是一个动态的持续过程。但由于受参与者、政策结构、技术和环境等因素的影响，实践过程和结果又充满着不确定性。如何创造条件，以扩大产业帮扶的确定性结果，最大限度地缩小不确定性的边界，既是当前中国精准扶贫的主要目标，也是精准扶贫工作取得实效的重要路径。

攀枝花市对口帮扶工作组全面理解"三农"工作重心的历史性转移特点，深刻把握木里县新发展阶段"民生改善由全面小康步向生活富裕"的特征，遵循"要素—市场—公共品"市场发展框架，通过政府在扶贫阶段提供公共品和要素补偿来构建贫困地区产业基础，并逐渐规范发展消费市场和要素市场，优化公共品供给，以此促进乡村振兴。具体措施则以推动特色产业发展、建设特色乡村、深化移风易俗治理等为抓手，聚焦产业发展，提升乡村风貌，夯实人才基础，持续施策、真抓实干，全力推动巩固拓展脱贫攻坚成果同乡村振兴有效衔接。

产业帮扶和贫困农户形成一种"利益捆绑"与"责任连带"关系，是一种隐含的社会责任逻辑。政府参与产业扶贫，可以完美解决农户生产要素禀赋先天不足、市场能力欠缺以及公共品供给结构失衡等问题，进而破解农户的困境。当农户具备一定的产业能力后，可以实现产业兴旺，乡村振兴也就具备了基础条件。

（五）增强脱贫内生动力：人才扶贫

党的十九大报告明确提出，扶贫同扶志、扶智相结合，提高贫困人群的自我发展能力。现有研究表明，随着学历水平的提高、健康状况的改善以及工作经验的积累，贫困地区农村劳动力选择兼业、非农务工、自主创业的可能性也逐渐提高，且可能性提高程度随就业层级的提升而递增，而农民工在一定年纪后往往会更倾向于回乡务农。另外，个体人力资本和家庭资源的增加都对农村劳动力自主创业、非农务工和兼业具有显著的促进作用。由此可以推断，对贫困人口进行职业培训和学历教育，将具有显著的减贫效应。就业层级的提升反过来也可以增强人力资本和家庭资源状况，也有利于减贫。

攀枝花市对口帮扶工作组认识到培育造就大批德才兼备的高素质人才才是一个地区高质量发展的保证。因此，攀枝花市围绕打造基层治理人才、专业技术人才、职业技能人才、产业致富人才等"四类人才"队伍，分类施策，探索了"党校+高校""木里+攀枝花+外地""理论+实践""走出去+请进来"等多种培训模式，此外，加强劳务精准协作，加大技能培训力度，聚焦教育和医疗这两个最突出的短板，通过两地培训、委托培养、挂职锻炼等方式，帮助木里县建设本土人才队伍。持续且深入的人才培育量变导致了质变，这些经过专业培训和"传帮带"成长起来的当地干部人才，开拓了眼界，转变了观念，掌握了新技能，夯实了发展后劲，为木里县的可持续发展提供了重要的人才智力支持，将有效地推动木里县经济社会发展行稳致远。

三、"三精"保成效

（一）精准识别

为了实施精准扶贫方略，首先需要将贫困人口识别出来，做到"扶持对象精准"。木里县目前主要采用的是指标控制下的民主评议方法，即根据国家统计局对贫困人口数的估计，在县乡政府的帮助下，由村两委利用民主评议或指标定量打分的方法将贫困家庭和人口识别出来。2015年年底以来，木里县通过对建档立卡工作的"回头看"和重新识别确立贫困人口。国家统计局是根据国际上通用的经济福利指标（消费支出和收入）和贫困线来识别贫困家庭和人口，而实际贫困情况是多维影响，往往无法做到贫困全覆盖。因此，帮扶组在维持第一批建档立卡户规模的基础上，根据实际情况动态挑选贫困人口，确保应扶尽扶，不让一个贫困人口掉队。

（二）精心帮扶

在"五个一批"综合帮扶脱贫措施的基本框架下，十三年来，攀枝花市投入对口帮扶资金3.3亿元，实施教育保障、医疗保障、基础设施建设、产业发展等帮扶项目207个。其中，攀枝花市累计选派80名优秀教师到木里县中学、木里县红科中学、木里县民族中学等学校开展教育帮扶工作；援助木里县人民医院、木里县中藏医院、木里县妇计中心、乡级23个卫生院等医疗机构基础设施建设项目18个，投入帮扶资金4 212万元，培训基层医疗人员300人次，学术讲座1 900余次，接收140余名卫生技术人才到攀枝花市进修学习；投入6 000余万元，实施了第二水厂新建、贫困村农户危旧房屋改造、乡镇卫生院、学校周转宿舍建设等住房保障项目，通村通组道路硬化、农村饮水灌溉提升工程、信息化建设及基础设备购置等民生工程；聚焦项目，在特色种养殖、特色文旅融合项目、电商帮扶等方面已逐步形成自身特色；注重人才培养，已开展人才培训班60余期，培训人才3 000余人次，帮助当地群众实现务工收入400余万元；建设党建活动阵地34个，培训党员400余人次，人才帮扶结对102对，帮助木里县培育一支"带不走"的人才队伍，攀枝花市各级部门分别与木里县27个乡（镇）签订新一轮结对帮扶协议书，围绕产业发展、劳务协作、干部交流、支部共建等工作开展结对帮扶交流64次，17个企业赴木里县开展结对活动，签订结对共建协议书，开展互访结对共建32次，投入帮扶资金80余万元，筹集帮扶资金950余万元。在工作方式上则是扶贫工作组队伍"嵌入"式帮扶，队员深入乡、村、组，跑项目，跑政策，跑资金，正是靠的项目精心培育、资金精心使用、措施精心到户的帮扶策略，显著提升了帮扶效果。

（三）精细管理

根据国务院办公厅《关于支持贫困县开展统筹整合使用财政涉农资金试点的意见（2016）》，攀枝花市制定了《攀枝花对口帮扶木里县项目资金管理办法》，在县级形成"多个渠道引水、一个龙头放水"的扶贫投入新格局，同时加强对资金使用减贫效果的评价，变以往侧重于过程的监督和管理为以结果为导向的监督管理；坚持用制度管理帮扶队伍，切实维护攀枝花市帮扶干部人才良好形象，健全了一系列内部管理制度；实施"清单革命"，将工作组分成文秘宣传组、项目推动组、后勤保障组、教育医疗组，做到"四个明确"，明确职责清单，明确项目清单，明确任务清单，明确进度清单。目前，四个工作小组成效显著。

　　脱贫攻坚是一项系统性工程，攀枝花市在对口帮扶木里县的工作中，不断总结和探索，提出以上"四五三"工作法，有效地指导了帮扶工作系统性推进实施，也是在多年工作基础上总结出来的可行经验，具有一定的可推广性和借鉴意义。

第十四章　乡村振兴的
木里县思考

　　党的十八大以来，以习近平同志为核心的党中央坚持把解决好"三农"问题作为全党工作的重中之重，全面打赢脱贫攻坚战，启动实施乡村振兴战略，推动农业农村取得历史性成就、发生历史性变革。

　　党的十九大报告提出乡村振兴战略，并对战略实施进行了重要规划。乡村振兴战略是党在新时代中国特色社会主义时期提出的解决农业、农村、农民问题的总纲领，对我国实现全面建成小康社会、实现现代化强国目标具有重要意义。

　　党的二十大报告提出的全面推进乡村振兴，其深度、广度、难度都不亚于脱贫攻坚，必须加强顶层设计，以更有力的举措、汇聚更强大的力量来推进。乡村振兴是一项系统性、长期性的重大战略，需要运用战略思维，统筹谋划、科学推进。如今，新征程的号角已经吹响，我们要围绕农业农村现代化的总目标，坚持农业农村优先发展的总方针，落实产业兴旺、生态宜居、乡风文明、治理有效、生活富裕的总要求，建立健全城乡融合发展体制机制和政策体系，不断开创全面推进乡村振兴新局面。

　　在中国共产党的坚强领导下，我们打赢了人类历史上规模最大的脱贫攻坚战，下一步要落实巩固拓展脱贫攻坚成果同乡村振兴有效衔接。全面建设社会主义现代化国家，最艰巨最繁重的任务依然在农村。我国乡村振兴战略具有丰富的科学内涵，包含着多方面的动力机制，需要探索可行的实现路径。

一、乡村振兴战略的科学内涵

　　在中国式现代化的设计图纸中，农业农村现代化是最基础、也是最艰巨的一环。我国是农业古国、农民大国，农业农村能否实现现代化，不仅直接影响到中国现代化的质量和成色，更关乎其成败。

　　党的二十大报告对全面推进乡村振兴作出了最新部署。全面建设社会主义现代化国家，最艰巨最繁重的任务仍然在农村。坚持农业农村优先发展，坚持城乡融合发展，畅通城乡要素流动。加快建设农业强国，扎实推动乡村产业、人才、文化、生态、组织振兴。统筹乡村基础设施和公共服务布局，建设宜居宜业和美乡村。我们可以从总目标、总体要求、政策取向以及实现机制等方面来认识和把握它的科学内涵。

（一）乡村振兴战略的总目标：加快建设农业强国

乡村振兴的根本目的，也就是总目标，是加快建设农业强国。党的十九大报告提出"加快农业农村现代化"；而党的二十大报告提出"加快建设农业强国"。建设农业强国就是要建设与社会主义现代化强国相匹配的农业。其中，供给保障强，是指农业的首要功能是要为社会经济发展提供足够的农产品，要有强大的产出能力和供给保障能力；设施装备强，是指通过科技进步、设施建设（包括高标准农田、农田水利等）来提高农业的生产效率；经营体系强，是指发展新型经营主体和社会化服务，延长农业的产业链，使小规模农户能够在产业经营体系中分享到足够高比例的增值收益；产业韧性强，是指使中国的农业能够经受得住重大自然灾害、极端气候变化，能够经受得住国外市场剧烈波动，提高农业的气候韧性和储备调节能力；竞争能力强，是指提高农业劳动生产力、降低成本，提升农产品的国际价格竞争力。

对于中国这样一个有着十四亿人口的大国来说，我们不追求什么都自给自足，但在吃饭问题上必须保证我们的自由，这就必须把我国建设成农业强国。按照党的十九大提出的决胜全面建成小康社会、分两个阶段实现第二个百年奋斗目标的战略安排，党中央明确了实施乡村振兴战略的目标任务：到2020年，乡村振兴取得重要进展，制度框架和政策体系基本形成；到2035年，乡村振兴取得决定性进展，农业农村现代化基本实现；到2050年，乡村全面振兴，农业强、农村美、农民富全面实现。国家现代化的完整含义包括工业、农业、国防、科学技术、国家治理体系和治理能力现代化，农业现代化是国家现代化的一个重要方面，只有实现了农业现代化强国的目标，才能真正实现国家现代化。

（二）乡村振兴战略的总要求："五位一体"全面发展

全面推进乡村振兴，必然是"产业、人才、文化、生态、组织"五位一体协同发展的高水平振兴，建设"宜居、宜业、和美"的新时代乡村。产业能兴旺、人才愿汇聚，才是乡村宜业的现实模样；生态得保护、组织更健全，才是乡村宜居的有力保障；文化融传承、乡风更淳朴，才是乡村和美的应有之义。在具体实践中，产业、人才、文化、生态、组织是相互依存、缺一不可的，唯有协同推进、一体发展，才能实现全面乡村振兴的战略目标。

乡村振兴战略总要求的五个方面是相互作用、相互影响、不可分割的。

在乡村振兴战略的实施过程中，要注意协调推进乡村振兴战略的各个方面，注重战略的整体性和系统性，防止其中任何一方面"孤军独进"，极力避免将乡村振兴简单地视作某一方面的振兴这种现象发生。要明确产业兴旺、生态宜居、乡风文明、治理有效、生活富裕是互为支撑、五位一体的，注重乡村振兴的整体性和系统性，协调推进乡村的产业振兴、人才振兴、文化振兴、生态振兴和组织振兴。

乡村产业的高质量发展不仅是国家高质量发展的关键，而且也是乡村产业兴旺和产业振兴，进而乡村振兴的关键。目前，木里县农村产业结构还面临着产业结构较为单一、区域特色和整体优势不足、产业市场竞争力不强、产业布局缺少整体规划等问题，木里县要实现高水平乡村振兴，更需要"五位一体"协同推进。木里县要坚持农业产业优先发展，必须依托乡村特色优势资源，打造农业全产业链，构建现代乡村产业体系。在保障基本农田"底数"的前提下，大力推动木里县科技兴农。只有产业兴旺，农业才能为经济发展作出高水平高质量的产品、要素、市场的贡献，最终实现农业大县向农业强县的转变。

（三）乡村振兴战略的政策取向：坚持农业农村优先发展

中共中央、国务院指出，实施乡村振兴战略，在政策取向上必须明确，就是要坚持农业农村优先发展。坚持农业农村优先发展，是从根本上解决我国经济社会发展不平衡不充分问题的科学决策。

长期以来，我国实施了工业和城市优先发展战略，农业和农村的大量资源源源不断输送进入工业和城市，用于支持工业和城市发展，农业和农村发展严重滞后，农业成为国民经济相对薄弱的环节，农村则发展速度放缓，农民成为收入偏低的社会群体。现在，我国社会经济发展已经进入新阶段，需要举全国之力，将农业农村发展放在优先地位，通过顶层设计，制定优先发展农业农村的政策体系，充分运用财政、金融政策支持农业农村优先发展；科学设计体制机制，探索优先发展农业农村的最优路径；顺利推进农村集体产权制度改革，激活农村集体资产，有效增加农民家庭财产性收入；积极引导社会各方面资源，加大农业农村发展的人力资本、物质资本、技术资本投入；重塑观念，着力培育一支新型农民队伍，使农业成为有吸引力的行业、农村成为受欢迎的宜居之地、农民成为体面的职业。

要坚持农业农村优先发展，在政策措施上具体落实为四个"优先"：要在干部配备上优先考虑，在要素配置上优先满足，在资金投入上优先保障，在公共服务上优先安排。这为我们落实农业农村优先发展划出了重点、明确了方向。木里县要贯彻落实这一重要指示，就要切实树立农业农村优先发展的政策导向，建立健全城乡融合发展的体制机制，把"四个优先"要求落到具体制度设计、政策制定、财政投入和工作重点布局上，建立健全与优先发展相配套的工作推动机制和政绩考核指标体系，加快补齐农业农村短板，激发农业农村发展活力。

（四）乡村振兴战略的保障机制：城乡融合发展的体制机制和政策体系

随着我国城市化进程的加快，我国城乡之间的差距日益拉大，而造成这种状况的根本性原因就是我国长期存在的城乡二元体制。要实现乡村振兴，首先要从体制机制保障和政策保障上解决问题，也就是要打破这种造成城乡分割的体制机制和政策体系，建立健全城乡融合的体制机制和政策体系，从根本上保障城乡之间要素的顺畅流动、资源的合理配置，促进城乡互补、全面融合、共同繁荣的新型工农城乡关系的形成。

我国长期实行城乡分治的二元社会经济体制，城乡发展被人为割裂开来，城市和工业发展处于优先地位，农村和农业发展则处于次要地位，进而形成了城乡二元市场体制，城乡市场相互隔离，城市发展充分发挥了自身的极化优势，吸引了更多的政府资源、社会资源，而农村发展则相对滞后，不仅不能吸引外部资源，而且大量农村资源源源不断进入城市，最终造成农村发展资源的严重不足。只有建立城乡融合发展体制机制，逐步建立城乡统一大市场，充分发挥政府的自觉规划引导作用和市场的自发调节作用，推动城乡要素自由流动、平等交换，促进更多资源进入农村，合理引导农村劳动力等生产要素进入城市，在全社会统一市场范围内优化配置资源，提高效率，才能加快农村发展，形成工农互促、城乡互补、全面融合、共同繁荣的新型工农城乡关系。

木里县实现农业农村现代化，就要把握核心驱动、推进城乡融合。城乡融合发展是实施乡村振兴战略、推进农业农村现代化的有效途径。木里县应以乡村为基点、以县域为平台，进一步挖掘乡村资源的多元价值和多重功能，打通城乡要素双向流动渠道，增强农业农村发展活力，实现城乡均衡发展。

二、乡村振兴战略的动力机制

木里藏族自治县是一个以藏族为主，包括彝族、汉族、蒙古族、纳西族等21个民族的自治县，是全国仅有的两个藏族自治县之一，是四川省唯一的藏族自治县。地处青藏高原和云贵高原结合部，是横断山脉在四川境内最为典型的地带，地质、地貌复杂，地形为沟壑纵横、切蚀深刻的残余高原，是青藏高原地质结构最复杂、环境最恶劣的地段之一。一直以来，由于交通不便，缺乏资金，基础设施落后等不利因素，木里县内的乡村一直得不到较好发展，农民人均纯收入一直低于全市全省平均水平，且收入差距不断扩大。可以说，乡村发展一直是制约木里县发展的难题。

近年来，木里县在乡村振兴的实践过程中明确了乡村振兴的两种力量：一是包括行政力量、市场力量在内的外在推力；二是指乡村社会力量的内在拉力。木里县通过一系列举措，构建了乡村振兴的动力机制，有效整合了现有的行政力量、市场力量、乡村社会力量，使其相互协作，共同推动乡村振兴，为乡村发展提供了强大的动力支撑。在构建乡村振兴动力机制的过程中，木里县一方面发挥政府主导作用，有效发挥行政力量在推动乡村振兴中的作用；另一方面，木里县鼓励引导政府以外的主体参与乡村建设，充分发挥市场力量和乡村社会力量在乡村建设中的重要作用。

（一）行政力量的外在推动

1. 制定乡村振兴总体规划，推动城乡融合

（1）制定乡村振兴总体规划

木里县政府为全面落实乡村振兴战略，推进农村现代化建设，在结合木里县实际发展情况的基础上，制订了木里县落实乡村振兴战略的行动计划，该规划有关政府在凝聚乡村振兴力量过程中的作用主要体现在以下几个方面：首先，坚持融合发展。树立整体发展理念，发挥市场在资源配置中的决定性作用，推进城乡要素自由流动、平等交换，推动新型工业化、信息化、城镇化、农业现代化同步发展，促进城乡互补、全面融合、共同繁荣。其次，坚持共同富裕。在促进农村居民收入持续普遍较快增长的同时，丰富其精神文化生活，提升民众的综合素质，从而实现生活富裕的目标。再次，坚持共建共享。在发挥政府主导作用的同时，更要注重发挥乡村民众主体作用，教育引导社会各界共同促进乡村振兴。最后，坚持循序渐进。科学把握乡村的差异性和发展情况，注重规划先行，杜绝形式主义和行政力量过度干预和"一刀切"。

（2）推动城乡融合、多规合一

木里县政府把城乡融合作为贯穿乡村振兴的主线。全面推进产、村、人融合，农村一二三融合，生产生活生态融合，自治、法治、德治相结合，从而实现乡村振兴大融合。木里县谋在深处，着力画好产业规划"路线图"，按照"党建引领产业、产业彰显特色、特色致富群众"的工作思路，以乡村振兴作为重点编制《木里藏族自治县国民经济和社会发展第十四个五个规划和二〇三五远景目标》，以本土特色为抓手，从高原畜牧业、"1+X"生态林

业、林下产业、中藏医药等特色产业方面规划项目 240 余个、投入资金 182 亿元，发展经济作物 9.81 万亩，规划高标准农田 1.06 万亩、建设蔬菜大棚 787 个、标准化畜圈 500 个。同时强化村庄环境整治，持续推进农村"污水革命""厕所革命""垃圾革命"、小城镇环境综合整治、美丽公路等专项行动，建设整洁、有序的美丽乡村。

2. 强化产业帮扶，激发乡村发展活力

乡村能够振兴，关键在于在城乡一体化进程中找到自己赖以立足的独特点，根据自己的资源禀赋在市场分工中找到定位，能够提供特色的农产品，或者文化旅游资源。因此，政府扶持乡村产业发展，首先要找到基于资源禀赋的乡村特色，然后有针对性地出台相应的扶持政策，这样才能在激烈的市场竞争中找到自己的比较优势，促进乡村的可持续发展。木里县政府根据县域内乡村的生态资源禀赋，大力发展生态旅游业，以农文旅深度融合赋能乡村振兴之路。

脱贫攻坚以来，木里县加快了第三产业发展。立足优势旅游资源，建成旅游休息区 16 个、旅游扶贫示范村 4 个、民宿 95 家、藏家乐 30 户、游客中心 3 个、自驾游营地 6 个、智慧旅游中心 1 个。据悉，木里县与浙江省、广东省、攀枝花市以及中国电信集团、省内定点、州直机关等帮扶单位交流合作，累计实施帮扶项目 254 个、完成投资 4.79 亿元；消费扶贫、万企帮万村活动大力推进；乡村、学校、医院、企业等全域全方位结对帮扶。7 家浙商、粤商企业到木里县注册、投资。县农投公司与德清县文旅集团合作经营的木里花园·全季酒店投运盈利。

党的二十大后，木里县将深化"旅游兴县"战略，发展生态旅游业。擦亮"香格里拉之源"金字招牌，坚持旅游业首位产业定位，以"四色钻石"线路为牵引推动"全域旅游"，加快建设大香格里拉环线全域旅游农文旅最佳风景线。持续推进 A 级景区创建和文旅服务中心、智慧旅游平台、游客服务中心等旅游基础设施建设，构建"1+3"现代旅游业服务业产业体系。培育特色乡村，实施"全民导游"培养计划，营造全民推介"中国·木里香格里拉生态旅游"宣传氛围。

文旅产业是拉动第三产业发展的强力引擎，也是助力乡村振兴的助推器。木里县将依托富集的文化旅游资源，开启文旅产业发展加速度。围绕"一区五带三中心"，木里县以洛克九百里、香格里拉湖、木里大寺等特级旅游资源为骨干，以云南堡瀑布、康坞大寺、白水河峡谷、玛娜茶金等次级旅游资源为支撑，以瓦厂镇、俄亚大村等特色旅游城镇和特色旅游村寨为支点，以西香高速和国省干线为纽带，创 A 级景区、创自然保护区、创木里县国家公园，全力推进一批旅游发展重大项目工程，建设"六条旅游精品线路"，打造"七大系列"旅游产品，深化旅游跨区域协同开发，推动旅游资源由点状独立发展向带状集群发展转变。

（二）市场力量的外在推动

在推进乡村振兴的过程中，木里县鼓励企业等市场主体参与乡村建设，不仅弥补了财政投入不足，而且促进了乡村产业的发展，强化了乡村的内生动力，主要体现在以下两个方面：

1. "万企兴万村"帮扶木里

"万企兴万村"行动是党中央立足我国农业农村发展实际、着眼民营企业特色优势作出的重要决策，是乡村振兴战略的组成部分，是构建新发展格局的推动力量，是促进"两个健康"的重要抓手。开展"万企兴万村"助力乡村振兴活动，既是落实党的二十大精神的成功实践，也是企业履行社会责任的具体体现，更是企业健康可持续发展的契机。

木里县加强保障，为共建企业实地走访提供便利；做好规划，梳理出详细村情、民情供企业参考；加强沟通，与企业共同探索适合双方的共建合作方式。各企业要发挥熟悉市场、善于经营的优势，帮助共建村制定完善符合实际的村集体经济发展规划，结合自身特点，从产业、就业、党建、公益等多方面、多方式和结对村开展共建合作，实现优势互补、互利共赢，探索乡村振兴新模式。

"万企兴万村"活动联企帮扶木里、助力乡村振兴，是实施乡村振兴战略的重要抓手，企业也要提高政治站位，深刻认识实施乡村振兴战略的重要意义，履行企业家责任，尽全力帮扶木里振兴、企业发展，确保联企帮扶促发展，齐心协力助振兴活动取得实效。"万企兴万村"是木里县在推进乡村振兴过程中发挥市场力量的作用的重要举措之一，随着帮扶项目的推进，将极大带动结对村庄产业的发展，提升村民的生活水平。

木里县还应加强统筹，积极搭建好帮扶平台，做好协调服务和相关保障工作，及时解决企业在帮扶过程中遇到的突出困难和问题，及时宣传总结成功案例，让有担当、有责任、有情怀的民营企业更受尊重、取得更大发展，进一步助力推进"万企兴万村"提质增效，借助联企帮扶的外在动力，以实际行动和扎实成效助力乡村振兴高质量发展。

2. 培育新型农业经营主体

木里县除了鼓励外来工商资本加入乡村建设外，还注重培育本地新型农业经营主体，并且发挥他们在乡村建设中的引领者作用，带动村民一起增收致富。政府一方面积极培育农民合作社、家庭农场、农业龙头企业，建立完善大学生到农业领域创业就业政策，加大对农创客、新型职业农民的培育力度，从而形成以新型农业经营主体为主的现代农业生产格局；另一方面，建立健全农业扶持政策，鼓励农业龙头企业、农民专业合作社等加强对小农户的带动，促进小农户和现代农业有机衔接，引导农民以土地入股，实现生产经营方式的变化，使就近务工成为农民增收的新渠道。

截至 2022 年年底，木里县市场主体数量有 6 154 家，同比增长 0.14%；国有、集体及其控股企业有 132 家，同比增长 0.12%；私营企业有 347 家，同比增长 0.26%；个体工商户有 5 242 家，同比增长 0.14%；农民专业合作社有 433 家，同比增长 0.09%。

（三）乡村社会力量的内在拉动

实现乡村的现代振兴不仅需要外源动力，更需要源自乡村内部的内生动力。乡村振兴内生动力是实现乡村全面振兴的内在源泉，是乡村实现可持续繁荣发展的根本。乡村振兴的内生动力是由乡村内部的各种条件和因素融合而成的重要力量，在乡村振兴进程中起着决定性的推动作用。寻找、探索推进乡村振兴的内在因素，使推动乡村振兴的内在要素充分流动，融汇为乡村振兴的内在动力，是快速推进乡村振兴进程的根本途径。

1. 通过发掘资源培育乡村振兴的内生动力

木里县每个乡村都有自己的特色和优势。这种特色和优势是乡村生生不息的根脉，也是推动乡村不断向前发展的基础。各个乡村所具有的各种特色和优势，在乡村发展的历史长河中逐渐形成了各有特色、各有差异的乡村资源禀赋。由于各个乡村资源禀赋迥异，其发展道路就各有不同。乡村的资源禀赋潜藏着推动乡村发展的动力性因素，如物种资源、水利资源、气候条件、生态资源、地形地貌、区位优势、历史文化、民族风俗、产业基础、政策制度等，这是培育推进乡村发展内生动力的基石。"乡村振兴要靠人才、靠资源"，乡村自身所拥有的资源禀赋则是推动乡村振兴的基石所在。因此，在新时代推进乡村振兴，不仅需要大力引入外来资源，更需要充分发掘乡村本土资源，使乡村本土内在性因素的能量充分发挥出来，进而汇成推进乡村振兴的内生动力。

总的来说，通过发掘乡村资源禀赋来激活和培育推进乡村振兴的内生动力，可以筑牢推进乡村振兴内生动力的根基，能使获得的内生动力在长时期内发挥作用。木里县是涉藏地区大县、面积大县、资源大县，尤其是具有非常明显的资源优势：一是森林资源。木里县森林资源以县为单位居全国之首，是长江上游重要的水源涵养林，是我国仅存不多的成片原始林区。二是水能资源。全国水电在西南、西南水电在四川、四川水电在凉山、凉山水电在木里。三是旅游资源。木里县位于香格里拉生态旅游核心区，县内自然景观极其丰富，集雪山、湖泊、森林、草原、溪流等多种自然景观为一体，互为映衬，被美籍奥地利科学家约瑟夫·埃弗·洛克称为"上帝浏览的花园"，被外界称为"群山环抱的童话之地"。四是矿产资源。木里县面积辽阔，金属矿产资源富集，自古就有"黄金王国"的美誉。五是文化资源。木里县内多民族、多宗教和谐相容的特殊文化环境，造就了奇特的人文文化资源。

2. 通过乡村治理培育乡村振兴的内生动力

推进乡村治理既是实施乡村振兴战略的基本任务，又是培育推进乡村振兴内生动力的重要手段。长期以来，乡村社会并未得到有效治理，所存在的各种矛盾、问题已经成为阻滞乡村发展的障碍，削弱了农民参与乡村发展的主动性、积极性和创造性。推进乡村治理，旨在营造和谐稳定的社会环境，释放推进乡村发展动能。实施乡村振兴战略，离不开和谐稳定的社会环境，需要进一步加大乡村治理力度，进而释放乡村发展活力，为乡村振兴培育内生动力。

总的来说，推进乡村治理，是培育推进乡村振兴内生动力的重要手段。木里县以铸牢中华民族共同体意识为主线，健全民族团结示范县创建工作机制，全力创建全国民族团结进步示范县。认真落实党的民族宗教政策和民族区域自治制度，努力将木里县建成稳定、和谐、幸福、美丽的典范之城，民族大团结、共富裕的示范之县。木里县发挥人民群众在乡村治理中的主体作用，不断拓宽群众参与乡村治理的制度化渠道，让农民真正成为乡村治理的主体、乡村振兴的受益者。木里县坚持民生优先，连续5年办好各项民生实事，民生支出累计96.41亿元，占一般公共预算支出的69.68%。

3. 通过深化改革培育乡村振兴的内生动力

社会改革是推动人类社会变迁与发展的重要动力。乡村改革是社会改革的一部分，在乡村社会的发展与变迁中具有重要的推动作用。中国共产党历来十分重视农村改革的重要作用，党在解放战争时期推行的土地改革以及在改革开放初期施行的农村改革都对广大乡村地区的发展起到了巨大的推动作用。在乡村振兴进程中，推动乡村的全面深化改革，旨在促进乡村内部的各种要素充分流动起来、活跃起来，成为推动乡村振兴的强大动力。推动乡村实现全面深化改革，实质上是要改变那些阻碍乡村生产力发展的生产关系以促进乡村社会生产力的发展。因此，在实施乡村振兴战略进程中，必须通过推进乡村改革为乡村振兴培育内生动力。

整体而言，深化乡村改革，充分调动农民参与乡村振兴的积极性、主动性和创造性，从而形成推进乡村振兴的动力。木里县各项改革全面深化，推进"放管服"及行政审批制度改革，清理行政权力事项 5 248 项、行政处罚事项 4 189 项。推进"互联网+政务服务"，"最多跑一次"事项占比 93.29%，全程网办事项占比 92.78%，办理时限比法定时限平均减少 78.38%。完成乡镇行政区划和村级建制调整。27 个乡镇标准化便民服务中心全部达标，114 个行政村（社区）民事代办点全部建成投用。

三、乡村振兴战略的实现路径

（一）建立脱贫长效巩固机制

1. 由"被动扶"向"主动兴"转变

要想脱贫效果长效，必须要从生存型兜底救助转变为发展式救助。对于劳动能力比较强，但是由于各种原因而没有从事产业生产的贫困人员，予以劳动技能培训、公益性岗位支持或者就业信息服务等。对少数贫困家庭无劳动能力，或有重病、残疾人的，长期予以最低生活保障政策兜底。围绕"两不愁、三保障"，密切跟踪脱贫成果不稳定的贫困家庭等，通过动态化、持续化追踪，及时识别并给予合理帮助。特别需要加强对重点对象的严密监测，提前发现和识别有返贫风险的人口，纳入帮扶范围，把控风险关口向前移动，防止贫困人群出现致贫返贫现象。

完善农村社会保障和公共服务，继续拓展"两不愁、三保障"社会保障层面，在扩大保障范围的同时，根据实际情况，推动着眼个体发展向支持多元主体合作发展转换，由"被动扶"向"主动兴"转变，提升农村内生发展动力和活力。

2. 从"我要脱贫"向"我要振兴"转变

人民群众是实现自身可持续长远发展的主体，广大人民群众是脱贫攻坚与乡村振兴最根本、最稳定、最强大的发展力量，必须要着眼于从根本上破除贫困群众"等、靠、要"思想，调动起群众创业热情，使群众真正地参与脱贫攻坚，成为农村振兴的主要力量。实现长期脱贫必须解决穷困群众精神上的贫困，通过扶志、智力和扶德三方面的结合，促进其从"我要脱贫"向"我要振兴"的思想转变。要深化扶志教育，鼓励并引导村民自立自强，通过自己的双手改变贫穷的命运，从而提高脱贫致富的能力。加强对贫困人群的技能培训，坚持需求导向，有针对性地开展培训来加强其思想道德建设，不断丰富农村文娱体育活动，大力开展移风易俗乡风文明行动，努力构建文明乡风、淳朴民风。

继续开展并加大力度通过结对帮扶、农企合作、能人带动等方式，通过组织培训、榜样树立和物质奖励等形式，激发贫困主体内生动力和提升其自力更生的能力，在充分尊重贫困主体意愿和情感的基础上，立足思想解放和提高致富能力，综合施策，多元对接，协同发力。

3. 从"要我就业"到"我要创业"转变

就业是巩固脱贫效果的重要举措，让有劳动力的群众参入到自身发展建设中，不仅能提高经济收入，还能创造社会价值，对巩固脱贫、乡村振兴的推进都有重要的意义。县镇两级政府及相关单位应该加强对农民就业相关法律法规的宣传力度，通过宣传提高农民意识，增强其对就业保障的参与感。

继续职业技能培训，加大投入培养资金规模，落实发放训练补贴，执行职业技能鉴定政策。对农民工技能培训种类及方式进行相关调研，对农民工诉求高的，多进行培训。鼓励农民创业，发展创业支持，促进农民工自主创业，发挥其敢干敢拼的精神，成立农民工自主创业基金、产业孵化产业园、电商平台，鼓励农民工自主创业。要积极开发多种服务业，支持和鼓励私营企业、个人企业兴办服务业，充分发挥它在活跃市场和增加就业方面的作用。帮助有劳动力的群众从"要我就业"到"我要创业"的思想转变。

木里县坚决落实严格落实摘帽不摘责任、不摘政策、不摘帮扶、不摘监管"四不摘"要求，着力建好落实好"四项机制"，着眼长远解决相对贫困问题、坚决防止大规模返贫现象发生，切实巩固脱贫攻坚成果。木里县作为已脱贫摘帽的贫困县，要坚持高标准严要求，持续稳定地巩固脱贫攻坚成果。

木里县的现代化是脱贫地区巩固拓展脱贫成果、接续推进乡村振兴、促进共同富裕的现代化。经过脱贫攻坚，木里县如期脱贫摘帽，但面临的困难挑战仍然不少，防止返贫任务繁重艰巨。建设现代化木里县，必须把握巩固脱贫成果、推进乡村振兴、促进共同富裕，这是一个环环紧扣的过程。

(二) 全面推进脱贫与乡村振兴有机衔接

习近平总书记在决战决胜脱贫攻坚座谈会上的讲话中指出，接续推进全面脱贫与乡村振兴有机衔接。脱贫摘帽不是终点，而是新生活、新奋斗的起点。脱贫攻坚是全面建成小康社会的标志性任务，也是全面实施乡村振兴战略的先导性工程。继续巩固脱贫成果，努力实现平稳转型，必须做好脱贫攻坚和乡村振兴的有机衔接。

1. 工作体系衔接

脱贫攻坚中探索形成的党对脱贫攻坚工作的全面领导体制，中央统筹、省负总责、市县抓落实的管理体制，行业协调、区域协作、社会力量协力参与、贫困群众协商共建的工作格局，使脱贫攻坚具有了明确的全局定位和强大的组织保障。这些工作体系应该适时地融入乡村振兴战略的实施进程，自上而下落实到位，这不仅有利于更好地巩固脱贫成果，也有助于进一步完善乡村振兴的工作体系。

2. 政策措施衔接

脱贫攻坚结束之后还要巩固脱贫成果，有效防止返贫是做好脱贫攻坚和乡村振兴衔接的应有之意。政策措施衔接需要分门别类、做细做实。首先，尤其是过渡期，要真正落实总书记关于"四不摘"的要求，就是摘帽不摘责任、摘帽不摘帮扶、摘帽不摘政策、摘帽不摘监管，还要对摘帽县和脱贫人口采取"扶上马、送一程"的针对性措施，要继续坚持贫困的监测预警和应对反应机制。其次是把握衔接点。脱贫攻坚政策这些年在不断充实和完善，涉及面非常广，地方也结合实际陆续出台了多方面的政策措施，我们应该抓紧汇总，系统梳理脱贫攻坚与乡村振兴现有的政策措施，研究如何完善和衔接。

3. 发展机制衔接

发展机制衔接主要在两个层面。一是以扶贫协作为载体的发展。发达地区和贫困地区的结对关系，经过多年积累，特别是在脱贫攻坚的强烈推动下，已经远远超出了扶贫协作范畴，形成了双方各方面紧密连接沟通和各类要素、各类主体互动联动的共同发展机制。一些地方孕育着新的发展点，具有很强的生命力，应该会促进形成未来区域大协调、大发展和国内大循环的新格局。二是脱贫攻坚中贫困地区建立和引进的扶贫龙头企业、扶贫车间。这些主体的共同特点是，在建立之初，就从扶贫角度明确了对它们的要求，让它们具有带贫和抑贫功能，形成惠及贫困人口利益的鉴别机制。

木里县支持脱贫地区乡村特色产业发展壮大，注重产业后续长期培育，尊重市场规律和产业发展规律，提高产业市场竞争力和抗风险能力。以脱贫县为单位规划发展乡村特色产业，实施特色种养业提升行动，完善全产业链支持措施。木里县开展了巩固拓展脱贫攻坚成果同乡村振兴有效衔接相关工作，按照《木里县健全防止返贫动态监测和帮扶机制实施方案（试行）》文件内容，认真对照目前的实际工作开展情况，查漏补缺，帮助帮扶乡、帮扶村及时发现问题并进行整改，及时联系帮扶乡做好结对帮扶工作，全覆盖入户帮扶户解决实际问题并宣传相关政策。木里县相关部门还制定了《2021年巩固拓展脱贫攻坚成果巩固同乡村振兴有效衔接专项监督的细化措施》《木里县审计局 2021 年巩固拓展脱贫攻坚成果同乡村振兴有效衔接专项监督工作计划》等，切实加强脱贫攻坚成果巩固同乡村振兴有效衔接专项监督工作。

总之，木里县应坚持实事求是，立足新发展阶段，贯彻新发展理念，构建新发展格局，牢固树立"摘帽不是摘责、收官不是收摊"的意识，深刻认识巩固拓展脱贫成果同推进乡村全面振兴一脉相承、相互融合的逻辑关联。守牢不发生规模性返贫的底线，聚焦产业、生态、文化、人才、组织等"五大振兴"，有效保障巩固拓展脱贫攻坚成果同乡村振兴有效衔接，乡村产业质量效益和竞争力进一步提高，农村基础设施和公共服务水平进一步提升，生态环境持续改善，美丽宜居乡村建设扎实推进，乡风文明建设取得显著进展，农村基层组织建设不断加强，农民收入增速高于全省农民平均水平。

（三）加快推进城乡融合发展

城市和乡村两者相辅相成、密不可分。城乡融合是构建新型城乡关系，实现新型城镇化建设的关键举措。高质量的新型城镇化过程是城乡融合与乡村振兴协同发展的过程，需要破解城乡发展不均衡的问题，通过推进城乡生产生活要素自由流动、均衡配置城乡基础设施和公共服务、加快推动农业农村现代化等方式，助推新型城镇化与乡村振兴有机融合，最终实现城市和乡村共同现代化。

1. 完善城乡融合体制机制

目前，城乡融合发展诸多体制机制障碍仍未消除，如城乡差异仍未消除、城乡融合发展深度不够、城乡生产要素流动不畅、城乡基本公共服务均等化程度较低等问题，需要进一步完善城乡融合体制机制。首先，强化城乡统筹布局的规划引领，加快推进市县域空间规划体系改革，加快建立统一衔接的市县空间规划体系。其次，基本打通城乡土地要素自由流动制度性通道，通过城乡统一的建设用地市场和完善的农村产权保护交易制度，逐步破除相关体制机制弊端，推动户籍、土地、资本、公共服务等城乡资源实现自由流动和均衡配置。

2. 强化城乡产业发展一体化

城乡产业协同发展，在优化产业布局的同时，能够有效缩小城乡差距。在国家支持乡村振兴的背景下，结合木里县实际，需从以下五个方面着手推进城乡产业一体化发展：第一，优化城乡产业布局。统筹产业园区与城镇布局，推进木里县构建以城镇为依托、产业园区为支撑的工业化与城镇化互动发展格局。第二，鼓励位于农业主体功能区的县（市）将开发区建设与农业产业化经营、农业转移人口就业结合起来，加快现代农业示范园区建设。第三，加快农村三次产业融合发展。发展乡村特色产业，力争实现"一村一品"，"一镇一特色"，推动"产业立村""产业强镇"。第四，推动龙头企业转型升级计划，充分利用现代科技手段、信息手段促进农业、农民和农村等三农统筹发展。五是采取政策制定、项目安排倾斜方式，引导城市资金、技术、人才、管理、信息等生产要素流向农村产业建设。

3. 统筹建设与管理城乡基础设施

实现城市乡村基础设施一体化是城乡融合的基本保障。目前，木里县农村基础设施建设存在投入总量不足、区域分布不平衡及服务能力有待提高的问题，为此需要加快推进城乡基础设施的统筹建设与管理。具体而言：一是以县域或市域为整体，统筹推进城乡基础设施一体化建设，统筹规划布局建设水电路气暖、信息传输、防洪和垃圾污水处理等设施。二是重点推进城乡路网改造和客运一体化，持续开展"四好农村路"建设，加快实现中心村之间及村镇之间的公路连接。三是推动重要的市政公用设施向郊区和乡镇延伸，提升农村饮用水卫生安全水平，提升城乡供水一体化工程覆盖率。四是持续实施农村电网改造升级工程，大力推广太阳能、沼气等多元能源供应体系。五是推进智慧乡村建设和信息进村入户工程，优化提升农村信息基础设施。

木里县应坚定不移地探索"城乡全面融合发展"的"最优路径"。结合木里县实际应全面刷新城市"颜值"，深入融合藏族元素，加快推进树珠特色小镇建设，提升城镇综合承载力。持续改善乡村风貌，稳步推进实用性村庄规划编制，大力支持5个片区中心镇建设。深入实施"圣洁木里·特色乡村"建设行动，巩固提升农村人居环境整治成果。加快完善农村基础设施，不断优化交通路网。全力推进"交通活县"战略，积极构建"内联外畅、全域高效"的交通网络体系，全力配合保障西香高速木里支线建设。加快推进国省干线项目，逐批次启动茶布朗镇至玛娜茶金段等4条旅游公路建设。坚持城乡融合，强基础、破瓶颈，深层次推进新型城乡建设。

（四）新型城镇化高质量发展

新型城镇化质量涵盖多方面的内容，涉及产业、经济、基础设施建设、科技创新、基本公共服务、生态环境等领域，是一个多维的概念。新型城镇化质量研究的不仅仅是城镇化发展速度问题，还包括城镇化发展进程中各方面要素之间的协调性问题。新型城镇化发展质量的提升实际上是经济、社会、政治、文化、生态多方面的协调统一发展。与传统城镇化不同的是新型城镇化高质量发展体现新发展理念，追求"质"与"量"并存，因此新型城镇化高质量发展内涵包含两个方面：

1. 城镇化发展"量"的扩张

城镇化发展伴随着农村地域逐步转化为城镇地域、城镇人口数量逐步增加等现象，这些现象都体现了城镇化发展"量"的扩张。新型城镇化提倡以人为核心，促进人的全面发展，因此"量"的扩张也是围绕"人"展开，如大量人口从农村转移到城镇，城镇为农业转移人口提供大量的就业机会。由于城镇人口的增长，人口密度增加，城市土地空间不足以支撑城镇人口的日常生活，因此大规模的土地开发，促使城镇规模不断扩大。从传统城镇化到新型城镇化，生产力的改变促使人们的生产生活方式发生转变，价值观念不断进步，推动城镇化发展的进程加快，达到我国城镇化发展目标。因此"量"的扩张是城镇化发展不可或缺的一部分，也是推进城镇化高质量发展的基础。

2. 城镇化发展"质"的提升

新型城镇化不能停留在城镇发展的表面上，即城镇人口数量的增加和城镇土地面积的扩大。不论是传统城镇化还是新型城镇化，在发展过程中都会涉及国土空间的规划，国土空间合理利用是城镇化发展过程中必不可少的环节。"量"扩张提倡城镇土地面积扩大，但不是盲目扩大，而是在合理范围内扩大城镇面积，做好农村地域和城镇地域的合理空间规划。新型城镇化"质"的提升是在"量"的扩张的基础上提出的，大量农业转移人口在城镇就业和生活，就业质量、生活条件、收入水平是城镇化"质"的提升需要迫切解决的问题。新型城镇化可以解决"半城市化"问题，即转移人口的市民化。新型城镇化放弃了传统城镇化的高耗能、高污染、低产出的发展模式，走一条低耗能、低污染、高产出的新发展模式，即新型城镇化走集约式发展道路。因此城镇化"质"的提升是自然资源集约节约、国土空间合理利用、实现人与自然和谐发展。

高质量的发展新型城镇化必须将新发展理念贯穿发展的方方面面，既要实现科技创新、城乡协调、基本公共服务共享，也要实现城镇人口和土地在合理范围内快速增长，从而实现美好社会共建共享。新型城镇化"质"与"量"的协调发展使城镇化发展速度与城镇各方面要素发展相适应，是促进新型城镇化进一步高质量发展的必要条件。与此同时，满足人的基本社会生活需要，进一步提高转移人口市民化程度，实现新型城镇化发展过程的提升提质，最终实现发展创新、城乡协调、生态环保、民生共享的新型城镇化高质量发展道路。

四川省木里县具有得天独厚的森林、生态、水能、旅游和文化等优势资源，优越的气候资源、地理环境和生态环境，造就了牦牛、藏香猪、藏香鸡、松茸、虫草和皱皮柑等大量高品质农特品。但是长期以来由于缺少资金等发展要素，乡村的旅游资源没有充分转化为促进乡村发展的动力。

结合木里县实际，加快推进新型城镇化建设，立足"生态木里"总体定位，构建以县城为中心，以特色乡镇为重点，以其他乡镇为补充的"一核五心"新型城镇化体系。突出民族文化特色，实施城市更新行动，推进城市生态修复、功能完善工程，合理确定城市规模、人口密度、空间结构，有序提升城市综合承载能力。统筹城市规划、建设、管理，大力开展旧城区基础设施提升改造工程，合理布局生态公园、停车场、体育场等便民利民公共服务设施。增加出租车运营数量。实施城市上空"清网"行动，加大中心城镇饮水、排污、防洪等基础设施建设力度，建设韧性城市，创建省级"卫生城市"。加快宜居乡村建设，实现27个乡镇114个村（社区）人居环境整治全覆盖。加强农村电网建设，全面巩固提升农村电力水平。实施村级综合服务提升工程，统筹农村改厕和污水治理，健全农村生活垃圾收运处置体系。深入推进村庄清洁和绿化行动。开展"美丽宜居村庄"和"美丽庭院"示范创建活动。

结合木里县实际坚持同频共振，赋内涵、促和谐，推动新型城镇化高质量发展。深化文化体制改革，大力弘扬社会主义核心价值观。以木里藏传佛教文化、纳西东巴文化、奇特婚俗及奇特服饰等文化为媒介，规划发展文化产业项目。举办好"燃灯节""桃花节""帐篷音乐节"等节日活动，打造木里县民族民俗节庆品牌。加强新闻宣传阵地和网络文化建设，努力推出更多反映木里时代巨变、讴歌脱贫攻坚、具有木里特色的精品力作，讲好木里故事，讲述木里先进典型，传递好人能量。

为保障乡村振兴战略高质量实施，木里县积极按照省、州部署，统筹结合规划引领、定点帮扶、预警监测，赓续脱贫攻坚精神，党建引领阔步走出乡村振兴新起点、新征程。推动以牛羊肉、藏香猪、非物质文化遗产、特色民族手工技艺等为代表的农特品、民特品加工，创省级园区、建品牌，推动轻工业后发赶超。围绕壮大特色种植、养殖、产业示范带建设，打破传统优势产业，引导村级党组织积极培育新型产业经营主体，鼓励党员领头兴办农民专业合作社、家庭农场等，用心思考、用情谋划，坚持产业规划不落空、不动摇、不放松。

在未来，木里县应继续巩固拓展脱贫成果，全面推进乡村振兴，持续保障和改善民生，推动当地文化事业繁荣；木里县还应推进基础设施提档升级，深入实施新型城镇化，继续推动交通网络建设，推动电、网、农田水利等公共基础设施建设，构建新型城镇体系，推动中心城区发展，支持中心镇发展等。

附件　攀枝花市对口帮扶木里县第一批至第六批干部人才名册

一、攀枝花市第一批援助木里干部名册（共 35 人，2010.05—2012.06）

序号	姓名	性别	民族	出生年月	政治面貌	选派前工作单位及职务	木里县挂任单位及职务	备注
1	白春林	男	汉	1973.02	中共党员	市委组织部部务委员、办公室主任	木里县县委副书记	领队
2	邓亚军	男	汉	1967.01	中共党员	市公路养护管理总段副总段长、党委委员	木里县委常委、副县长	
3	敬茂全	男	汉	1968.12	中共党员	西区经济商务局副局长	木里县招商局局长	1 组组长
4	张怀邦	男	彝	1976.05	中共党员	仁和区环保局副局长	木里县环保局局长	1 组副组长
5	曹　勇	男	汉	1971.03	中共党员	东区财政局国库支付中心主任	木里县发改局副局长	
6	李建国	男	汉	1968.07	中共党员	西区建设和交通局副局长	木里县建设局副局长	
7	范宇飞	男	汉	1972.10	中共党员	仁和区平地镇副镇长	木里县审计局副局长	
8	罗立波	男	汉	1973.03	中共党员	市国土局仁和区分副局长	木里县国土局副局长	
9	付耀平	男	汉	1979.07	中共党员	米易县交通局副局长	木里县交通局副局长	
10	姜旺东	男	汉	1972.03	中共党员	盐边县旅游局局长	木里县旅游局副局长	
11	李洪生	男	汉	1973.10	中共党员	东区区委组织部副部长、区人才办主任	木里县委办副主任	2 组组长
12	罗登文	男	汉	1971.10	中共党员	盐边县水务农机局纪检组长	木里县水务局副局长	2 组副组长
13	饶　勇	男	汉	1975.10	中共党员	东区疾控中心主任	木里县卫生局副局长	
14	曾清林	男	汉	1977.06	中共党员	东区教育局副局长	木里县教育局副局长	
15	曾　华	男	汉	1971.08	中共党员	市公安局东区分局法制科副科长	木里县公安局副局长	
16	唐梦锋	男	汉	1974.10	民盟盟员	米易县农牧局经作站副站长	木里县农业局副局长	
17	梁大春	男	汉	1968.12	中共党员	米易县林业局森林公安科副科长	木里县林业局副局长	

续表

序号	姓名	性别	民族	出生年月	政治面貌	选派前工作单位及职务	木里县挂任单位及职务	备注
18	苏朝军	男	汉	1970.07	中共党员	盐边县农牧局副局长	木里县畜牧局副局长	
19	王金华	男	汉	1974.07	中共党员	米易县垭口镇党委副书记、纪委书记	木里县李子坪乡副书记、木里县住建局副局长	3组组长
20	刘兴国	男	汉	1976.01	中共党员	盐边县惠民乡科技副乡长	木里县固增乡副书记	3组副组长
21	曾剑峰	男	傈	1972.10	中共党员	仁和区前进镇党委副书记、纪委书记	木里县委政研室副主任、下麦地乡党委副书记	
22	李道能	男	汉	1975.12	中共党员	仁和区太平乡武装部长、副乡长	木里县列瓦乡副书记	
23	饶仁寿	男	彝	1977.12	中共党员	仁和区大龙潭乡武装部长、副乡长	木里县乔瓦镇副书记、县政府办副主任	
24	樊长禄	男	汉	1970.10	中共党员	米易县新山乡武装部长、副乡长	木里县克尔乡副书记	
25	钟文武	男	汉	1977.12	中共党员	米易县丙谷镇武装部长、副镇长	木里县瓦厂镇副书记	
26	刘震	男	汉	1981.09	中共党员	盐边县新九乡副乡长	木里县博科乡副书记	
27	肖文燊	男	彝	1979.09	中共党员	盐边县共和乡副乡长	木里县茶布朗镇党委副书记	
28	冉建强	男	土家	1972.12	中共党员	市森林公安局办公室主任	木里县森林公安局副局长	4组组长
29	马国志	男	彝	1972.05	中共党员	市第四中学党总支副书记	木里县民族中学副校长	4组副组长
30	马勇俊	男	回	1968.08	中共党员	市畜牧站畜牧师	木里县畜牧局副局长	
31	甲卡拉铁	男	彝	1984.05	中共党员	市农林科学院工作人员	木里县农业局副局长	
32	朱宁君	男	汉	1970.03	中共党员	市房管局公房管理所工程师	木里县住建局副局长	

续表

序号	姓名	性别	民族	出生年月	政治面貌	选派前工作单位及职务	木里县挂任单位及职务	备注
33	谢波	男	汉	1977.08	九三学社社员	盐边县中医院副院长	木里县人民医院副院长	
34	姜海	男	汉	1967.08	群众	市建筑工程学校高级教师	木里县中学副校长	
35	唐大清	男	汉	1966.01	群众	仁和区人民医院主治医生	木里县人民医院副院长	

二、攀枝花市第二批援助木里干部名册（共40人，2012.07—2014.07）

序号	姓名	性别	民族	出生年月	政治面貌	选派前工作单位及职务	木里县挂任单位及职务	备注
1	苟项才	男	汉	1963.08	中共党员	市交通局党委副书记、市交通战备办公室主任	木里县委常委、常务副县长	领队
2	王雪松	男	汉	1972.04	中共党员	仁和区委常委	木里县委常委、副县长	副领队
3	汪雪林	男	汉	1978.04	中共党员	米易县普威镇党委书记	木里县直工委书记、水洛乡党委第一书记	1组组长
4	陈冬兵	男	汉	1974.10	中共党员	东区党建领导小组办公室副主任	木里县直工委副书记	1组副组长
5	周方来	男	汉	1976.08	中共党员	市劳教所二大队大队长	木里县综治办副主任	1组副组长
6	邱福孟	男	汉	1976.10	中共党员	仁和区大龙族乡科技副乡长	木里县农办副主任、项脚乡党委副书记、项脚村支部第一书记	
7	胡法力	男	汉	1979.10	中共党员	盐边县鳡鱼乡副乡长	木里县政府办副主任、博科乡党委副书记、日古村支部第一书记	

续表

序号	姓名	性别	民族	出生年月	政治面貌	选派前工作单位及职务	木里县挂任单位及职务	备注
8	陈 林	男	汉	1979.11	中共党员	市公安局仁和分局刑侦大队副大队长	木里县公安局副局长	
9	陈壮飞	男	汉	1982.08	中共党员	市人民检察院侦查监督处副处长	木里县检察院副检察长	
10	唐崇贵	男	汉	1972.04	中共党员	攀枝花电视台发射台机房主任	木里县文广新局副局长	
11	薛云丹	男	汉	1976.02	中共党员	攀枝花电视台职工	木里县文广新局局长助理	
12	张 宇	男	汉	1982.09	中共党员	市交通运输管理处安全法制稽查科副科长	木里县交通运输局副局长	2组组长
13	李 锐	男	汉	1977.03	中共党员	市审计局办公室副主任	木里县审计局副局长	2组副组长
14	王 旋	男	汉	1981.08	中共党员	市建设造价管理站定额管理科副科长	木里县城建和住房保障局局长助理	
15	谢东洋	男	汉	1988.11	中共党员	市规划建设监察支队科员	木里县城建和住房保障局局长助理	
16	郭 明	男	汉	1977.03	群众	市公路养护管理总段机械工程处职工	木里县公路管理局局长助理	
17	宋楠川	男	汉	1982.12	中共党员	东区旅游局副局长	木里县旅游体育局副局长	
18	胡生富	男	汉	1980.07	九三学社社员	市畜牧站副站长	木里县畜牧局副局长	
19	马周华	男	回	1977.11	中共党员	市农技站副站长(农艺师)	木里县农业和科学技术局副局长	
20	曾 三	男	土家	1975.07	中共党员	仁和区工商局经济检查大队大队长	木里县工商局副局长	3组组长

续表

序号	姓名	性别	民族	出生年月	政治面貌	选派前工作单位及职务	木里县挂任单位及职务	备注
21	何江川	男	汉	1975.09	中共党员	市发改委体改处副处长	木里县发改局副局长	3组副组长
22	罗晓军	男	汉	1971.12	中共党员	市地税局人事教育科副科长	木里县地税局副局长	
23	宋庆彬	男	汉	1983.04	中共党员	西区经济和信息化局经济运行股股长	木里县发改局局长助理	
24	陈建华	男	汉	1980.10	中共党员	仁和区地税局征收管理股股长（副主任科员）	木里县地税局局长助理	
25	何跃	男	汉	1980.08	中共党员	米易县工商局办公室主任（保留副科待遇）	木里县工商局局长助理	
26	袁永波	男	汉	1981.05	中共党员	米易县审计局科员	木里县审计局局长助理	
27	朱亮	男	回	1978.09	中共党员	西区财政局副局长	木里县财政局副局长	
28	苏伟	男	汉	1984.09	群众	市财政局科研和财会培训中心九级职员	木里县财政局局长助理	
29	郭元	男	汉	1976.05	中共党员	市疾病预防控制中心卫研室主任	木里县卫生局副局长	4组组长
30	王兴龙	男	汉	1978.2	中共党员	市九中总务科科长	木里县教育局副局长	4组副组长
31	杨兴奎	男	汉族	1980.02	中共党员	市七中一级教师	木里县中学校长助理	
32	曾达春	男	汉	1960.12	群众	市外国语学校高级教师	木里县中学校长助理	
33	王银志	男	汉	1978.03	中共党员	市十一中小中学校一级教师	木里县民族学校校长助理	
34	余仕利	男	汉	1967.5	中共党员	市二中一级教师	木里县民族学校校长助理	
35	曾云红	男	汉	1966.05	群众	市三中一级教师	木里县中学校长助理	

续表

序号	姓名	性别	民族	出生年月	政治面貌	选派前工作单位及职务	木里县挂任单位及职务	备注
36	李靖	男	汉	1979.07	中共党员	市中心医院检验科副主任（主管检验师）	木里县医院院长助理	
37	饶兵	男	汉	1981.09	中共党员	市第四人民医院主治医师	木里县中藏医院院长助理	
38	李光纪	男	汉	1975.03	中共党员	攀枝花学院附属医院主治医师	木里县医院院长助理	
39	田维云	男	傈	1972.10	中共党员	市第二人民医院临床二支部副书记	木里县医院副院长	
40	胡勇	男	汉	1976.05	中共党员	市妇幼保健院主治医师	木里县妇幼保健院副院长、木里县医院副院长	

三、攀枝花市第三批援助木里干部名册（共37人，2014.07—2016.09）

序号	姓名	性别	民族	出生年月	政治面貌	选派前工作单位及职务	木里县挂任单位及职务	备注
1	陈继川	男	汉	1968.10	中共党员	市经信委副主任、党组成员	木里县县委常委、常务副县长	领队
2	包小强	男	汉	1975.11	中共党员	市林业局副局长、党委委员	木里县副县长	副领队
3	王可	男	汉	1977.06	中共党员	《攀枝花广播电视报》总编辑、《攀枝花日报》总编室主任	木里县委宣传部副部长	1组组长
4	王正胜	男	汉	1975.10	中共党员	市法院政治部组织人事处处长	木里县委政法委副书记	1组副组长
5	朱冠军	男	汉	1979.01	中共党员	西区梅子箐水库扩建工程管理局副局长	木里县发改经信局副局长	
6	严云	男	汉	1985.10	中共党员	仁和区福田镇武装部长、副镇长	木里县政府办副主任	
7	翁从明	男	汉	1980.03	中共党员	米易县委县政府目督办副主任	木里县委办公室副主任、目督办副主任	

续表

序号	姓名	性别	民族	出生年月	政治面貌	选派前工作单位及职务	木里县挂任单位及职务	备注
8	罗义恒	男	汉	1974.09	中共党员	米易县审计局投资办副主任	木里县审计局局长助理	
9	王　平	男	汉	1975.12	中共党员	市水务局办公室主任	木里县水务局副局长	2组组长
10	张江平	男	汉	1979.06	中共党员	市决策咨询工作办公室主任	木里县农业和科技局副局长	2组副组长
11	刘　军	男	蒙古	1980.03	中共党员	盐边县地方海事处处长	木里县公路局局长助理	
12	王　军	男	汉	1983.05	中共党员	市城投有限公司助理工程师	木里县住建局局长助理	
13	贾小飞	男	汉	1974.12	群众	市公路养护管理总段工程师	木里县公路管理局局长助理	
14	李　恒	男	汉	1982.05	中共党员	市农业技术推广站副站长	木里县农牧局副局长	
15	巫和义	男	汉	1978.07	中共党员	市土壤肥料站农艺师	木里县农牧局局长助理	
16	荣定州	男	土家	1985.09	中共党员	市农林科学研究院研究实习员	木里县农牧局局长助理	
17	何锦红	男	汉	1980.06	中共党员	东区生产力促进中心主任	木里县教育局副局长	3组组长
18	张翠敏	女	汉	1977.09	群众	市第七高级中学校一级教师	木里县中学校长助理	3组副组长
19	孙　文	男	汉	1988.07	群众	市第三高级中学校教师	木里县中学校长助理	
20	岳士雄	男	汉	1986.12	中共党员	市实验学校二级教师	木里县中学校长助理	
21	余中玉	女	汉	1968.04	中共党员	市第十八中小学校高级教师	木里县中学校长助理	
22	屈　波	男	汉	1970.08	中共党员	市第二十六中小学校科研室主任	木里县中学校长助理	
23	成　国	男	汉	1969.08	中共党员	仁和区大河中学一级教师	木里县中学校长助理	

续表

序号	姓名	性别	民族	出生年月	政治面貌	选派前工作单位及职务	木里县挂任单位及职务	备注
24	丁江	男	汉	1972.10	群众	市第六中学校一级教师	木里县县民族中学校长助理	
25	陈启友	男	汉	1968.10	群众	盐边县永兴中学校高级教师	木里县县民族中学校长助理	
26	朱春燕	女	汉	1979.10	群众	市第三十二中小学校一级教师	木里县民族中学校长助理	
27	陶祖秋	男	汉	1977.12	民盟盟员	攀枝花学院附属医院目标办主任	木里县卫计局副局长	4组组长
28	程煜	男	汉	1982.01	中共党员	米易县中医医院主治中医师	木里县中藏医院院长助理	4组副组长
29	蒲文	男	汉	1982.06	群众	市中心医院主治中医师	木里县人民医院院长助理	
30	邓志鑫	男	汉	1982.02	中共党员	攀枝花学院附属医院主治医师	木里县人民医院院长助理	
31	严石春	男	汉	1979.05	中共党员	市第四人民医院主治医师	木里县人民医院院长助理	
32	肖攀	男	汉	1986.05	中共党员	市疾病预防控制中心医师	木里县卫计局局长助理	
33	付华伟	男	汉	1979.05	群众	市第二人民医院主治医师	木里县中藏医院院长助理	
34	开隆强	男	汉	1973.01	中共党员	东区妇幼保健院检验科主管技师	木里县社区卫生服务中心副主任	
35	唐富荣	男	汉	1976.11	群众	仁和区疾控中心办公室主任	木里县疾控中心主任助理	
36	郑继蓉	女	纳西	1975.11	中共党员	盐边县农村合作医疗服务中心副主任	木里县新农合管理中心副主任	
37	敬辉	男	汉	1984.09	中共党员	西区疾控中心健康教育科科长、医师	木里县卫计局局长助理	

四、攀枝花市第四批援助木里干部名册（共 37 人，2016.09—2018.10）

序号	姓名	性别	民族	出生年月	政治面貌	选派前工作单位及职务	木里县挂任单位及职务	备注
1	周兴	男	汉	1970.06	中共党员	西区区委常委、区委办公室主任	木里县委常委、副县长	领队
2	伍从银	男	汉	1973.12	中共党员	市农牧局副局长、党组成员	木里县人民政府副县长	副领队
3	严光聪	男	汉	1975.06	中共党员	市林业局科学技术推广站站长	木里县林业局副局长	1组组长
4	陈泉材	男	汉	1983.10	中共党员	市民政局基层政权和社区建设科长	木里县委"两新"组织工委书记	1组副组长
5	王涛洪	男	汉	1979.10	中共党员	西区河门口街道司法所所长	木里县委组织部副部长	联络员
6	斯慈伟	男	汉	1976.02	中共党员	市委农工委综合和发展改革科科长	木里县政府办副主任、帮扶办副主任，金融办主任	
7	阳波	男	汉	1976.02	中共党员	市强制隔离戒毒所护所所长	木里县公安局副局长	
8	黄颖	男	汉	1975.10	群众	市地方海事局办公室主任	木里县交通运输局局长	
9	龙海涛	男	汉	1983.03	中共党员	东区发改局党组成员、区项目管理办公室主任	木里县发展改革和经济信息化局副局长	
10	刘乾	男	汉	1984.03	中共党员	仁和区财政局科员	木里县财政局副局长	
11	黄亮	男	汉	1989.01	中共党员	米易县住建征收办副主任	木里县城乡规划建设和住房保障局副局长	
12	范义辉	男	汉	1982.08	中共党员	盐边县新九乡党政办工作人员	木里县目督办副主任、依法治县办主任	
13	宁秀蓉	女	蒙古	1971.07	中共党员	市扶贫移民局后扶科科长	木里县扶贫移民局副局长	2组组长
14	余中玉	女	汉	1968.04	群众	市第十八中小学教师	木里县中学教师、校长助理	2组副组长

续表

序号	姓名	性别	民族	出生年月	政治面貌	选派前工作单位及职务	木里县挂任单位及职务	备注
15	汪绍伦	男	汉	1963.10	群众	市第十六中学校教师	木里县中学教师、校长助理	
16	何正江	男	汉	1983.11	中共党员	市第十二中学校教师	木里县中学教师、校长助理	
17	尹伦	女	汉	1969.08	民进会员	大河中学教师	木里县中学教师、校长助理	
18	孙文	男	汉	1988.07	群众	市第三高级中学校教师	木里县中学教师、校长助理	
19	王军	男	汉	1983.05	中共党员	市城建投资经营有限公司工程部项目经理	木里县城乡规划建设和住房保障局局长助理	
20	赵川云	男	汉	1980.11	群众	市旅游公共服务中心副主任	木里县文广新和旅体局副局长	
21	青晓攀	男	汉	1979.11	致公党员	市动物卫生监督所副所长	木里县农牧局副局长	3组组长
22	周永刚	男	汉	1979.03	中共党员	攀枝花学院附属医院主治医师	木里县医院院长助理	3组副组长
23	陈磊	男	汉	1983.11	群众	米易县中医院主治医师	木里县中藏医院医师、院长助理	
24	彭泽东	男	汉	1978.02	中共党员	盐边县中医院执业医师	木里县人民医院院长助理	
25	何伟	男	汉	1988.01	群众	市第四人民医院医师	木里县中藏医院检验师、院长助理	
26	何文学	男	汉	1983.06	中共党员	市中心医院医师	木里县人民医院医师、院长助理	
27	常力为	男	回	1980.05	中共党员	市公路养护管理总段机械工程处工程师	木里县公路局副局长	

续表

序号	姓名	性别	民族	出生年月	政治面貌	选派前工作单位及职务	木里县挂任单位及职务	备注
28	张良雄	男	汉	1979.10	中共党员	市通政船检渔港监督管理站副站长	木里县农牧局副局长	
29	何小波	男	汉	1984.06	中共党员	市第三十八中小学校教师	木里县民族中学教师	
30	黎　刚	男	仡佬	1976.08	群众	市第十五中学校教师	木里县中学教师	
31	邱强生	男	汉	1983.09	中共党员	市第七高级中学教师	木里县中学教师	
32	彭成富	男	汉	1979.12	中共党员	东区循环经济办公室副主任	木里县卡拉乡党委副书记	
33	段远明	男	汉	1984.03	中共党员	西区科知局党组成员、生产力促进中心主任	木里县宁朗乡党委副书记	
34	罗　欢	男	汉	1989.06	中共党员	米易县疾病预防控制中心医师	木里县麦日乡党委副书记	
35	马世强	男	汉	1985.02	中共党员	东区政府投资评审中心主任	木里县下麦地乡党委副书记	
36	黄昌银	男	汉	1985.01	中共党员	西区综治中心主任、矛盾纠纷多元化解调协中心副主任	木里县固增乡党委副书记	
37	时高奕	男	白	1991.03	中共党员	米易县委组织部组织股副股长	木里县博窝乡党委副书记	

五、攀枝花市第五批援助木里干部名册（共28人，2018.10—2021.05）

序号	姓名	性别	民族	出生年月	政治面貌	选派前工作单位及职务	木里县挂任单位及职务	备注
1	朱明高	男	彝	1970.02	中共党员	原市烤烟服务中心党组成员、副主任（副县级）	木里县综合帮扶工作队副队长	领队
2	尚昭富	男	汉	1975.01	中共党员	市中级人民法院立案一庭副庭长、四级高级法官	木里县依洛治县办副主任	

续表

序号	姓名	性别	民族	出生年月	政治面貌	选派前工作单位及职务	木里县挂任单位及职务	备注
3	冉琴	女	汉	1971.06	中共党员	市就业创业促进中心办公室主任	木里县政府办公室副主任	
4	赵光亮	男	汉	1971.06	中共党员	市交通局工会主席	木里县委组织部副部长	
5	万雪峰	男	汉	1976.11	群众	市无线电监测管理八级干部	木里县发展改革和经济信息化局副局长	
6	夏勇	男	汉	1983.02	中共党员	东区环境监测站副站长（高级工程师）	木里县生态环境监测站站长	
7	石长元	男	汉	1984.09	群众	市住建局村镇建设科副科长	木里县住建局局长助理	
8	周红	男	汉	1974.11	中共党员	市广播电视台记者	木里县委宣传部融媒体中心专业技术人员	
9	赵福志	男	汉	1982.04	中共党员	仁和区布德国土资源所所长	木里县应急办公室副主任	
10	杨林	男	汉	1981.04	中共党员	东区投资促进服务中心主任	木里县商务经济合作和外事局副局长	
11	王坤	男	汉	1979.03	中共党员	西区文化馆馆长、图书馆馆长、文物管理所所长	木里县委党建办副主任	
12	朱永	男	汉	1978.11	群众	仁和区路政管理大队副队长	木里县交通运输局副局长	
13	刘波	男	汉	1986.05	中共党员	米易县农业产业经济和市场信息服务中心主任	木里县农牧渔综合执法大队大队长	
14	杜双江	男	汉	1985.10	中共党员	盐边县不动产登记中心主任	木里县自然资源局副局长	
15	李黎明	男	汉	1982.11	群众	市第七高级中学高级教师	木里县中学高中数学教师	

续表

序号	姓名	性别	民族	出生年月	政治面貌	选派前工作单位及职务	木里县挂任单位及职务	备注
16	余中玉	女	汉	1968.04	群众	市十八中小学高级教师	木里县乔瓦镇第二小学第一校长	
17	彭良华	男	汉	1971.11	中共党员	银江中学一级教师	木里县中学初中生物教师	
18	李乔军	男	汉	1978.05	群众	市第七高级中学一级教师	木里县中学高中数学教师	
19	刘良杰	男	汉	1966.10	中共党员	仁和区教师进修学校一级教师	木里县民族学第一校长	
20	余建国	男	汉	1969.11	中共党员	米易县垭口镇中心学校高级教师	木里县乔瓦镇第二小学教师	
21	李 航	男	汉	1974.02	群众	盐边县中学一级教师	木里县民族学校初中语文教师	
22	徐 潘	男	汉	1985.03	群众	市第二人民医院放射科主治医师	木里县人民医院放射科医生	
23	王永锐	男	汉	1981.11	中共党员	市妇幼保健院产科副主任医师	木里县妇幼保健计划生育服务中心妇产科医生	
24	邓 涛	男	汉	1970.08	中共党员	市中西医结合医院主治医师	木里县人民医院外科副主任	
25	万金洪	男	汉	1976.10	群众	仁和区妇幼保健院检验科检验师	木里县妇幼保健院检验科医生	
26	邓 伟	男	汉	1988.12	中共党员	市中心医院康复治疗师	木里县中藏医院康复科医生	
27	胡进涛	男	汉	1988.05	中共党员	盐边县中医院检验师	木里县中藏医院检验师	
28	李秀敏	女	汉	1973.12	群众	米易县中医院检验科主任	木里县中藏医院检验师	

六、攀枝花市第六批援助木里干部名册（共35人，2021.05—2023.05）

序号	姓名	性别	民族	出生年月	政治面貌	选派前工作单位及职务	挂职单位及职务	党政干部/专业人才	备注
1	高升洪	男	汉	1972.01	中共党员	攀枝花市发展改革委四级调研员，市康养产业发展局局长	木里县委常委、副县长，对口帮扶工作队领队	党政干部	领队
2	李正国	男	苗	1981.07	中共党员	攀枝花市西区纪检监察教育培训与信息中心主任	木里县政府办副主任	党政干部	
3	马权	男	彝	1996.06	中共党员	盐边县国胜乡党政办一级科员	木里县政府办金融管理股股长	党政干部	
4	冯伟	男	汉	1976.06	中共党员	攀枝花市科技局人事与外国专家服务科科长	木里县委组织部副部长	党政干部	
5	杨朝钦	男	汉	1990.02	中共党员	攀枝花市东区委党校校务委员、副校长	木里县委"两新"工委副书记	党政干部	
6	杜建波	男	汉	1979.12	民主党派	攀枝花市经济合作局经济合作二科科长	木里县发展改革和经济信息化局副局长	党政干部	
7	张萍	女	彝	1991.02	中共党员	攀枝花市仁和区民政局基层政权和区划地名股股长	木里县移民扶贫培训扶持中心主任	党政干部	
8	袁世兵	男	汉	1990.04	中共党员	攀枝花市社会保险事务中心机关事业单位养老保险科副科长	木里县人力资源和社会保障局副局长	党政干部	
9	周天勇	男	汉	1978.08	民主党派	攀枝花市仁和区仁和镇镇长	木里县财政局副局长	专业人才	
10	刘阳	男	汉	1991.10	群众	攀枝花市东区经济和信息化局八级职员	木里县商务经济合作和外事局副局长	专业人才	

续表

序号	姓名	性别	民族	出生年月	政治面貌	选派前工作单位及职务	挂职单位及职务	党政干部/专业人才	备注
11	罗鸣	男	汉	1988.08	中共党员	攀枝花市西区城市建设服务中心（区住房保障工作事务中心）副主任	木里县住房与城乡建设局副局长	专业人才	
12	袁野	男	汉	1987.10	群众	盐边县农业综合开发服务中心主任	木里县农业农村局副局长	专业人才	
13	高加勇	男	汉	1985.01	中共党员	攀枝花市胜利水利工程运行中心助理工程师	木里县水利局水旱害防御股股长	专业人才	
14	朱擎锐	男	彝	1992.06	中共党员	攀枝花市图书馆助理馆员	木里县文化馆副馆长	专业人才	
15	李杨强	男	汉	1983.02	中共党员	攀枝花市消费维权和个私经济指导服务中心专技九级职员	木里县个体劳动者协会主任	专业人才	
16	刘亮显	男	汉	1978.12	中共党员	攀枝花市中心医院主治中医师	木里县卫生健康局副局长	专业人才	
17	王帆帆	男	汉	1984.10	中共党员	攀枝花市第二人民医院肛肠外科副主任、主治中医师	木里县医院副院长	专业人才	
18	何元虎	男	汉	1988.10	中共党员	攀枝花市妇幼保健院检验科主管技师	木里县妇幼保健计划生育服务中心副主任	专业人才	
19	刘慧	女	汉	1988.11	中共党员	攀枝花市疾病预防控制中心主管医师	木里县疾控中心副主任	专业人才	
20	陈云波	男	汉	1980.01	中共党员	攀枝花市教育考试院学业水平考试科科长，一级教师	木里县城关小学副校长	专业人才	

续表

序号	姓名	性别	民族	出生年月	政治面貌	选派前工作单位及职务	挂职单位及职务	党政干部/专业人才	备注
21	杨彦俊	男	汉	1980.03	中共党员	攀枝花市第七高级中学校教务科副科长、中小学一级教师	木里县中学副校长	专业人才	
22	莫超	男	汉	1988.05	群众	攀枝花市实验学校金江校区教务科科长	木里县民族学校副校长	专业人才	
23	王世俊	男	汉	1986.08	民主党派	攀枝花市体育中学党政办公室主任、德育室主任、一级教师	木里县红科中学副校长	专业人才	
24	周均	男	汉	1981.06	中共党员	攀枝花市建筑工程学校招生就业办公室主任、中专讲师	木里县教育体育和科学技术局副局长	专业人才	
25	陈柏霖	男	汉	1981.06	中共党员	攀枝花市东区信访局党组成员、区群众接待中心主任	木里县沙湾乡党委副书记	党政干部	
26	沙路华	男	彝	1984.09	中共党员	攀枝花市东区人才服务中心主任	木里县李子坪乡党委副书记	党政干部	
27	蔡孝健	男	汉	1983.08	中共党员	攀枝花市仁和区市场监督综合行政执法大队特种设备安全监察股股长、四级主任科员	木里县屋脚乡党委副书记	党政干部	
28	张高铭	男	汉	1988.10	中共党员	米易县人民法院司法警察、四级警长	木里县博科乡党委副书记	党政干部	
29	侯焌渝	男	彝	1988.12	中共党员	米易县麻陇彝族乡四级主任科员	木里县瓦厂镇党委副书记	党政干部	

续表

序号	姓名	性别	民族	出生年月	政治面貌	选派前工作单位及职务	挂职单位及职务	党政干部/专业人才	备注
30	蒲　铭	男	汉	1984.11	中共党员	米易县公安局攀莲派出所民警、四级警长	木里县茶布朗镇党委副书记	党政干部	
31	王　冕	男	汉	1990.10	中共党员	盐边县纪检监察教育培训与信息中心主任	木里县宁朗乡党委副书记	党政干部	
32	谭胜强	男	汉	1981.08	中共党员	盐边县市场监管局渔门市场监管所所长	木里县固增乡党委副书记	党政干部	
33	张　亮	男	汉	1985.11	中共党员	攀枝花市自然资源和规划局党委办公室四级主任科员	木里县雅砻江镇党委副书记	党政干部	
34	邓海华	男	汉	1983.07	中共党员	攀枝花市住房和城乡建设局二级主任科员	木里县白碉乡党委副书记	党政干部	
35	张　涛	男	汉	1984.04	中共党员	攀枝花市强制隔离戒毒所生活卫生科副科长、三级警长	木里县项脚蒙古族乡党委副书记	党政干部	

后记

　　2022 年 7 月，凉山彝族自治州木里藏族自治县人民政府办公室委托攀枝花学院编撰《火树铁花报春归——攀枝花市对口帮扶木里藏族自治县工作实录（2010—2022）》。经多方征集意见，本书反复修改到 2023 年 5 月最终成稿，而对口帮扶工作仍在持续。因此，为了如实反映事实，本书记录的是 2010—2023 年 5 月这 13 年的帮扶工作，即对攀枝花市对口帮扶木里藏族自治县 13 年的工作做一个记录和总结。在编撰过程中，编写组不断被所调研的人和事感动、震撼，大量感人至深的故事已经超越了工作纪实的文体写作规范，深深地打动着采编者们。因此，本书在随后的编撰过程中，决定不再仅限于工作纪实，而希望通过对人与事相互关联又各自独立的事迹描述，塑造一个群体形象，更为生动地展示这 13 年来，攀枝花市的帮扶干部们，如何践行中国共产党人的初心和使命，发扬"攀枝花精神"，在全新的岗位上，奋发努力，让一个身处大山中的贫困县走上共同富裕之路，让火红的英雄花盛开在香巴拉。

　　13 年，在历史的长河中很短，可谓白驹过隙，但留在汉藏人民心里的那份情谊，却很长很长，是一辈子乃至几代人，都不可磨灭的。这道共同致富的桥梁，把攀枝花与木里两地干部群众紧紧联系在一起。13 年的风风雨雨，13 年的艰难困苦，13 年的埋头苦干，13 年的砥砺前行，值吗？在攀枝花人心中，值，很值！它换来了春华秋实，换来了山河新貌，换来了木里人民的脱贫致富，正所谓"为有牺牲多壮志，敢教日月换新天"。这种哲学层面上的深刻意义，超越了一切世俗化的物质内容，丰富了马克思主义中国化的理论体系。

攀枝花学院受托后，深感责任重大，组织了经济与管理学院、文学院、马克思主义学院的师生参与本书编写。木里县委常委、县政府副县长、攀枝花市第六批对口帮扶工作领队高升洪同志和攀枝花学院杨勇攀教授主持了全书内容的设计、组织和统稿工作，攀枝花学院杨学平、王春梅、王发奎、张欣、王丹、廖华、郑辉、何雯、赵冬阳、陈利民、肖亮以及木里县人民政府办公室李正国同志率领攀枝花学院学生参与了部分写作和编务工作，最后由攀枝花学院学报资深主编何青教授统稿。本书在编撰过程中，得到了西南财经大学出版社的大力支持，得到了攀枝花市委组织部、木里县人民政府办公室以及有关部门的热情帮助，在此一并表示最诚挚的谢意。另外，因篇幅限制，不能穷尽帮扶道路上所有先进个人和组织，在此表示深深的歉意。

脱贫攻坚的胜利不是工作的终点，而是新时代、新任务的发轫。在乡村振兴的道路上，还会有一批又一批的中国共产党员肩扛党的重托，以马克思主义理论为引领，带领当地的各族人民奋勇前进。希望中国未来的发展不再有"贫困"这样的主题词，祝愿中国人民幸福喜乐！

高升洪　杨勇攀

2023 年 5 月 28 日